医疗刑法导论

EINFÜHRUNG IN DAS MEDIZIN—— STRAFRECHT

〔德〕埃里克·希尔根多夫 著
王芳凯 译

北京大学出版社
PEKING UNIVERSITY PRESS

著作权合同登记号　图字:01-2021-3264
图书在版编目(CIP)数据

医疗刑法导论/(德)埃里克·希尔根多夫著;王芳凯译.—北京:北京大学出版社,2021.11
(德国刑事法译丛)
ISBN 978-7-301-32532-2

Ⅰ.①医… Ⅱ.①埃… ②王… Ⅲ.①医疗事故—刑法—研究 Ⅳ.①D914.04

中国版本图书馆 CIP 数据核字(2021)第 190280 号

EINFÜHRUNG IN DAS MEDIZINSTRAFRECHT, 2nd rev. was originally published in Germany in 2019.
This translation is published by arrangement with Verlag C. H. BECK OHG.
Peking University Press is solely responsible for this translation from the original work and Verlag C. H. BECK OHG shall have no liability for any errors, omissions or inaccuracies or ambiguities in such translation or for any losses caused by reliance thereon.
Verlag C. H. BECK OHG, München 2019.
本书德文版由贝克出版社于 2019 年出版。本书中文版经其授权翻译出版。
北京大学出版社对原文的译文负责,贝克出版社对译文中的任何错误、疏漏、不准确或歧义不承担责任,也不对因翻译而造成的任何损失负责。

书　　　名	医疗刑法导论 YILIAO XINGFA DAOLUN
著作责任者	〔德〕埃里克·希尔根多夫 著　王芳凯 译
责任编辑	王欣彤
标准书号	ISBN 978-7-301-32532-2
出版发行	北京大学出版社
地　　　址	北京市海淀区成府路 205 号　100871
网　　　址	http://www.pup.cn　http://www.yandayuanzhao.com
电子信箱	yandayuanzhao@163.com
新浪微博	@北京大学出版社　@北大出版社燕大元照法律图书
电　　　话	邮购部 010-62752015　发行部 010-62750672　编辑部 010-62117788
印　刷　者	大厂回族自治县彩虹印刷有限公司
经　销　者	新华书店
	880 毫米×1230 毫米　32 开本　9.75 印张　208 千字 2021 年 11 月第 1 版　2021 年 11 月第 1 次印刷
定　　　价	49.00 元

未经许可,不得以任何方式复制或抄袭本书之部分或全部内容。
版权所有,侵权必究
举报电话:010-62752024　电子信箱:fd@pup.pku.edu.cn
图书如有印装质量问题,请与出版部联系,电话:010-62756370

"德国刑事法译丛"编委会

主　编：江　溯

副主编：唐志威　王芳凯

编委会：（以姓氏音序排列）

蔡　仙　陈尔彦　陈昊明　陈　璇　程　捷
邓卓行　何庆仁　黄　河　敬力嘉　李　倩
刘　畅　吕翰岳　石家慧　王　钢　王华伟
徐凌波　徐万龙　喻浩东　张正昕　张正宇
张志钢　赵书鸿　赵雪爽　郑　童

"德国刑事法译丛" 总序

在过去的二十多年里，随着刑事法治的初步确立和不断完善，我国刑事法学经历了一场深刻的知识转型。毫无疑问，在这场知识转型的过程中，德国刑事法学译著发挥着不可估量的推动作用。据不完全统计，迄今为止，我国已经出版了三十多部德国刑事法学译著（包括教科书、专著和文集），这些译著为我国刑事法学界广泛引用，成为我们学习和借鉴德国刑事法学，并在此基础上建构中国刑事法学体系的重要参考文献。对于那些不计个人得失、辛勤地翻译引介这些德国刑事法学著作的学者，我们在此致以深深的敬意和谢意。

近年来，中德刑事法学交流不断深入，已经有超过一百位中国学者和学生曾经或正在在德国留学，他们通过阅读德语原始文献，研习原汁原味的德国刑事法学。在这个大背景之下，德国刑事法学著作的引介是否仍有必要？我认为，在未来相当长的时期内，我们仍然需要翻译大量德国刑事法学著作，这是因为，一方面，现有的德国刑事法学译著在数量上还非常有限，远远无法满足绝大多数尚不具备阅读德语原始文献能力的读者的需求；另一方面，我国刑事法学界和司法实务界对德国刑事法学的需求已经不再局限于掌握其基本理论学说，而是开始朝专题化、纵深化和精细化的方向发展。有鉴于此，我们联合了一批曾留学德国的志同道合的刑事法学人，共同设立"德国刑事法译丛"，希望通过长期翻译出版德国刑事法学著作，为推动我国刑事法学的发展尽一点微薄之力。

在这套"德国刑事法译丛"中，我们希望遵循以下编选原则：第一，兼顾基础理论与前沿话题的引介。从目前国内引介的德国刑事法学著作来看，大多属于基础理论类的著作，这些著作对于我们把握德国刑事法学的总体状况大有裨益。当然，在坚持引介德国刑事法学基础理论著作的同时，我们希望能挑选一些与前沿主题例如网络犯罪、人工智能犯罪、医疗刑法等相关的著作。第二，贯彻整体刑法学的思想。由于种种复杂的原因，目前国内引介的德国刑事法学著作大多局限于刑法教义学，德国刑事程序法、刑事制裁法、少年刑法等相关的著作仍非常稀少。我们希望通过这套译丛，破除刑事法学界内部的藩篱，实现真正的刑事一体化。第三，兼顾教科书与专著的引介。在德语法学界，顶尖学者往往会出版高水平的教科书，一部高水平的教科书往往是一位学者毕生研究成果的集大成之作。对于我国来说，引介高水平的教科书是学习德国刑事法学的一条捷径。但是，我们还不能止步于此。随着我国刑事法学研究水平的不断提升，高水平专著的引介必然会成为一个趋势。第四，平衡总论与分论的引介。刑法教义学是德国刑事法学的核心，过去我们比较注重对德国刑法总论的引介，而没有翻译过德国刑法分论的著作。随着我国学界对分论具体罪名研究的深入，我们对德国刑法分论著作的需求甚至超过了刑法总论著作，因此我们希望今后能更多引介德国刑法分论的著作，以便保持"营养均衡"。

本套译丛的出版得到了北京大学出版社副总编蒋浩先生和北京大学出版社第五图书事业部副主任杨玉洁老师的大力支持，在图书出版市场竞争日益激烈的今天，没有他们的慷慨应允，这套译丛是不可能问世的，在此我代表编委会全体成员向两位老师致以最诚挚的谢意！

江　溯
2021 年 8 月 18 日

序

欣闻埃里克·希尔根多夫（Eric Hilgendorf）教授的专著《医疗刑法导论》中文版将在北京大学出版社出版，译者王芳凯博士嘱我为之作序，我欣然从命。

希尔根多夫教授拥有法学与哲学双博士学位，不仅法哲学与法教义学功力深厚，著述丰硕，而且也是在诸如计算机犯罪、信息刑法、数据保护、机器人与自动驾驶、医事与生物刑法等诸多前沿、交叉领域享有国际声誉的著名刑法学家。我与他的结缘就始于对医疗刑法的共同关注。2009 年他在来北京参加第 24 届国际法哲学与社会哲学大会前，萌生与中国同行建立学术联系、进行学术交流的想法，便通过其学术助理黄笑岩先生，在互联网上搜寻对医疗刑法有过研究的中国同行的信息。因我在此前曾经对安乐死问题进行过一些研究，黄笑岩先生搜寻到相关信息后即与我取得联系，并转达了希尔根多夫教授的想法，我当即表示同意并欢迎他在北京参会期间访问北京大学。2009 年 9 月 17 日，希尔根多夫教授如约到访北京大学，并以"德国的医事刑法"为题进行了学术报告，自此我们之间的学术交往与个人友谊便"一发不可收拾"——我们共同发起了中德刑法学者联合会（CDSV），定期举行中德刑法学术研讨会，用德文与中文分别同步出版会议文集，共同主编《东亚刑法研究丛书》，译介中国同行的代表性学术论文在德国出版，举办德国刑法暑期课程班，资助青年学子到维尔茨堡大学学习。希尔根多夫教授不仅受邀担任了北京大学客座教授，多次到访北京大学进行学术报告与短期课程教学，而且还在维尔茨堡大学指导了多名中国青年学子攻读博士研究生。在此过程中，希尔根多夫教授的学术专著《德国刑法学：从传统到现代》、主编《德语区刑法学的自画像（上、下卷）》与独著《德国大学刑法案例辅导（新生卷）》《德国大学刑法案例辅导（司法考试备考卷）》与《德国大学刑法案例辅导（进阶卷）》中文版，相继在中国出版。这些著作既为中国同行展示了德国刑法学从传统到现代的学术生态、发展脉络与未来走向，也启发了中国大学法学院的鉴定式案例教学改革。现在，摆在读者案头的这本《医疗刑法导论》中文版的问世，可以说是希尔根多夫教授与中国同行持续不断的学术交流与亲密无间的学术友谊的又一见证。

医疗刑法顾名思义属于医事与刑法的交叉领域，但其涉猎范围又远不止医事与刑法领域，没有对生命、宗教、哲学、伦理、社会、历史与医学、生物技术等诸多领域的知识储备与理论洞见，断不可能对医疗刑法领域诸多复杂与敏感问题获得深刻理解并作出清晰表达。正是因为希尔根多夫教授具有深厚的法哲学与法教义学的功力，同时又始终保持对生命、宗教、伦理、社会、历史与新兴科技等诸多领域的学术敏感度，这本《医疗刑法导论》才能不仅对诸如医生的医疗干预、病患的知情同意、医生的告知与保密义务、医疗活动中的贪污与结算诈骗等刑法教义学问题进行本体叙事,而且对包括安乐死、死亡帮助、堕胎、胚胎保护与干细胞研究、器官移植、基因编辑与基因诊断、医疗机器人与人机结合等领域在内的医疗刑法热点问题进行了权威的前沿性研究。

令我印象极其深刻的是,希尔根多夫教授基于对医疗刑法的特性及其带来的法的不安定性的分析,明确界定了医疗刑法的任务,认为"作为一门学科,医疗刑法最为重要的任务之一就是,清楚地厘清相关问题,对它们进行结构化处理,并发展出法律评价,以便实务能够将其用作特定案件的决定基础。通过此种方式,医生和其他医务人员也可以更安全地进行活动。此外,医疗刑法还可以通过对相关问题的厘清和系统化为立法者提供前期工作(成果),并为其提供重大的决策帮助"。基于对医疗刑法这一学科使命的界定,希尔根多夫教授特别关注了医生的医疗干预行为及其相关的告知义务、病患的自我决定权的刑法意义,介绍了德国实务与理论关于具有医学表征的医疗干预行为是否该当《德国刑法典》第223条第1款"身体伤害罪"构成要件之争及其系争理由,指出了德国司法实务与理论通说一方面认为医疗干预行为该当身体伤害罪的构成要件,另一方面又认为病患的有效承诺可以阻却医疗干预行为的违法性存在的逻辑困境,肯定专断医疗行为因缺乏病患的有效承诺、侵犯病患的自我决定权而具有可罚性。为摆脱上述困境,希尔根多夫教授主张应当针对专断医疗行为制定专门构成要件,以避免将具有医学表征的医疗干预行为类型性和一般性地认定为该当身体伤害罪的构成要件。

希尔根多夫教授用比较多的篇幅探讨了医疗刑法中最为敏感与复杂的安乐死或死亡帮助问题。他对安乐死问题的历史回顾使我们对社会达尔文主义、优生学与种族卫生学对于19世纪与20世纪的安乐死的发展脉络特别是纳粹时期的安乐死与种族优化的影响有了更为清晰的了解。其特别介绍的刑法学者卡尔·宾丁以及精神病学家阿尔弗里德·霍赫分别从法学与医学视角对灭绝"无生存价值生命"命题的证立，则作为反面例证警示我们，一个学者，无论他是刑法学的大师，还是顶尖的精神病学家，如果丧失了对人性尊严的尊重与对人类良知的坚守，则随时可能"非自愿"地沦落为以科学与人道的名义为暴行辩护的帮凶。当然，在尊重病患的自我决定权成为新的医学伦理的当代语境下，安乐死或死亡帮助的可罚性，无论是在立法论、司法论还是教义学上，无疑都是应当予以认真对待的重大医疗刑法问题。希尔根多夫教授介绍了德国关于死亡帮助的权利的法律状况与改革进展，探讨了不同形态的死亡帮助的可罚性，对死亡帮助的可罚性的未来进行了展望。虽然作者在本书中并未具体展开论述其本人对死亡帮助可罚性的立场，但他显然是基于自由主义的立场强调尊重病患的自我决定权，原则上否定死亡帮助行为的可罚性的，这从德国立法者于2015年增设的"业务性促进自杀罪"的夭折以及希尔根多夫教授个人在其中的推动作用可以窥见一斑。根据德国立法者增设的《德国刑法典》第217条"业务性促进自杀罪"，以促进自杀为目的，业务性地向其提供、创设或者介绍机会的，处三年以下有期徒刑或者罚金刑。据我所知，希尔根多夫教授曾经发起联署行动，反对这项刑法修正。正是在包括希尔根多夫教授在内的德国刑法学界的普遍反对之下，德国联邦宪法法院于2020年2月26日判定《德国刑法典》第217条"业务性促进自杀罪"违宪。可以认为，希尔根多夫教授对"业务性促进自杀罪"的反对，不仅显示了学者的专业理性，而且展现了公民的参与精神。

在《医疗刑法导论》涉猎的诸多医疗刑法问题中，令我特别感兴趣的是，希尔根多夫教授在第七章用专章研究了胚胎与干细胞的刑法保护，其涉及的具体问题包括诸如胚胎的法律地位、体外胚胎的刑法保护、胚胎干细胞研究、细胞的克隆、基因编辑、人工授精、代孕等。我在2010年访问维尔茨堡大学时，希尔根多夫安排他指导的博士生苏珊娜·贝克女士（现为汉诺威大学刑法学教授）等陪同我游览维尔茨堡老桥，其间聊到贝克女士的博士论文选题，贝克女士告诉我，她在希尔根多夫教授的指导下研究干细胞的刑法保护，孤陋寡闻的我听后差点被惊掉了下巴，我当时难以想象刑法学的博士学位论文怎么能够以干细胞的刑法保护为选题。十年之后，希尔根多夫教授对胚胎保护与干细胞研究的刑法规制的论述为我当年的疑问提供了清晰明了的答案。原来，德国早在1991年1月1日即开始实施《胚胎保护法》，该法禁止滥用生殖科技，对于将他人的卵细胞转移给女性、基于怀孕以外的目的生产胚胎、代孕、胚胎植入前遗传诊断、根据胚胎的性别筛选胚胎、未经当事人的同意擅自让卵细胞受精、专断地将胚胎植入女性体内、在男性死亡后让其精子对卵细胞进行授精、对拟植入的胚胎实施基因操纵、克隆、植入克隆细胞、胚胎混合以及人类 DNA 和动物 DNA 的混合等一系列涉及滥用生殖科技的行为，均赋予了刑法上的可罚性。此后，德国又于 2002 年 6 月 29 日实施《与胚胎干细胞的进口和使用有关的胚胎保护确保法》（以下简称《干细胞法》），将未经批准而进口胚胎和使用胚胎规定为犯罪。正是德国立法上的这些极其具有前瞻性、富有远见的规定，刺激了刑法学者对其进行立法论与教义学的研究，刑法学者的研究又反向推动了德国胚胎保护与干细胞研究的刑法规制的进一步完善。比较而言，我国刑法对胚胎与干细胞保护的起步比德国晚了整整 30 年。2021 年 3 月 1 日生效的《刑法修正案（十一）》，才在"贺建奎基因编辑婴儿事件"的刺激下，增设了非法植入基因编辑、克隆胚胎罪，对将基因编辑、克隆的人类胚胎植入人体或者动物体内，或者将基因编辑、克隆的动物胚胎植入人体内，情节严重的行为，赋予了刑法上的可罚性。随着我国刑法增设这一罪名，相关的刑法教义学研究亦将具体展开。希尔根多夫教授对胚胎保护与干细胞研究的刑法规制的教义学研究，必将对我国同行的后发研究起到重要的启迪作用。

　　无论是拜读希尔根多夫教授的文章、著作，还是聆听其讲座、报告，抑或是与其私下进行学术交流，我发现希尔根多夫教授的表达都具有极其鲜明的个性，那就是他善于将复杂问题简单化，他的文字叙述与口头表达一贯的风格就是简明扼要、行云流水、通俗易懂，同时又逻辑清晰、条理清楚，即使是法律外行人亦能一看就懂，这不仅反映了作者的语言驾驭能力，更反映了作者高屋建瓴、驾轻就熟的学术表达能力。我相信，读者在读完希尔根多夫教授这本《医疗刑法导论》后，一定会与我有相同的感受。

在"新冠"疫情流行之前的十年间,希尔根多夫教授经常不辞辛劳地往返于德国与中国,为中德刑法学术交流与刑法人才培养尽心尽力、殚精竭虑,其情至真、其心至诚,每每令我感动之至,亦不断地激励我以其为师。自 2020 年以来,"新冠"疫情阻断了我们之间面对面的交流,但是我们的学术交流与个人情谊始终没有中断,我们不时地通过邮件相互问安,通过视频进行线上交流,继续落实和推动新的中德刑法学术交流。不过,虚拟的交流终究无法替代线下的互动,我真切地期望,疫情过后,我们能够在北京或维尔茨堡再相聚。

是为序!

梁根林
于北京嘉泽生态公寓
2021 年 5 月 4 日

中文版序

在目前世界上很多国家中,医疗刑法是最为重要的刑法领域之一。特别是长期以来将(刑法)总论置于重要地位的德国,在近几十年以来已经将重心转移到(刑法)分论以及计算机和网络刑法、医疗刑法等特殊领域上。医疗刑法包含了传统的领域,如违法的医疗干预、违法的堕胎和非法的器官移植。但是,对医疗秘密的侵害也属于医疗刑法的核心领域。近年来,又增加了新的问题。特别是"数字化和医学"的结合,其引发了很多棘手的刑法问题。

在所有技术发达的国家中,很多医疗刑法问题都是以类似的方式出现的。故而,在国际交流中推动医疗刑法的发展,是一件很有意义的事情。为此,医疗刑法成为了国际刑法科学的一部分。迄今,国际刑法科学研究的(空间)范围不仅包括德国、意大利和西班牙等欧洲国家,也包括亚洲国家(如中国、日本和韩国)。另外,医疗刑法总是由各个国家的文化特征形塑产生的,医疗刑法在东亚的面貌自然是不同于其在欧洲和德国的样子。这就为我们提供了一个跨越边界互相学习的契机。

能够看到《医疗刑法导论》中文译本的出版,我深感欣慰。我特别感谢王芳凯先生的辛勤翻译工作。我还要感谢我的朋友、北京大学法学院的同事梁根林教授,梁教授多年来为加强和扩宽中德两国刑法学科的联系做出了重要的贡献。

我希望这本书能够广为流传!

埃里克·希尔根多夫
于维尔茨堡
2021 年 4 月

第二版作者序

2016年出版的《医疗刑法导论》（第一版）一书非常受欢迎。在第二版中，笔者审读了全文，并作了更新。特别是关于死亡帮助、器官捐赠和兴奋剂的段落，必须予以更新。关于卫生行业的贪腐的论述，亦是如此。笔者并未变更本书的目的：向读者集中介绍医疗刑法的基本问题，并对其道德和历史方面予以特别的考虑。本书第一版的日语和葡萄牙语译本已经出版；第二版已经被翻译成格鲁吉亚语，并即将被翻译成西班牙语。本书的英文译本也将于2020年出版。

笔者要感谢笔者的研究助手卡斯滕·库什（Carsten Kusche）先生在新版本准备过程中所提供的帮助。

欢迎所有的建设性意见！请您将意见发送至 Hilgendorf@jura.uni-wuerzburg.de。

埃里克·希尔根多夫
于法伊茨赫希海姆
2019年3月

第一版作者序

这本教科书可以追溯到笔者自2001年以来在维尔茨堡大学所开设的医疗刑法课程。本书的目标人群不仅包括年轻的法律人,还包括医生和其他卫生专业人员。此外,本书也适合那些对医学和刑法相关问题感兴趣的人。

为了因应目标人群的广度,笔者尝试让本书的说明尽可能清晰、易懂。大量的图表和纲要让读者更容易阅读本书。与之相反,教义学上的详细论述必须有所节制。为了让读者能够形成自己的观点,本书也纳入了在意识形态上特别有争议的问题(如死亡帮助的法律规定)以及历史的发展。

迈克·海因茨(Meike Heinz)、苏珊娜·贝克(Susanne Beck,汉诺威大学教授)、卡斯滕·库什(Carsten Kusche)以及凯瑟琳娜·梅(Katharina May)对本书的问世做出了贡献,笔者必须向他们表示感谢。柯斯汀·施密德(Kerstin Schmiedel)和马塞尔·格纳特(Marcel Gernert)检查了脚注,安妮卡·舍米格(Annika Schömig)撰写了索引,埃尼斯·提兹(Enis Tiz)协助校对,笔者在此也要予以衷心的感谢。

埃里克·希尔根多夫
于法伊茨赫希海姆
2016年1月

缩语表

aA	andere Ansicht 其他见解
Abs.	Absatz 款
abl.	ablehnend 否定的
aF	alte Fassung 旧的观点
AG	Amtsgericht 地区法院
Alt.	Alternative 类型
AMG	Arzneimittelgesetz《药物法》
AöR	Archiv des öffentlichen Rechts（Zeitschrift）公法档案（杂志）
AP	Arbeitsrechtliche Praxis（Nachschlagewerk des Bundesarbeitsgerichts; Entscheidungssammlung）劳动法实务（联邦劳动法院参考书; 判决汇编）
APuZ	Aus Politik und Zeitgeschichte（Zeitschrift）来自政治与当代历史（杂志）
Art.	Artikel 条
ArztR	Arztrecht 医生法
ArztStrafR	Arztstrafrecht 医生刑法
AT	Allgemeiner Teil 总论

（续表）

Aufl.	Auflage 版本
Az.	Aktenzeichen 卷宗编号
BÄK	Bundesärztekammer 联邦医生协会
BAG	Bundesarbeitsgericht 联邦劳动法院
BayObLG	Bayerisches Oberstes Landesgericht 巴伐利亚州高等法院
BB	Betriebs-Berater（Zeitschrift）商业顾问（杂志）
Bd.	Band 卷
BfAuM	Bundesinstitut für Arzneimittel und Medizinprodukte 联邦药品和医疗器械机构
BFG	Bundesfinanzhof 联邦金融最高法院
BGB	Bürgerliches Gesetzbuch《民法典》
BGBl.	Bundesgesetzblatt 联邦法律公报
BGH	Bundesgerichtshof 联邦最高法院
BGHSt	Entscheidungen des Bundesgerichtshofes in Strafsachen 联邦最高法院刑事判决
BGHZ	Entscheidungen des Bundesgerichtshofes in Zivilsachen 联邦最高法院民事判决
BioPat-RL	Biopatentrichtlinie《欧盟生物技术发明法律保护指令》
BT	Besonderer Teil 分论
BT-Drs	Bundestags-Drucksache 联邦议院—印刷品
BtMG	Betäubungsmittelgesetz《麻醉药品法》
BVerfG	Bundesverfassungsgericht 联邦宪法法院
BVerwG	Bundesverwaltungsgericht 联邦行政法院
BVerfGE	Entscheidungen des Bundesverfassungsgerichtes 联邦宪法法院判决

(续表)

bzw.	beziehungsweise 更确切地说	
ca.	circa 大约	
DÄBl.	Deutsches Ärzteblatt 德国医生公报	
ders.	derselbe 同一个	
DFG	Deutsche Forschungsgemeinschaft 德国研究协会	
dh	das heißt 亦即	
DNA	Desoxyribonukleinsäure 脱氧核糖核酸	
DSO	Deutsche Stiftung Organtransplantation 德国器官移植基金会	
EFZG	Entgeltfortzahlungsgesetz 《假期期间和疾病情形下的工资支付法》	
EG	Europäische Gemeinschaft 欧盟	
EGMR	Europäischer Gerichtshof für Menschenrechte 欧洲人权法院	
EschG	Embryonenschutzgesetz 《胚胎保护法》	
etc	et cetera 等等	
EuGH	Europäischer Gerichtshof 欧盟法院	
f./ff.	folgende Seite(n), Randnummer(n) usw. 下一页,下一个边码等	
FamRZ	Zeitschrift für das gesamte Familienrecht 整体家庭法杂志	
FAZ	Frankfurter Allgemeine Zeitung 法兰克福汇报	
FD-SozVR	Fachdienst Sozialversicherungsrecht (Online-Newsletter) 社会保险法专业服务(在线通讯)	
fMRT	funktionelle Magnetresonanztomographie 磁共振成像	
Fn.	Fußnote 脚注	
FS.	Festschrift 祝寿论文集	

（续表）

GewO	Gewerbeordnung《营业法》
GG	Grundgesetz《基本法》
grds.	grundsätzlich 原则上
GRUR Int	Gewerblicher Rechtsschutz und Urheberrecht Internationaler Teil (Zeitschrift) 产权法律保护和著作权国际部分（杂志）
GS	Gedächtnisschrift 纪念论文集
HdB	Handbuch 手册
HIV	Humane Immundefizienz-Virus 人类免疫缺陷病毒
hM	herrschende Meinung 通说
Hrsg.	Herausgeber 编者
idR	in der Regel 通常情形下
ieS	im engeren Sinne 狭义意义下
insbes.	insbesondere 特别是
iSd	im Sinne des 在……意义下
IVF	In-vitro-Fertilisation 体外受精
iVm	in Verbindung mit 结合
JA	Juristische Arbeitsblätter (Zeitschrift) 法学丛刊（杂志）
JR	Juristische Rundschau (Zeitschrift) 法学综览（杂志）
JURA	Juristische Ausbildung (Zeitschrift) 法学教育（杂志）
JuS	Juristische Schulung (Zeitschrift) 法学训练（杂志）
JZ	Juristenzeitung (Zeitschrift) 法学人报（杂志）
Kap.	Kapitel 章
KG	Kammergericht 柏林高等法院
LG	Landgericht 地方法院

（续表）

LK	Leipziger Kommentar（vgl. Literaturverzeichnis）莱比锡评注（参见参考文献）
LohnFG	Lohnfortzahlungsgesetz《工资继续支付法》
LSG	Landessozialgericht 州社会法院
MAH	Münchener Anwaltshandbuch 慕尼黑律师手册
mAnm	mit Anmerkung 附带评论
MBO-Ä	（Muster-）Berufsordnung für die in Deutschland tätigen Ärztinnen und Ärzte《德国执业医生的（模范）职业规范》
MDR	Monatsschrift für Deutsches Recht（Zeitschrift）德国法月刊（杂志）
MedR	Medizinrecht（Zeitschrift）医疗法（杂志）
medstra	Zeitschrift für Medizinstrafrecht 医疗刑法杂志
MedStrafR	Medizinstrafrecht 医疗刑法
MRT	Magnetresonanztomographie 磁共振成像
MüKo	Münchener Kommentar（vgl. Literaturverzeichnis）慕尼黑评注（参见参考文献）
mwN	mit weiteren Nachweisen 更多的说明
mzustAnm	mit zustimmender Anmerkung 持肯定性的评论
NJW	Neue Juristische Wochenschrift（Zeitschrift）新法学周刊（杂志）
NK	Nomos Kommentar（vgl. Literaturverzeichnis）诺莫斯评注（参见参考文献）
Nr.	Nummer 号码
NStZ	Neue Zeitschrift für Strafrecht 新刑事法杂志
NStZ-RR	Neue Zeitschrift für Strafrecht，Rechtsprechungsreport 新刑事法杂志—实务报告
NVwZ	Neue Zeitschrift für Verwaltungsrecht 新行政法杂志

(续表)

öStGB	Strafgesetzbuch（Österreich）《奥地利刑法典》
OLG	Oberlandesgericht 州高等法院
PEG(-Sonde)	Perkutane endoskopische Gastrostomie（= Magensonde durch die Bauchdecke）经皮内镜胃造口术(=胃管穿过腹壁)
PET	Positronen-Emissions-Tomographie 正电子发射计算机断层扫描
PID	Präimplantationsdiagnostik 胚胎植入前遗传诊断
RGSt	Entscheidungen des Reichsgerichts in Strafsachen 帝国法院刑事判决
RL	Richtlinie 指令
Rn.	Randnummer 边码
Rspr.	Rechtsprechung 实务
S.	Seite, im Zusammenhang mit Paragrafenangaben Satz 页
s.	siehe 参见
SÄZ	Schweizerische Ärztezeitung 瑞士医生报
SGB	Sozialgesetzbuch 社会法典
sog.	so genannte/r 所谓的
StaatsR	Staatsrecht 国家法
StÄG	Strafrechtsänderungsgesetz 刑法修正法
StäKo	Ständige Kommission Organtransplantation 器官移植常设委员会
SteuerR	Steuerrecht 税法
StGB	Strafgesetzbuch 刑法典
StrafR	Strafrecht 刑法
stRspr	ständige Rechtsprechung 稳定的实务见解

(续表)

StV	Strafverteidiger（Zeitschrift）刑事辩护人（杂志）	
StZG	Stammzellgesetz《干细胞法》	
TPG	Transplantationsgesetz《器官移植法》	
ua	unter anderem 尤其	
Urt.	Urteil 判决	
UStG	Umsatzsteuergesetz《增值税法》	
uU	unter Umständen 在特定情形下	
v.	von ……的	
va	vor allem 特别	
Var.	Variante 类型	
VerfassungsR	Verfassungsrecht 宪法	
VersR	Versicherungsrecht（Zeitschrift）保险法（杂志）	
VG	Verwaltungsgericht 行政法院	
vgl.	vergleiche 比较	
WHO	World Health Organization（Weltgesundheitsorganisation）世界卫生组织	
WirtschaftsR	Wirtschaftsrecht 经济法	
wistra	Zeitschrift für Wirtschafts- und Steuerrecht 经济法暨税法杂志	
WRV	Weimarer Reichsverfassung 魏玛帝国宪法	
zB	zum Beispiel 举例	
ZRP	Zeitschrift für Rechtspolitik 法政策杂志	
ZStW	Zeitschrift für die gesamte Strafrechtswissenschaft 整体刑法学杂志	
zT	zum Teil 部分地	

目 录

第一章　导论 …………………………………………… 001
　一、医学与刑法 ………………………………………… 001
　二、医疗刑法史概述 …………………………………… 002
　三、《希波克拉底誓言》 ……………………………… 005
　四、世界医学协会的《日内瓦宣言》 ………………… 008
　五、医疗刑法的法律基础 ……………………………… 010
　六、医疗刑法的发展趋势 ……………………………… 011
　七、医疗刑法的特殊性 ………………………………… 011

第二章　医生的医疗干预 ……………………………… 013
　一、本章所要处理的问题之导入与概述 ……………… 013
　二、狭义意义上的医疗干预构成身体伤害 …………… 014
　　（一）附论：构成要件该当性、违法性、有责性 …… 015
　　（二）医疗干预行为构成身体伤害 ………………… 016
　三、医疗干预的其他问题 ……………………………… 018
　四、不具有医学表征的医疗干预行为 ………………… 021

五、通过被害人承诺来阻却违法 ········· 022
- (一)有效承诺的一般性前提 ········· 022
- (二)意思瑕疵 ········· 024
- (三)对未成年人的干预 ········· 025
- (四)其他情形:对婴儿和小孩实施割礼 ········· 026
- (五)干预行为的伦理违反性 ········· 030

六、医生的告知义务 ········· 031
- (一)有效告知的要件概览 ········· 031
- (二)告知的种类 ········· 032
- (三)告知的时点 ········· 034
- (四)告知的形式 ········· 035
- (五)告知义务的主体 ········· 036
- (六)告知义务的射程 ········· 037
- (七)告知义务的消除 ········· 039
- (八)告知义务的实际问题 ········· 041

七、通过推测的承诺来阻却违法 ········· 042

八、假设的承诺 ········· 043

九、通过阻却违法的紧急避险(《德国刑法典》第34条)来阻却违法 ········· 044

十、扩张性手术 ········· 045
- (一)扩张性手术的问题 ········· 045
- (二)扩张性手术情形下的违法阻却事由 ········· 045

十一、干预的其他形式 ········· 047

目 录

第三章　附论：安乐死的历史 ··· 048
　一、"安乐死"的概念 ··· 048
　二、古代时期的安乐死 ··· 049
　三、现代早期的安乐死 ··· 049
　四、19 世纪及 20 世纪关于安乐死的讨论 ································· 051
　　（一）社会达尔文主义 ·· 051
　　（二）优生学 ·· 053
　　（三）种族卫生学 ··· 054
　　（四）纳粹主义时期的安乐死 ·· 056
　　（五）纳粹—安乐死（NS-Euthanasie）的开拓者 ·················· 059
　五、与今日讨论的区别 ··· 063

第四章　死亡帮助的权利：法律状况及当下的改革 ··············· 065
　一、导论 ·· 065
　二、死亡帮助的概念及种类 ·· 066
　三、病患预立医疗决定 ··· 072
　四、问题情形 ·· 075
　　（一）对病患意愿的重视 ··· 075
　　（二）中止对昏迷病患的治疗 ·· 078
　　（三）积极的死亡帮助与不可罚的帮助自杀之间的
　　　　　区分 ··· 083
　　（四）中断对新生儿的治疗 ··· 088
　五、积极的死亡帮助 ··· 091
　　（一）荷兰、比利时和卢森堡关于安乐死的规定 ··················· 091

（二）关于德国积极的死亡帮助的建议 …………… 093
　六、死亡帮助的未来 ………………………………… 096

第五章　安乐死组织 ……………………………………… 098
　一、导论 ……………………………………………… 098
　二、Dignitas 的行为方式 …………………………… 099
　三、刑法评价 ………………………………………… 100
　四、赞成以法律规制安乐死组织的理由 …………… 101
　五、新的法律情形 …………………………………… 102

第六章　堕胎 ……………………………………………… 109
　一、导论 ……………………………………………… 109
　二、对于未出生生命的阶段式保护 ………………… 111
　　（一）着床之前的法律情形 ……………………… 111
　　（二）着床之后的法律情形 ……………………… 112
　　（三）出生时点 …………………………………… 122
　三、总结：阶段式生命保护的体系 ………………… 124

第七章　胚胎保护和干细胞研究 ………………………… 125
　一、导论 ……………………………………………… 125
　二、伦理讨论概述 …………………………………… 126
　　（一）地位问题 …………………………………… 127
　　（二）后续问题 …………………………………… 131
　三、宪法 ……………………………………………… 132

四、《胚胎保护法》 ………………………………… 133
   （一）立法沿革 ……………………………… 134
   （二）《胚胎保护法》中的胚胎概念 ………… 134
   （三）《胚胎保护法》中的禁令 ……………… 135
   （四）在国外（实施）的胚胎研究 …………… 141

五、《干细胞法》 …………………………………… 142
   （一）根基及立法沿革 ……………………… 142
   （二）《干细胞法》中的胚胎概念 …………… 143
   （三）干细胞研究之申请 …………………… 143
   （四）《干细胞法》中的可罚性 ……………… 145

第八章 器官移植 ……………………………………… 146

一、导论 …………………………………………… 146

二、器官移植的历史 ……………………………… 148

三、《器官移植法》的意义 ………………………… 149

四、《器官移植法》的适用范围 …………………… 150

五、死后器官捐赠的要件 ………………………… 151
   （一）捐赠者的死亡——脑死作为死亡标准 … 151
   （二）死后器官捐赠的规制模式 …………… 153
   （三）《器官移植法》第3条、第4条的现行规定 … 157

六、参与方 ………………………………………… 158
   （一）器官摘取医院 ………………………… 158
   （二）器官移植受托人 ……………………… 158
   （三）器官移植中心 ………………………… 159

（四）部门协调机构 ………………………… 159
　　（五）器官协调机构 ………………………… 160
　　（六）联邦医生协会 ………………………… 161
　　（七）委员会 ………………………………… 161
七、器官捐赠的流程 ……………………………… 163
八、器官移植丑闻 ………………………………… 164
　　（一）案件事实 ……………………………… 164
　　（二）法院的处理 …………………………… 165
　　（三）立法者的反应 ………………………… 169
　　（四）社会后果 ……………………………… 171
九、活体器官捐赠 ………………………………… 172
十、刑法条文 ……………………………………… 174
　　（一）《德国刑法典》第168条第1款的可罚性 …… 174
　　（二）《器官移植法》第19条的可罚性 ………… 175
　　（三）器官及组织交易之禁止（《器官移植法》第17条、第18条） ……………………………… 177
十一、异种移植 …………………………………… 183

第九章　医生的保密义务 …………………………… 185
一、导论 …………………………………………… 185
二、《德国刑法典》第203条的保护法益和意义 ………… 186
三、《德国刑法典》第203条的构成要件 ……………… 188
　　（一）潜在的行为人 ………………………… 188
　　（二）行为客体：秘密 ……………………… 192

目 录

- （三）医生保密义务的范围 ·············· 194
- （四）受保护之人 ························· 194
- （五）特定职业关联 ······················· 195
- （六）行为:公开秘密;不履行保密义务 ··· 197
- （七）主观构成要件 ······················· 199

四、违法阻却事由 ····························· 201
- （一）相关的违法阻却事由概览 ············ 201
- （二）承诺 ································· 201
- （三）推测的承诺 ························· 203
- （四）向协助人员公开的必要性（第3款第
  2句） ································· 204
- （五）阻却违法的紧急避险 ················ 204
- （六）合法权益的实现 ···················· 205
- （七）法定的公开义务及权利 ············· 206
- （八）医学中的电子化——电子健康 ······ 207

第十章 贪污与结算诈骗 ·············· 209

一、收受利益与受贿 ························ 209
- （一）收受利益罪 ························· 210
- （二）受贿罪（《德国刑法典》第332条）··· 216
- （三）商业受贿罪（《德国刑法典》第299条）··· 217
- （四）《医疗行业中的贪腐抗制法》 ······· 219
- （五）第三方资助的筹集 ·················· 222

二、结算诈骗 ································ 224

　　　　(一)导论 ·················· 224
　　　　(二)结算诈骗的要件 ············ 225

第十一章　新的挑战 ················ 232
　　一、人类的自我优化：强化 ············ 232
　　　　(一)自我优化的趋势 ············ 232
　　　　(二)当前的发展 ··············· 233
　　二、预测性基因诊断 ················ 238
　　三、成像程序 ····················· 241
　　四、医疗机器人与人机结合 ·········· 242
　　五、治疗与改善的差异 ·············· 245
　　　　(一)医学及伦理上的区分 ········ 245
　　　　(二)法律(特别是医疗刑法)上的重要性 ········ 247

参考文献 ························· 251

关键词索引 ······················· 263

第一章
导 论

一、医学与刑法

医学与法学不仅是理论学科,还是应用学科,其以多样的方式影响着我们的生活。因此,医疗刑法的问题不仅仅在学科理论上得到讨论,毋宁说,它还具有很强的现实意义。医生或其他的医务人员在他们的日常工作中经常面临着法律问题。如果医生不想因为伤害(他人)身体而受到刑法处罚的话,那么,任何一种会影响到病患的身体完整性的医疗干预行为原则上都需要得到病患的同意,医生也要合乎规则地告知病患(相应的信息)。

医疗刑法与实务的紧密关联总是会导致新问题的出现,因为医学研究的迅速、深入发展使得法律框架的进一步发展有其必要性。故而,医疗刑法并不是一个封闭式的学科,而是处于不断的变动之中。当前的例子包括了死亡帮助(Sterbehilfe)的权利、胚胎植入前遗传诊断(Präimplantationsdiagnostik)的权利,以及与医学数字化(Digitalisierung der Medizin)有关的新问题。

3　　　医学与法律之间的另一个共同点是它们的人文导向：这两个学科都是直接以人的需求为导向。医学与自然科学（特别是人类生物学）密切相关，因此它是"应用的自然科学"（angewandte Naturwissenschaft）。反之，法学在传统上会强调其在方法论上的独立性。我们可以有所保留地将它称作"应用的人文科学"（angewandte Sozialwissenschaft）。

二、医疗刑法史概述

4　　　医疗刑法并非今日的发明。公元前 1700 年左右出现的《汉谟拉比法典》（Codex Hammurabi）早就在第 215 条及以下条文中规定了对医生错误实施手术行为的处罚。可追溯至古希腊（时期）的《希波克拉底誓言》（der Eid des Hippokrates，约公元前 400 年）至今仍是医学标准伦理的基础，也是传统医疗刑法的重要来源。① 它包含了所谓的"医学黄金法则"（Goldenen Regeln der Medizin）。医生的责任在罗马法中是众所周知的。② 在德国的法律历史中，1532 年的《卡洛琳娜刑法典》第 134 条首次规定了医生的责任，即"基于不勤勉或（技术）不娴熟"的杀人（die Tötung aus „Unfleiss oder Unkunst"）。③

5　　　如今，医疗刑法已经成为刑法的固定组成部分。现行《德国刑法典》包含了大量与医生刑事责任相关的条文，如过失杀人罪、

---

① 参见本书第一章边码 8 及以下内容。
② 对此，参见 Below, Der Arzt im römischen Recht, S. 108 ff.。
③ Vgl. Eser, FS Tübinger Juristenfakultät, 1977, S. 392 f.

身体伤害罪、堕胎罪以及医生的保密义务。

纵观过去 100 年来医疗刑法的讨论重点,这些讨论重点与医学发展及其技术可能性的紧密关联是极为瞩目的:

- 在 20 世纪初期,医疗刑法特别处理的一个问题是,是否应将医生的医疗干预行为评价为身体伤害行为。另一个议题则是穿孔(Perforation)的容许性,即在(婴儿)出生的过程中为了挽救妈妈的生命而杀死婴儿。
- 在 20 世纪 20 年代,人们讨论的议题是堕胎自由化(Liberalisierung des Schwangerschaftsabbruch)和死亡帮助。新的议题则来自优生学(Eugenik)和种族生物学(Rassenbiologie),特别是关于对"低端人口"的绝育(Sterilisation „Minderwertiger")。
- 在第三帝国时期,优生学与种族生物学成为了纳粹主义罪行的幌子。特别有影响力的一本书是由享有盛誉的刑法学者卡尔·宾丁(Karl Binding)和精神病学家阿尔弗里德·霍赫(Alfred Hoche)于 1920 年出版的《对于灭绝无生存价值生命的开放》①,该书被用来合法化对精神障碍人士的大规模屠杀。
- 战争结束之后,法庭于 1946 年、1947 年在纽伦堡针对唯命是从的纳粹医生进行了审判(Ärzteprozesse)。在 20 世纪 50 年代,人工授精领域的发展引发了关于人工授精容许性(Zulässigkeit künstlicher Befruchtung)的深入讨论。
- 自从避孕药(Anti-Baby-Pille)被发明以来,避孕措施的容许性(Zulässigkeit empfängnisverhütender Maßnahmen)一直是 20

---

① Vgl. *Binding/Hoche*, Freigabe der Vernichtung lebensunwerten Lebens.

世纪60年代激烈讨论的主题。此外，医疗刑法的讨论重点也聚焦在Contergan灾难（Contergan-Katastrophe）①② 的刑法后果以及首次的心脏移植。

- 在20世纪70年代，医疗刑法的发展受到了来自美国的医疗伦理学和生物伦理学的影响，美国的医疗伦理学和生物伦理学在德国被迅速地采用。

- 在20世纪80年代，现代生殖医学和基因技术（特别是体外受精以及之后出现的胚胎植入前基因诊断）决定着公众讨论，也因此决定着医疗刑法。

- 在20世纪90年代初期，埃尔兰根的一个案例引起了公众的关注，一名脑死的孕妇的生命机能一直被维持直至孩子出生为止。迄今为止，对该案例的刑法评价仍然存在着相当大的问题。③ 生物法和刑法上的其他讨论重点是人类细胞的克隆（Klonen von menschlichen Zellen）和生殖细胞的改变（Keimbahnveränderungen）。立法者早在1991年就已经试图通过颁布《胚胎保护法》（Embryonenschutzgesetz，EschG）来为新的生物技术可能性建立刑法的框架条件。

---

① Vgl. LG Aachen, JZ 1971, 507.
② Contergan灾难是德国有史以来最大的药物灾难。20世纪50年代，德国制药企业Grünenthal公司研制了一种名叫Contergan的镇静剂，它的高效物质是沙利度胺（Thalidomid）。由于在动物试验中，人们发现即便是大剂量使用也没有副作用的出现，因此该公司将其作为非常安全的安眠药大加宣传，不少医生也将其作为没有副作用的安眠药开给孕妇服用。1961年年底，Grünenthal公司不得不召回这种药物，因为医生们发现，Contergan会给孕妇造成严重的胚胎发育畸形问题。仅仅在德国，就有至少5 000名婴儿因为这种药物而致残，他们大多四肢短小畸形，这种残疾也被称作海豹肢症。在这些婴儿中，将近一半不超过一岁就夭折了。——译者注
③ Vgl. *Hilgendorf*, JuS 1993, 97 ff.

- 2001 年，立法者通过了《干细胞法》（Stammzellgesetz, StZG）。该法由于未预见到的国际影响（特别是国际性研究协会中的德国和外国研究人员，他们承担着相当大的刑事责任风险），必须在 2007 年进行修正。《胚胎保护法》也出现了类似的问题。①
- 当前，医疗刑法的讨论焦点是安乐死，特别是在医学上协助那些身患重症但仍具有判断能力的病人自杀的容许性，以及所谓的安乐死组织（如 Dignitas 和 Exit）的活动。
- 未来的核心问题领域很可能是（对健康的）强化（Enhancement），即通过医学手段、预测性基因诊断、成像程序以及医疗领域中大量机器人的投入使用来"改善"人体健康，直至实现人体与机器人的结合。②

本概述显示了医疗刑法的发展与医学进步以及技术进步之间的紧密关联。

三、《希波克拉底誓言》

《希波克拉底誓言》对医生的职业活动具有特别的意义。它以"医学之父"、希腊医生希波克拉底（公元前 460—前 370 年）的名字命名。誓言事实上是否来自希波克拉底，并不确定。一方面，《希波克拉底誓言》是一份历史性文件，其明确包含了与时代相关的要素。另一方面，《希波克拉底誓言》仍具有与时

---

① Vgl. *Hilgendorf*, FS Sootak, 2008, S. 91 ff.
② 详见本书第十一章边码 1 及以下内容。

代无关的榜样功能。医学伦理的基础可以一如既往地从中得出。

宣誓内容如下：

> 敬禀阿波罗、医神阿斯克勒庇俄斯、许癸厄亚、帕那刻亚，及天地诸神圣鉴之，鄙人敬谨宣誓：
>
> 余愿尽己之能力与判断力之所及，矢守此约。凡授余艺者：余敬如父母，为终身同甘共苦之侣；倘有急需，余必接济。视彼儿女，犹余手足，如欲受业，余无偿、无条件传授之。凡余之所知，无论口授、书传俱传之吾子、吾师之子及立誓守此约之生徒，此外不传他人。
>
> 余愿尽己之能力与判断力之所及，恪守为病家谋福之信条，并避免一切堕落害人之败行，余必不以毒物药品与他人，并不做此项之指导，虽人请求，亦必不与之，尤不为妇人施堕胎之术。余愿以此纯洁神圣之心，终身执行余之职务。至于手术，另待高明，余不施之，遇结石患者亦然，惟使专匠为之。无论何适何遇，逢男或女，民人奴隶，余之唯一目的，为病家谋福，并检点吾身，不为种种堕落害人之败行，尤不为诱奸之事。凡余所见所闻，不论有无业务之牵连，余以为不应泄露者，愿守口如瓶。倘余严守上述之誓词，愿神仅仅使余之生命及医术，得无上光荣；苟违此誓，天地鬼神共殛之！①

誓言包括多个不同的要素。它以宣誓格式和对众神的祈求开始。之后，显示了学徒与师傅之间的关系。誓言的核心是医生的

---

① Zitiert nach Hippokrates Ausgewählte Schriften 8-10（彼处所使用的号码在此略去）；vgl. auch *Eser/Lutterotti/Sporken*, Lexikon Medizin, Ethik, Recht, S. 114。

义务，其主要规定可以概括为以下声明，即医生不应伤害任何人（neminem laede）。然后，（誓言）提到了防止滥用医疗权力的规则。据此，医生有保密义务，禁止实施有目的性的杀戮①和堕胎。以禁止切除结石手术为例，禁止医生实施外科手术，因为这超出了医生的权限和训练（范围）。此外，医生不应和病人保持性关系。有趣的是，在相关的文本段落中，誓言一口气提及了男人和女人、自由人和奴隶。从中可以看出，对医生而言，诸如患者的性别和身份之类的情形并未扮演任何的角色。

誓言的三个功能可区分如下：首先，它提出了经典的医生伦理（表述），并因此形成了医生职业伦理的核心基础。其次，不伤害患者的义务以及医生的保密义务描述了医生与患者之间信赖关系的核心要素，这仍是成功治疗必不可少的前提。最后，誓言将医生定义为一种职业，从而促成了医生的群体认同。 11

尽管《希波克拉底誓言》对医疗活动的规制而言仍然至关重要，但由于它的时间背景是在公元前 400 多年以前，因此，有一些内容从今日的角度来看是有问题的。禁止医生实施手术活动的原因是，过去医生与外科医生是严格区分的，但这种区分如今已不复存在。禁止堕胎或帮助堕胎这一禁令也已经被广泛的社会共识（其规定在《德国刑法典》第 218 条及以下条文）所相对 12

---

① 禁止向他人提供致命药物的禁令通常被理解为禁止帮助自杀的禁令，但从古代人们对自杀的普遍接受来看，这样的理解似乎未必如此绝对。从措辞上，更接近的做法是，从禁止有目的性的杀人（在第三人请求杀人的情形下）这一意义来理解誓言的系争段落。因此，即便是第三人要求医生实施杀人，医生也不能将足以致死的药物提供给其他人。除此之外，是否将帮助自杀包括在内，从这些原因来看，至少是值得讨论的。

化。誓言中所提及的禁止安乐死①这一做法，在今日也是非常有争议的。至少在消极安乐死（更好的表述：停止治疗）或以缓解疼痛为目的的积极安乐死（所谓的"间接积极安乐死"）情形下，禁止安乐死是有问题的。

誓言的家长主义式基调也是有问题且不合时宜的。因此，人们今日经常要求一种"后希波克拉底"的医学伦理，该伦理非常看重病患的自我决定权。立法和实务同样承认了病患的自我决定权：医疗措施之实施，不得违背患者的意愿。②

在此范围内，出现了一个提问，即《希波克拉底誓言》是否仍能符合当代的医学理论。应当如此作出回答：誓言的很多要素都是与时空背景相关的，其在今日已经不再令人信服。誓言的永久性内容在于它要求医生仅能为患者的利益行事，不得伤害任何人并做好保密工作。

四、世界医学协会的《日内瓦宣言》

第二次世界大战以后，世界医学协会（Welt - Ärzte - Verbund, World Medical Association）制定了《日内瓦宣言》（das Genfer Gelöbnis），该宣言于1948年得到通过。《日内瓦宣言》是《希波克拉底誓言》的当代版本。它的出现是对第三帝国时期的人体实验和安乐死计划，以及1946年、1947年纽伦堡医生审判的

---

① 参见本书第7页注①。
② 详见本书第二章边码8及以下内容、边码21及以下内容。

回应。宣言已经被德国联邦医学协会接受,并成为医生职业规则的一部分。接受宣言的前提条件是,德国医生自20世纪40年代末期被纳入世界医学协会之中。

当前版本(2017年)的宣言内容如下:

> 作为医学界的一员,我郑重地保证自己要奉献一切为人类服务。病人的健康应为我首要的顾念。我要尊重病人的自主权和尊严。我要保有对人类生命最高的敬畏。我将不容许有任何年龄、疾病、残疾、信仰、国族、性别、国籍、政见、种族、地位或性向的考虑介于我的职责和病人间。我要尊重所寄托给我的秘密,即使是在病人死后。我要凭我的良心和尊严从事医业。我要尽我的力量维护医业的荣誉和高尚的传统。我要给我的师长、同业与学生应有的崇敬及感戴。我要为病人的健康和医疗的进步分享我的医学知识。为了提供最高标准的医疗,我会注意自己的健康和能力培养。即使在威胁之下,我也不会运用我的医学知识去违反人权和民权。我郑重地、自主地并且以我的人格宣誓以上的约定。①

在内容上,宣言和《希波克拉底誓言》非常吻合。不过,宣言并没有宗教成分以及不合时宜的义务,即仅教授特定的学生群体以及禁止实施特定的手术(结石手术)。宣言和《希波克拉底誓言》的重大区别在于,宣言中没有任何关于安乐死的规定。宣言第四句提到了对人类生命的尊重。未出生的生命,也被包括在内。总而言之,这是《希波克拉底誓言》的现代、世俗版本。

---

① https://www.bundesaerztekammer.de/fileadmin/user_upload/downloads/pdf-Ordner/International/ Deklaration_von_Genf_DE_2017.pdf.

五、医疗刑法的法律基础

18 没有专门的法典来规范所有的医疗刑法（问题）。医疗刑法中的重要规定包含在《德国刑法典》之中。其中，特别重要的条文有《德国刑法典》第212条（故意杀人罪）和第222条（过失杀人罪）、第216条（受嘱托杀人罪）、第218条（中止妊娠罪）、第223条（身体伤害罪）及以下条文。医疗刑法中的部分领域还出现在包含刑法规定的特定法典之中，其中尤其值得一提的有《胚胎保护法》《干细胞法》《药物法》（Arzneimittelgesetz, AMG）、《麻醉药品法》（Betäubungsmittelgesetz, BtMG）以及《器官移植法》（Transplantationsgesetz, TPG）。《德国基本法》中，特别是人性尊严（第1条第1款）和生命、身体完整权（第2条第2款），可以找到患者的基本权利，这些基本权利能对医疗刑法造成影响。此外，欧洲和国际上还存在重大的规定，如欧洲理事会的《生物伦理公约》（Bioethik-Konvention）。

19
概览1：医疗刑法的法源

欧洲及国际的规定

《德国基本法》

一般的法律规定
《胚胎保护法》《干细胞法》《药物法》《麻醉药品法》《器官移植法》

六、医疗刑法的发展趋势

早期,医疗刑法的经典问题领域是在"医生刑法"(Arztstrafrecht)这一表述下处理的。问题的重点在于,如何在医生的不同活动领域对医生进行处罚,如(失败的)医疗干预情形下是否对医生论以身体伤害罪;医生实施不被容许的安乐死,是否对医生予以处罚。同时,刑法讨论的焦点在扩大,其他医务人员(护士、门诊助理人员)的活动也被纳入考量。有鉴于此,在术语上不再使用"医生刑法",而是使用"医疗刑法"(Medizinstrafrecht)。

目前,医疗刑法的问题领域再次得到扩张。一些与"治愈"(作为医学上传统的主导概念)毫无关联的问题正在成为议题,如胚胎植入前基因诊断和强化。因此,医疗刑法再次演变成为"生物刑法"(Biostrafrecht)。[①]

七、医疗刑法的特殊性

与其他的刑法相比,医疗刑法具有一些特殊的特征。一方面,如前所述,它在很大程度上取决于医学技术发展。由于这种发展在当前是非常迅猛的,医疗刑法会不断面临新的问题。

从法律的视角来看,医疗刑法受到了基本权利的重大影响,例如病患的自我决定权可以从《德国基本法》第 2 条第 1 款(结合

---

① Vgl. *Hilgendorf*, FS Brohm, 2002, S. 387 ff.

《德国基本法》第1条第1款）推导得出。基本权利的这种强大影响力可以确保自由，并因此被积极看待。另一方面，由于刑法和基本法的教义学具有不同的论证结构（Argumentationsstrukturen），在医疗刑法中，只有克服重重困难，才能让这两种论证结构相互吻合。

24 　　医疗刑法的第三个特殊性是，它在某些领域甚至没有法律依据。这一方面是因为医疗可能性在持续不断地发展，另一方面则是因为在医疗刑法领域出现的巨大的伦理问题。在很多情形中，人们在政策上似乎不愿意坚持一个明确的立场。① 另外，还应当考虑到，胚胎保护、安乐死、器官移植以及其他相关问题不仅与法学相关，还会涉及其他的学科，如生物伦理、道德神学和经济学。此外，不确定性还肇因于不同的法律子学科在医疗刑法上的重叠。

25 　　所有的这些因素造成了极大的法不安定性。这导致医生和医疗专业人员经常游走在法律的边界，并会因为对可罚性的考量而在工作中备受压力，因为法律没有作出任何清楚且明确的规定。因此，作为一门学科②，医疗刑法最为重要的任务之一就是，清楚地厘清相关问题，对它们进行结构化处理，并发展出法律评价，以便实务能够将其用作特定案件的决定基础。通过此种方式，医生和其他医务人员也可以更安全地进行活动。此外，医疗刑法还可以通过对相关问题的厘清和系统化为立法者提供前期工作（成果），并为其提供重大的决策帮助。

---

　　① 鉴于很多争议性问题会受到意识形态的影响，这种克制似乎是可以理解的，甚至是有意义的。另一方面，如果法律保持缄默，司法则要承受个案的决定负担。
　　② 按照日常的法律用语，"医疗刑法"这一表述一方面是指该领域内所有规范的总和，另一方面则是指学科上对规范的（教义学）处理。

第二章
医生的医疗干预

一、本章所要处理的问题之导入与概述

对于医生而言,一个核心的刑法问题是医生的医疗干预(der ärztliche Heileingriff)以及与其相关的告知义务(Aufklärungspflichten)。在实施任何医疗干预行为之前,医生必须告知患者医疗干预的种类和典型风险。对此,他必须了解法律所规定的、其必须承担的告知义务的范围。在医学实践中,这正是经常出现问题的地方。主要的原因在于,对于"告知所有的典型风险"(Aufklärung über alle typischen Risiken)这一概念,医生所知甚少。关于个案所必要的告知,其范围的具体说明几乎没有被提及,即便存在这样的说明,它们通常是如此详尽且与具体情形相关,乃至于它们在日常的医疗实践中并不是很实用。

在此,审视告知义务的基础(Grundlagen der Aufklärungspflicht)是有所助益的:通过告知,病患的自我决定权就可以得到保护。《德国基本法》将这些权利赋予了个人,即支配自己身体的权

利，以及自我决定是否接受干预或治疗及其可能后果的权利。此一自我决定权正是一般人格权（《德国基本法》第1条第1款结合第2条第1款）的一种表述。①

二、狭义意义上的医疗干预构成身体伤害

3　　医生的干预行为可能是出于不同的目的做出的。一方面，它能够以病患的痊愈为目的，人们将其称作狭义意义上的医疗干预（Heileingriff im engeren Sinne）。另一方面，也存在一些医疗干预，其并不是主要被用来治愈病患，如纯粹的整容手术②。在法学学科中，医生的医疗干预行为是否构成身体伤害，尚有争议。绝大多数的观点认为，无论是具有医学表征的医疗干预行为，还是不具有医学表征的医疗干预行为，均该当《德国刑法典》第223条"身体伤害罪"③的构成要件。④为了理解这一点，有必要了解构成要件该当性、违法性和有责性在刑法上的基本评价阶层及其在刑事问题解决上的相互作用。

---

① 详见 BGH, JZ 1984, 893（894）；BVerfG, JZ 1979, 596。
② 关于整容手术的刑法定位的中文文献，参见王皇玉：《整形美容、病人同意与医疗过失中之信赖原则》，载《月旦法学杂志》2015年第127期，第50—63页。——译者注
③ 《德国刑法典》第223条规定："（1）凌虐他人身体或伤害其健康者，处5年以下有期徒刑或罚金刑。（2）前款之未遂犯罚之。"——译者注
④ 详见本书第二章边码8及以下内容。

第二章　医生的医疗干预

审查框架

1. 构成要件（该当性）
   (a) 客观构成要件
   (b) 主观构成要件
2. 违法性
3. 有责性

（一）附论：构成要件该当性、违法性、有责性①

只有行为具备构成要件该当性、违法性和有责性，才是可罚的。行为人实现了禁止行为的典型不法内容，例如故意杀害他人（故意杀人罪，《德国刑法典》第212条）或故意窃取他人的动产（盗窃罪，《德国刑法典》第242条），才符合某一犯罪行为的构成要件。在身体伤害的情形中，如果行为人凌虐他人的身体或使他人的健康受到损害（《德国刑法典》第223条第1款），构成要件就该当。在构成要件内部，可以进一步分为客观构成要件要素以及主观构成要件要素。在此，客观构成要件要素指那些在客观上构成不法内容的犯罪行为要素（例如伤人）。主观构成要件要素则涉及行为人的心理态度：行为人既可以故意地（有认识且意欲）也可以过失地（未尽到交往中所必要的注意义务）实现构成要件。②

行为人满足了某一犯罪行为的构成要件，并不是一定会受到

---

① 以下部分针对未受过法学教育的读者。已经上过刑法总论课程的读者，可以略过这部分。
② 严格来说，只有有认识的过失（die bewusste Fahrlässigkeit）才属于主观构成要件。如果行为人没有认识到他的过失行为，那么他的行为仅仅是在客观上违反了注意义务。不过，这对处罚（根据过失犯罪）来说已经足够了。对此，详见 *Hilgendorf/Valerius*, StrafR AT, § 12, Rn. 11。

刑罚。进一步的必要条件是，行为是违法的。如果不存在有利于行为人的违法阻却事由，行为就是违法的。举例而言，违法阻却事由既可以是正当防卫，也可以是阻却违法的紧急避险，还可以是对医疗刑法尤为重要的被害人承诺。如果病患有效地同意进行医疗干预，那么，即便医生通过干预行为已经满足了身体伤害罪的构成要件，他也不会受到处罚。不过，有效承诺的前提是，病患已经被事先告知有关手术的信息。

7　　可罚性的另一个要件是行为的有责性。罪责意味着可非难性。① 因此，在犯罪论的第三个要点上会去审查行为的个人可非难性。与此相关的问题是行为人的罪责能力以及不法意识等。

(二) 医疗干预行为构成身体伤害

8　　根据医疗常规 (lege artis) 实施的医疗干预行为是否满足身体伤害罪 (《德国刑法典》第 223 条第 1 款) 的构成要件，在法学上尚有争论。身体伤害罪以凌虐他人身体或损害他人健康为前提。凌虐身体，是指一种令人厌恶的、不恰当的对待，(被害人的) 身体舒适度或身体完整性会因此受到重大的影响。② 损害健康则是指诱发或加剧某种病理状态。③

9　　1894 年以来④，实务界肯认医疗干预行为构成身体伤害。据此，尽管医疗干预行为是为了病患的利益而进行的，而且事实上也确实出现了痊愈结果，但医疗干预行为仍然该当《德国刑法

---

① Vgl. *Hilgendorf/Valerius*, StrafR AT, § 6, Rn. 2 f.
② Vgl. BGHSt 14, 269 (271); *Fischer*, StGB, § 223, Rn. 4.
③ Vgl. *Fischer*, StGB, § 223, Rn. 8.
④ Vgl. RGSt 25, 375 ff.

典》第223条"身体伤害罪"的构成要件。这导致的结果是,如果病患没对医疗干预行为作出有效的承诺,且欠缺其他的违法阻却事由,那么医生就会受到处罚。此一实务见解的理由在于对病患自主的保护。因为立法者几乎没有通过其他的条文①来保护病患自主,其只能对医生论以身体伤害罪来确保,对病患身体完整性的干预原则上必须要在他的承诺下才能进行。对于医生而言,这并没有任何不利之处。当法官对某人判处有期徒刑时,其行为同样具有构成要件该当性,因为法官的行为满足了《德国刑法典》第239条"剥夺自由罪"的构成要件。他们没有受到惩罚的唯一原因在于,只要刑事诉讼程序合乎规定,就能阻却违法。

与之相反,部分学说观点认为,根据医疗常规进行的医疗干预并不会使损害健康的构成要件该当,因为系争行为旨在改善或维持病患的健康状态。其不应取决于个别行为(Einzelakt),而应诉诸治疗行为的整体结果(Gesamtergebnis der Behandlung)。② 同样也不存在身体凌虐,因为身体凌虐以一种令人厌恶的、不恰当的对待为前提。这一前提在医生的干预情形下并不存在。此外,该学说指出,实务见解会使医生等同于"持刀伤人者"(Messerstecher)。③ 无论是对于医生还是对于一般公众来说,令他们无法理解的是,为何一项能够促进健康或者至少能够保持健康的措施

---

① 在边界案例上,个别情形可能会该当强制罪(《德国刑法典》第240条)的构成要件。
② 概览可参见 *Grünewald*, in: LK-StGB, § 223, Rn. 67 ff.。
③ Vgl. *Bockelmann*, Strafrecht des Arztes, S. 62.

会导致构成要件该当。① 这些论点至少是可以令人理解的。但是，几乎没有迹象表明实务在不久的将来会有所改变。因此，新的法律情形只能通过立法者才能被创设出来。②

概览2：关于医疗干预行为构成要件该当性的争论

问题：根据医疗常规进行的医疗干预行为是否构成《德国刑法典》第223条第1款意义下的身体伤害？

前提：干预必须以凌虐身体或损害健康为前提。

实务见解：医疗干预行为该当身体伤害罪的构成要件，即如果干预行为无法通过病患的有效承诺而得到正当化，则医生会受到处罚。 理由：对病患自主的保护。	部分学说见解：医疗干预行为并不该当构成要件，因为根据治疗行为的整体结果，病患的健康状态或者得到改善或者被维持。 理由：无法令人理解的是，为何一项促进健康的措施会导致构成要件该当。

三、医疗干预的其他问题

即便人们接受实务见解，即医疗干预行为能够满足身体伤害罪的构成要件前提，也尚未解决所有的问题。

---

① 其他理由，参见 *Hilgendorf*, FS Kühl, 2014, S. 510 ff.。
② Vgl. *Ulsenheimer*, ArztStrafR, Rn. 328.

第二章　医生的医疗干预

首先存在问题的（一点）是，医生的医疗干预行为不仅会影响到身体的完整性，还会影响到病患的自我决定权。但是，对于自我决定权的保护，并不是通过身体伤害罪的构成要件，而是通过《德国刑法典》第239条（剥夺自由罪）、第240条（强制罪）来达成的。不过，这些规范并未涵盖对病患施加的所有治疗行为。通说观点选择的结构是，医疗行为虽然该当身体伤害罪的构成要件，但可以通过病患的自我决定权来正当化。通过这一结构，病患的自我决定权首先得到了确保。① 不过，一个本来就外在于身体伤害罪构成要件的保护法益会因此被置于身体伤害罪的构成要件之下。

此外，还会出现一个问题，即侵入最小化的干预行为（minimal invasive Eingriffe，此种干预行为对病患身体完整性和身体健康的影响是非常轻微的）同样会被定性为身体伤害。如果人们诉诸病患的自我决定权，情形确实如此。不过，按照通说见解，只有在对身体有着显著影响的情形下，身体凌虐或健康损害才会存在。② 这同样适用于医生的干预行为。

在非侵入性的医疗行为上，也存在类似的问题，例如开药、使用药膏或放射治疗。只要构成要件结果（例如，因药物引起的副作用、因放射而导致内脏的病变或者组织的变化）没有出现，就不会成立损害健康形式（《德国刑法典》第223条第1款第2种行为类型）的身体伤害罪。只有当人们认为消极结果发生的危险已经充足时，才会得出不同的结论。不过，身体伤害罪并不是一种危险构成要件（Gefährdungstatbestand）。毋宁说，结果必须

13

14

15

---

① 参见本书第二章边码9。
② Vgl. *Fischer*, StGB, § 223, Rn. 6.

确实发生。人们充其量只能考虑（成立）身体凌虐，即一种令人厌恶的、不恰当的对待，其会使（被害人的）身体舒适度或身体完整性受到重大的影响（《德国刑法典》第223条第1款第1种行为类型）。按照该定义，有别于健康损害情形的是，病理状态的发生（Auftreten eines pathologischen Zustands）并不是必要的。不过，个案中是否已经超出了严重性门槛（Erheblichkeitsschwelle），是存在疑问的。例如，人们不大可能将单独使用药膏视作一种令人厌恶的、不恰当的对待。

16　　但是，这引出了一个问题，即是否要真正地为病患提供充分的保护，使其免受未经许可或专断性的治疗（unerbetene oder eigenmächtige Behandlungen）。从病患自主的立足点来看，需要保护病患使其免遭非意愿的治疗，这种治疗虽然在当下没有消极的影响，但在将来可能会对其身体状况带来消极的影响。宪法所规定的自我决定权赋予病患对自己身体的、唯一的支配力。病患的身体会发生什么，应当让病患自己来决定。因此，针对专断性的治疗行为创设一个独立的构成要件（立法例如《奥地利刑法典》），可能是很有意义的。据此，任何人未经他人的承诺而对其实施治疗行为，即便治疗行为完全是按照医学的规则进行的，也是可罚的（《奥地利刑法典》第110条第1款）。①

17　　另一个问题是关于身体伤害罪加重构成要件的适用，这些加重构成要件要求在特定的情形下加重刑罚。在医疗刑法中，特别值得考量的是《德国刑法典》第224条第1款第2项第2种类型

---

① 对此，详见 *Fabrizy*, ÖStGB, § 110, Rn. 1b。

所规定的危险的身体伤害罪（gefährliche Körperverletzung）。利用危险的工具来实施身体侵害者，应受到刑罚。根据普遍接受的定义，危险的工具是指由于其性质和使用方式而能造成严重伤害的物品。[①] 例如，被用来插入他人胸部的菜刀就是危险的工具。本身虽无害但被用来敲打他人头部的平底煎锅，同样如此。外科医生根据医疗常规所使用的手术工具是否亦是如此，是存在疑问的。无论是司法实务还是学说文献均持否定性观点，因为系争工具并没有被用作武器，即攻击或防御的手段。[②] 从法律政策来看，此处所蕴含的医生特权是有意义的，但它无法与《德国刑法典》第224条第1款第2项的一般性解释相协调。

在结论上可以确定的是，将具有医学表征的医疗干预行为归到构成要件该当的身体伤害固然有助于保护病患的自主，但是，这会引发一系列的后续问题。因此，针对专断的医疗行为制定特殊的构成要件，似乎是值得考虑的适当之举。

四、不具有医学表征的医疗干预行为

不具有医学表征的医疗干预行为在评价上有别于必要的医疗干预行为。不具有医学表征的医疗干预行为包括这些情形：纯粹的整容手术、诸多的堕胎情形、自愿的绝育、使用兴奋剂、摘取器官移植物、科学的人体实验、人工授精以及各种形式的"强

---

① *Hilgendorf*, ZStW 112 (2000), 811; *Wessels/Hettinger/Engländer*, StrafR BT 1, § 5, Rn. 299.
② *Lackner/Kühl*, StGB, § 224, Rn. 5.

化"。所谓的"强化"是指通过人工辅助手段来提高身体或精神的机能，例如安装芯片以提高大脑的机能。①

20　　与具有医学表征的医疗干预行为不同，这一类型的医疗干预行为的整体目的并不是要改善或维持健康状态，而是要满足进一步的愿望。这一类型的干预通常被视作构成要件该当的身体伤害。

五、通过被害人承诺来阻却违法

21　　如果人们将医疗干预行为视作一种构成要件该当的身体伤害，则医生必须诉诸违法阻却事由，才能够避免受到刑罚。对于不具有医学表征的医疗干预行为，亦是如此。医疗刑法上最为重要的违法阻却事由是被害人承诺（另见《德国民法典》第630d条）。②

（一）有效承诺的一般性前提

22　　如果存在有效的被害人承诺，那么该当构成要件的行为（在这种情形下该当构成要件的行为是身体伤害）就不具有违法性，因此是不可罚的。有效的被害人承诺具有以下的前提要件：

（1）法益的可支配性（Disponibilität des Rechtsguts）：法益必须是可支配的，即对法益的放弃是完全可以被容许的。举例而言，对公共法益（例如环境保护）以及生命法益的放弃，是不被容许的。与之相反，对身体完整性的保护，则是可以被放弃的。

（2）承诺人的处分权限（Verfügungsberechtigung des Einwilli-

---

① 参见本书第十一章边码1及以下内容。
② Vgl. *Hilgendorf/Valerius*, StrafR AT, § 5, Rn. 109 ff.

genden）：承诺人必须具有处分权限，亦即当损害发生之时，他必须是法益的持有者。在医生实施医疗行为的情形下，这通常不存在问题。病患是自身身体完整性此一法益的唯一持有者。

（3）在行为之前作出（承诺）：承诺必须在行为之前作出，且必须贯穿整个行为期间。

（4）认识能力与判断能力（Einsichts- und Urteilsfähigkeit）：病患必须具有承诺能力，即根据其精神和道德成熟程度，病患能够认识到权利放弃的范围，并作出正确的判断。在此，并不存在特定的年龄限制。即便是未成年人，只要他的心智是成熟的（在个案中加以审查），同样能够对干预行为作出有效的承诺。[1]

（5）不存在意思瑕疵（Keine Willensmängel）：承诺必须符合病患的真实意愿，且必须不存在所谓的"意思瑕疵"。[2]

（6）此外，承诺必须建立在充分的信息基础上。必须依照规定对病患进行告知。[3] 从历史上来看，告知义务最初是为了避免让从事医疗的外行人员陷入一种更为不利的处境。[4]

（7）主观的违法阻却要素：医生的行为必须基于被害人的承诺，因此，医生必须认识到被害人的承诺，其医疗行为必须以被害人的承诺为基础。

（8）无伦理违反性（keine Sittenwidrigkeit）：干预不具有伦理违反性（《德国刑法典》第228条），具体可参见本书第二章边码

---

[1] 参见本书第二章边码26及以下内容。
[2] 参见本书第二章边码24及以下内容。
[3] 参见本书第二章边码39及以下内容。
[4] 参见 RGSt 25, 375［自然疗法（Naturheilkunde）］；RGSt 50, 37［健康祈祷（Gesundbeten）］。

35 及以下内容。

23
承诺的审查框架

> 1. 法益的可支配性；
> 2. 承诺人的处分权限；
> 3. 在行为之前作出（承诺）；
> 4. 认识能力和判断能力；
> 5. 不存在意思瑕疵；
> 6. 依规定进行告知，并提供充分的信息基础；
> 7. 主观的违法阻却要素；
> 8. 无伦理违反性。

（二）意思瑕疵

24　　承诺必须免于意思瑕疵，即承诺的作出不能建立在胁迫（Drohung）、强制（Zwang）、欺骗（Täuschung）或表示错误（Erklärungsirrtum）①的基础上。与之相反，单纯的动机错误（Motivirrtümer）②，例如对医生资格的错误评估，在通常情况下是无关紧要的，除非较低的资格会提高（危险的）干预行为的风险。③但是，如果病患明确要求由特定的医生（如主任医师）实施治疗行为，则有所不同。倘若之后的治疗是由另一个医生实施的，则承诺无效。

25　　在这种情况下，秘密进行的 HIV 测试（heimlicher HIV-Test）这一案例也存在问题。在此必须加以区分：如果行为人出于进行 HIV 测试的目的而采集了血液样本，并对病患佯称抽血是基于

---

① 在表示错误的情形下，表示人所表示的内容与他所想要表示的内容并不相符，因此，他对所表示内容的意义而言具有错误认识。
② 动机错误与意思的形成有关，后者导致特定的行为（例如，承诺表示）。
③ Vgl. *Joecks*, in: MüKoStGB, § 223, Rn. 77 ff.

其他的目的考量，那么，此时存在着欺骗，其导致承诺无效。如果病患作出了一般性的承诺，且该承诺延伸至（对实施特定的治疗行为而言）所有必要的检测，绝大多数的观点认为，倘若从病史来看没有任何线索表明病患感染了 HIV，则在任何情形下，HIV 测试不为被害人承诺所涵盖。① 因此，被害人承诺在这种情形下是无效的。

（三）对未成年人的干预

如果未成年人具有必要的精神和道德成熟程度，他们就能针对治疗作出有效的承诺。对于 14 周岁以下的儿童，通常认为情形并非如此，因此他们不具有承诺能力。② 对于 14 周岁至 18 周岁之间的青少年而言，其承诺是有问题的。此处所适用的基本规则是，如果干预（程度）及其可能的后果越是轻微，就越能肯定承诺能力。与此同时，如果病患越是年轻，则承诺能力越是会被否定。反之，如果病患越是接近成年人（的年龄），则承诺能力越能得到承认。对于（程度）轻微的干预行为，如抽血，只要承诺人年龄在 16 周岁以上，在通常情形下他会被认为具有承诺能力。③ 不过，对于 14 周岁、15 周岁的未成年人，人们在（特定）情形下也会认定其具有承诺能力。④

如果未成年人具有完全的认识能力，那么只有他的意思才是决定性的。从而，如果法定代理人（通常情形下法定代理人是父母）的意思与之相反，则他们的意思是无关紧要的。如果未成年人欠缺认识能力和判断能力，则必须取得法定代理人的承诺。在

---

① Vgl. *Uhlenbruch*, MedR, 1996, S. 206.
② Vgl. *Ulsenheimer*, ArztStrafR, Rn. 418.
③ Vgl. *Sternberg-Lieben*, in: Schönke/Schröder-StGB, § 223, Rn. 38d.
④ Vgl. *Ulsenheimer*, ArztStrafR, Rn. 420.

此，医生必须注意，通常情形下父母双方共享监护权，因此，父母双方均必须同意接受治疗（医生才能进行医疗干预）。故而，实务根据干预的严重程度作出了区分：在轻微干预的情形下，医生可以通过父母一方取得另一方的授权。在中等干预的情形下，医生必须确保，不在场的父母一方会完全同意这种治疗。在严重干预的情形下（该情形涉及一个困难、影响深远的决定，且会给孩子带来巨大的风险），医生必须明确地知悉，父母双方均同意这种治疗。① 不过，这一实务见解是值得商榷的，因为它并未说清楚，当只有父母一方在场时，医生应以何种方式才能明确知悉，以及明确知悉应满足哪些要求。②

（四）其他情形：对婴儿和小孩实施割礼

28　　对男孩实施割礼（Beschneidung），该当身体伤害罪的构成要件。如果男孩具有承诺能力③，则有可能通过被害人承诺来阻却违法。如果男孩欠缺承诺能力，对于割礼行为的违法阻却（Rechtfertigung）是有问题的。通常情形下，只能经由法定监护人（Personensorgeberechtigte，通常是父母）的承诺来阻却违法。④ 然而，长期以来已经有部分文献对此一承诺的概括性效力（pauschale Wirksamkeit）提出了质疑。⑤

---

① Vgl. BGH, NJW 1988, 2946 ff.
② 完整的论述，参见 *Ulsenheimer*, ArztStrafR, Rn. 416 ff. 。
③ 参见本书第二章边码 26 及以下内容。
④ Vgl. *Fischer*, StGB, § 223, Rn. 45.
⑤ 赞成可罚性的有：*Herzberg*, JZ 2009, 332 ff. ; *Herzberg*, MedR 2012, 169 ff. ; *Jerouschek*, NStZ 2008, 313（317 f.）; *Kempf*, JR 2012, 434（439）; *Putzke*, NJW 2008, 1568 ff. ; 相反的见解有：*Rohe*, JZ 2007, 801（805）; *Zähle*, AöR 2009, 434（446 f.）; *Schwarz*, JZ 2008, 1125 ff. ; *Valerius*, JA 2010, 481（484 f.）.

第二章 医生的医疗干预

2012 年，由科隆地方法院所作出的"割礼判决"（Beschneidungs-Urteil）引发了激烈的公开讨论和政治辩论。① 问题在于，父母能否出于宗教动机而（让他人）对其不具有承诺能力的男孩实施不具有医学表征的割礼行为。在违法阻却层面，儿童的身体完整和私人自主（die körperliche Integrität und die Privatautonomie des Kindes）与父母的教育权和宗教自由（die Erziehungsrecht und die Religionsfreiheit der Eltern）之间产生了冲突。

科隆地方法院判定，法定监护人基于宗教动机而作出的承诺原则上并不符合儿童的福祉，因为其针对的是一个永久的、不可修复的身体变化，这违背了儿童的利益，因为他们之后原本可以自行决定其宗教信仰。② 根据《德国民法典》第 1627 条第 1 句，只有当该教育措施旨在（维护）儿童的福祉时，它才能为监护权所涵盖。据此，对欠缺承诺能力的男孩实施割礼行为，无论是基于避免在各自的宗教团体内部受到排斥的角度，还是基于父母的教育权的角度，都无法使其正当化。③

立法者在《德国民法典》中新增了第 1631d 条，以作为对该判决的回应。④ 现在，监护权还包括了承诺对欠缺认识能力及判断能力的男孩实施不具有医疗表征的割礼的权利，只要割礼手术是按照医疗常规进行的。对于干预行为的评价而言，实施割礼的动机是无关紧要的。根据该条文规定，在仅有父母同意的情形

29

30

31

---

① Vgl. LG Köln, NJW 2012, 2128 ff.; *Putzke*, MedR 2012, 621 ff.
② Vgl. LG Köln, NStZ 2012, 449.
③ Vgl. LG Köln, NJW 2012, 2128 (2129).
④ Vgl. *Wessels/Hettinger/Engländer*, StrafR BT 1, § 6, Rn. 379.

下，如果符合法律规定的前提条件，那么，割礼就是被容许的。至于割礼是出于宗教、文化、社会或卫生原因，在所不论。①

32 　　虽然对女孩的割礼主要发生在非洲国家，但在印度尼西亚，人们也会基于宗教原因或某些特定的传统而对女孩实施割礼。不过，根据立法者的意思，对女孩的割礼是无法通过监护人的承诺来阻却违法的。通过2013年的《第47次刑法修正法》（das 47. StÄG von 2013），德国立法者甚至将"损害女性外阴"（Verstümmelung weiblicher Genitalien）规定为加重的特殊构成要件（《德国刑法典》第226a条）。通过引入《德国刑法典》第226a条，人们首先应当"提高对此种不法行为的认识"②，从而使该构成要件具有象征性的意义。③

33 　　2014年，在汉诺威举行的第70届德国法律人大会（der Deutsche Juristentag）的刑法报告中，人们正确地批评了关于生殖器医疗干预（对于男孩和女孩）的相反规定。④ 从道德和宪法的角度来看，必须提出这个问题，即在性别上作区别对待（从《德国基本法》第3条第3款来看⑤，这种区别对待需要经过正当化的论证）的客观理由为何。到目前为止，人们还未能提出这样的理由。⑥ 对男孩实施的割礼同样可能具有毁灭性的作用，乃至于也应被评价为损害生殖器（Verstümmelung），但这些内容还没有被

---

① Vgl. *Steinbach*, NVwZ 2013, 550 (551).
② BT-Drs. 17/13707, S. 1.
③ Vgl. *Fischer*, StGB, § 226a, Rn. 2a.
④ Vgl. *Hörnle*, Gutachten C zum DJT, 2014, S. 56 ff.
⑤ 《德国基本法》第3条第3款规定："任何人不得因性别、出身、种族、语言、籍贯和血统、信仰、宗教或政治见解受到歧视或优待。任何人不得因身心障碍受到歧视。"——译者注
⑥ Walter正确提出了批评，参见 *Walter*, JZ 2012, 1110 ff.。

充分地议题化。因此,有必要将《德国民法典》第1631d条类推适用于对女性实施割礼的情形,只要其在所有的相关方面等同于对男性实施割礼的情形。另外,从立法论(de lege ferenda)而言,《德国刑法典》第226a条(的适用)应当是不分性别的,从而生殖器受到损害的男性受害者也应为该规范所涵盖。①

概览3:对婴儿和小孩实施割礼

对男孩实施割礼	对女孩实施割礼
1. 该当身体伤害罪的构成要件。 2. 通过法定监护人的承诺使割礼正当化,至于割礼的动机是基于宗教、文化、社会或卫生原因,在所不论。	1. 该当身体伤害罪的构成要件。 2. 无法通过承诺来正当化(在宪法上是值得商榷的)。
损害男性的生殖器 不存在与《德国刑法典》第226a条相应的条文(在宪法上是值得商榷的)。	**损害女性的生殖器** 作为加重的特殊构成要件而在《德国刑法典》第226a条中明确规定了刑罚。

批评:从《德国基本法》第3条第3款来看,在性别上作区别对待需要经过正当化的论证。对于该区别对待,并未提出客观理由。

可能的解决方案:将《德国民法典》第1631d条类推适用于对女性实施割礼的情形,《德国刑法典》第226a条则采用性别中立的版本。

---

① 参见 Hörnle, Gutachten C zum DJT, 2014, S. 58;相同的见解,参见 Hilgendorf, StV 2014, 555(560)。

（五）干预行为的伦理违反性

35 　　只有在干预行为未违反伦理的情形下（《德国刑法典》第228条），才有可能通过承诺来阻却违法。根据一般性的定义，如果行为违反了"一个理性且公平的思考者的合宜感受"（Anstandsgefühl aller billig und gerecht Denkenden），那么行为具有伦理违反性。① 决定标准并不是法官的私人道德或哲学意义上永恒的"伦理法则"，而是一种在经验上可以被验证的法律共同体观点。由于这一公式是相当不精确的，清楚的区分往往会存在问题。与干预行为相关的目的和医生行为的目的，以及法益干预的强度，都具有重大意义。②

36 　　举例而言，如果通过干预行为所要实现的目的毫无意义，甚至在客观上是可非难的，如损害（生殖器）或保险诈骗，那么，这些在客观上导致实害的干预行为就具有伦理违反性。③ 极端的、有害健康的隆胸，以及长期预测结果不良的重大性易容，也都具有伦理违反性。

37 　　在所谓的"捆绑案"（Fesselungs-Fall）中，德国联邦最高法院处理了承诺的限制。判决具有根本性的意义，其基于以下的事实（梗概）：

　　　　被告人的伴侣（R 女士）对异常性行为表现出极大的兴趣，特别是所谓的"捆绑游戏"（Fesselspiele）。其中，被告人利用某一物体对伴侣的喉咙、舌骨以及器官施加压力，导

---

① Vgl. *Hilgendorf/Valerius*, StrafR AT, § 5, Rn. 128.
② Vgl. BGH, NJW 2015, 1540.
③ Vgl. OLG Düsseldorf, NStZ-RR 1997, 325 (327).

致伴侣暂时缺氧,这令伴侣产生了兴奋感。由于伴侣的身材丰满度(其最近显著地变重了),被告人表示担心,因为将脚固定在腹部上方的头部,可能会导致伴侣无法呼吸。不过,伴侣消除了被告人的担忧,并要求用金属管来替代之前使用的绳索。在紧勒过程中,伴侣死亡。

德国联邦最高法院认为,不能仅仅因为行为人实施了得同意的性虐恋行为,就认定行为具有伦理违反性。毋宁说,要对行为的所有重要情形进行一个事前的、客观的观察。如果承诺人因为该身体伤害行为而被置于具体的死亡危险之中,那么行为就具有伦理违反性。①

六、医生的告知义务

(一) 有效告知的要件概览

只有在充分告知病患的情形下,有效的承诺才能成立。告知的目的必须是向病患提供充分的信息,从而使病患能在此信息基础上自行作出决定。在告知内容上,首先必须要涉及医疗干预的可能作用。② 告知必须被及时地作出,从而使病患能够仔细权衡医疗干预行为的利与弊。在告知形式上,并未作特定形式的要求。特别是,告知不一定要采用书面形式。不过,采用书面形式能够更容易地证明,告知确实发生以及告知是如何进行的。原则

---

① Vgl. BGHSt 49, 166.
② 详见本书第二章边码54及以下内容。

上，实施治疗的医生具有告知义务。①

概览 4：有效告知的要件

1. 提供充分的信息基础，使病患能够自行作出决定；
2. 告知内容正确，并指出医疗干预的可能作用；
3. 及时的告知；
4. 无形式要求；
5. 由具有告知义务的人进行告知。

(二) 告知的种类

通常可以将告知区分为自我决定告知（Selbstbestimmungsaufklärung）以及治疗告知（Therapieaufklärung），前者又可以细分为诊断告知、流程告知以及风险告知。② 不过，在实践中，个别种类的告知可能会重叠在一起。

告知的功能是促使病患能够自行作出决定，其是以自我决定告知这一概念为基础的：通过诊断告知（Diagnoseaufklärung），病患可以知悉医生的发现。不过，只有当医生在诊断之后应当进行其他的医学干预或治疗（这些医学干预或治疗会导致医生的行为该当身体伤害罪的构成要件）时，诊断告知在刑法上③才是必要的。在诊断告知的范围内，尤其会成为问题的是致死病情的告知（Mitteilung einer tödlichen Erkrankung）：在此，即便

---

① 关于告知义务的中文文献，参见曹斐：《德国刑法中医师释明义务的历史脉络及新近发展》，载《北大法律评论》（第 17 卷·第 1 辑），北京大学出版社 2017 年版，第 177—200 页。——译者注

② Vgl. *Schöch*, in: Roxin/Schroth, MedStrafR, S. 57 ff.

③ 在民法上则是不同的：关于诊断的告知是医生（根据治疗合同）的主要义务之一。

担心病患无力应对该告知，病患的自我决定权同样要求如实的告知，但要以谨慎且体贴的方式进行。在存在医疗上的禁忌证（medizinische Kontraindikation）① 的情形下，则存在限制。②

通过流程告知（Verlaufsaufklärung），医生应当告知病患其健康状况的可能发展以及拟议疗法。这包括了关于不同治疗方法的告知，关于预期干预行为的种类、严重性、范围、实施方法和疼痛程度的告知，以及关于干预行为预期后果的告知。

风险告知（Risikoaufklärung）则涉及与干预或治疗相关的风险。在实践中，这是最频繁出现问题的地方，因为，必须要在多大程度上告知病患有关的风险，以及必须要告知哪些（有时是遥远的）风险，通常并不明确。③

治疗告知［同时也被称作安全告知（Sicherungsaufklärung）］，则指告知病患必要的治疗方法以及能避免损害的病患行为。与自我决定告知不同，它主要不是为了实现病患的自我决定权，而是为了防止损害。在此，未践行告知义务会导致治疗错误的发生，而医生会因此成立过失的身体伤害罪（fahrlässige Körperverletzung），甚至是过失杀人罪（fahrlässige Tötung）。举例而言，安全告知包括指明（仍有必要的）检验和检查，以及指明药物作用。

43

44

45

---

① 禁忌证（contraindication）是适应证的反义词，指药物不适宜应用于某些疾病、情况或特定的人群（儿童、老年人、孕妇及哺乳期妇女、肝肾功能不全者），或应用后会引起不良后果，在具体给药上应予禁止或顾忌。——译者注
② 参见本书第二章边码 63。
③ 参见本书第二章边码 54 及以下内容。

概览 5：告知的种类

自我决定告知			治疗告知
诊断告知	流程告知	风险告知	

（三）告知的时点

告知必须在干预之前及时进行，从而使病患能够冷静地权衡干预的利与弊，并在必要时与家属讨论。在此，所选择的（告知）时间点是，病患的决定能力不会受到药物的损害之时。在个案中，告知的时间点取决于干预的类型、严重性及紧迫性。

司法实务提出了以下的要求：对于较不严重、风险较低的干预行为，在实施干预的前一日告知就足够了。[①] 关于麻醉风险（Narkoserisiko）的告知，亦是如此。[②] 对于仅涉及较低风险的门诊治疗（bei ambulanten Eingriffen），在干预实施之日告知就足够了。[③] 相反，对于非常严重、风险较高的干预行为，必须在协商确定的手术日期之前另外选择一天进行告知。[④] 在此，医生在手术前夕才进行告知，为时已晚，因为病患没有足够的时间来权衡手术的益处和风险。仅当干预具有紧迫性时，才可以较晚进行告知。如果存在急迫的生命危险（bei akuter Lebensgefahr），在干预之前的几分钟甚至几秒钟进行告知就足够了。[⑤]

---

① Vgl. BGH, NJW 1992, 2351 (2352).
② Vgl. BGH, NJW 1992, 2351 (2352).
③ Vgl. BGH, NJW 1994, 3010 (3011).
④ Vgl. BGH, NJW 1992, 2351 (2352).
⑤ Vgl. *Schöch*, in: Roxin/Schroth, MedStrafR-HdB, S. 66.

要加以注意的是，迟延告知并不必然会导致承诺无效。根据主流观点，如果病患在被及时告知的情形下也会对干预作出承诺，那么该承诺就是有效的。①

概览 6：及时的告知

| 基本规则：告知必须在干预之前进行，必须能让病患冷静地权衡手术的利与弊。|

| 具体个案：告知的时点取决于干预的类型、严重性及紧迫性。|

较不严重、风险较低的干预行为	→	在干预前一天告知就足够了
风险较低的门诊治疗	→	在干预当天告知就足够了
非常严重、具有损害风险的干预行为	→	必须在协商确定的手术日期之前另外选择一天进行告知
存在急迫的生命危险	→	在干预前的几分钟甚至几秒钟进行告知就足够了

| 未及时告知：通过假设的承诺（hypothetische Einwiligung）这一法律术语（Rechtsfigur）来阻却违法的可能性？|

（四）告知的形式

告知无须以书面的形式进行。特别是，病患的签名并不是必

---

① 参见本书第二章边码 71 及以下内容。

要的。不过，在临床实践中，通常会使用告知书（Aufklärungs-formulare）。和病历中的记录一样，告知书可以使医生更容易提出证据。

51　　不过，要加以注意的是，告知书不能取代告知对话（Aufklärungsgespräch）。《德国民法典》第 630e 条第 2 款第 1 句第 2 项规定，告知必须以口头形式进行。告知书虽然能为医生与病患之间必要的"充满信赖的对话"做出准备以及提供帮助，但它不应让过多的官僚主义（Bürokratie）来破坏医患关系。

52　　建议采用阶层式的告知（Stufenaufklärung），即首先通过说明须知（Merkblätter）告知病患，然后医生再通过详细的对话对病患进行告知。

（五）告知义务的主体

53　　原则上，具有告知义务的主体是负责治疗的医生，也就是说，实施干预行为的医生原则上必须告知病患本人。但是，委托其他医生（而非辅助人员）是被容许的。不过，必须满足委托的前提要件，即委托（告知）的进行必须保证充分的告知，且该告知不会因为受托医生不适格或未转达告知委托而受到干扰。[1]《德国民法典》第 630e 条第 2 款第 1 句第 1 项规定，负责告知的人员必须经过（对于措施之执行而言）必要的培训。如果告知是由其他专业的医生实施的，那么，负责治疗的医生可以信赖，其他医生已经合乎规定地对与其专业领域有关的问题进行了告知。

---

[1] Vgl. *Ulsenheimer*, ArztStrafR, Rn. 409 f.

（六）告知义务的射程

关于告知义务的射程，在医疗实践中存在很大的不确定性。在思考告知义务的射程时，一个非常有意义的出发点是它的目的：使病患能够独立地权衡干预的益处和风险，并根据所接收的信息作出自主的决定。特别是民事法院，其要求全面地告知与手术相关的所有典型风险。刑事司法在很大程度上采纳了这些高要求。因此，特别是对于实施严重且/或不具医学表征的干预措施，对告知的要求是非常高的。

54

实务已经发展出以下的基本公式："应当告知病患有关的发现、干预的机会和风险，且要达到以下的程度：使一个理性之人处于病患的情境中也能据此作出承诺的决定。"① 具体内容如下所示：

55

首先，必须告知病患干预的实施（流程），以及治疗的种类、目的和替代方法。举例而言，医生应当告知病患，系争干预措施是出于诊断还是治疗目的，抑或是仅仅基于科学或实验目的。② 除了标准的措施，还必须告知病患替代性的医疗方法（作为一种选项），例如，用药物（尽管时间漫长）治疗来替代标准手术。与之相反，医生无须提供另类疗法（Außenseitermethoden）③。④

56

---

① BVerfG NJW 1979, 1925 (1929); BGHSt 11, 111.
② 深入的论述，参见 *Sternberg-Lieben*, in: Schönke/Schröder-StGB, § 223, Rn. 41 ff.。
③ 另类疗法系指尚未受到正规医学承认的治疗方法。另类疗法与医疗手段之间的区别在于，医疗手段的风险和副作用已受到检验并在医学数值上有可接受的范围，另类疗法则欠缺科学性的检验和风险评估。——译者注
④ Vgl. BGH NStZ 1996, 34; *Joecks*, in: MüKoStGß, § 223, Rn. 87.

57　　此外，无论在何种情形下，还必须告知病患最为可能或确定无疑的手术结果（例如，出现严重的疼痛）和术后的状况。有问题的地方在于，如果要将广泛的干预风险告知病患，告知究竟要达到何种程度，特别是那些从统计上来看不太可能出现的风险。早期的实务见解要求，必须提供有关手术的所有"典型"后果的信息，其不仅包括频繁发生的风险，还包括"内在于"手术的其他风险。①

58　　鉴于大量的批评，实务已经部分摆脱了这种见解。现在起到决定性作用的是，在考虑到干预的紧迫性以及不实施干预所会面临的危险的情形下，理性之人是否（ob）以及在多大范围内（inwieweit）会按照风险的种类、严重程度以及可预测性来认真权衡系争干预风险。② 即便从统计上来看风险是很罕见的，但只要风险的出现会给身体状态或未来的生活带来负担，就必须告知该风险。③ 另外，不必使用准确的医学术语来描述系争风险。只要能够"大致上"（im Großen und Ganzen）告知病患治疗的机会和风险，从而使其对与干预相关的风险程度具有一般性的理解，不会导致这些危险被掩盖或加剧，就足够了。在此，关于治疗风险的实现可能性，没有必要提供给病患一个近乎准确的百分比数字。如果医生通过不当的风险程度说明而在病患面前将手术说成是无害的，则已经逾越了界限。④ 此外，在判断风险程度时，必须在很

---

① Vgl. BGH, VersR 1959, 391; MDR 1962, 45.
② Vgl. BGH, NJW 1963, 393（394）; 1972, 335（337）; 1977, 337（338）; 1980, 1905（1907）; 1994, 793（794）.
③ Vgl. BGH, NJW 1985, 2192; 1991, 2344（2345）; 1994, 2414.
④ Vgl. BGH, NJW 2019, 1283.

大程度上考虑医院的情况、医生的个人能力和经验。① 对于不具有医学表征的干预行为（如整容手术）而言，要求是特别高的。

除此之外，如果干预之实施越紧急，且不实施干预所面临的危险越巨大，对于告知的要求就越低。极端的情形就是（存在）急迫的生命危险：在这种情形下，并非总是能够与推测的承诺（mutmaßliche Einwilligung）② 划清界限。在这类案件中，司法实务大大降低了对告知的要求：如果立即抢救生命的干预行为是必要的，医生在承诺（取得）上就"不用太费心"（nicht viel Umstände zu machen）。③

（七）告知义务的消除

如果病患已经充分知悉，则医生不再需要告知病患，其对于这些行为事实不再负有告知义务。至于众所周知的手术风险，如血管栓塞（Embolie）或手术感染，无须告知病患，除非无法期待病患具有此类知识。④

从病患的自我决定权中可以得知，病患可以放弃全部或部分的告知（权利）。但是，这并不意味着，医生和病患之间不需要展开告知对话。为了行使自我决定权，病患至少必须知道自己放弃了什么，因此，他必须意识到，干预是必要的且与风险相关联。只有这样，他才能有效地放弃进一步的告知（权利）。因此，空白

---

① Vgl. LG Bremen, MedR 1983, 73（75）; *Sternberg - Lieben*, in: Schönke/Schröder-StGB, § 223, Rn. 41d.
② 参见本书第二章边码 67 及以下内容。
③ BGHSt 12, 379（382）.
④ 参见 *Joecks*, in: MüKoStGB, § 223, Rn. 91 f.; 不同的见解，参见 *Sternberg-Lieben*, in: Schönke/Schröder-StGB, § 223, Rn. 42b（无须告知）。

式的弃权（Blankoverzicht）是无效的。

62　　放弃告知（Aufklärungsverzicht）仅在（病患）明确表示时才发生效力，抑或只要有默示的行为（konkludentes Verhalten）就足够了，这一问题尚有争议。司法实务认为，如果通过病患的行为可以得知他不想要接受（进一步的）告知，就已经足够了。① 另有观点认为，出于法律明确性的考量，明确的放弃告知（表示）是必要的。②

63　　医生们多次指出，告知在特定的情形下是不适当的，甚至是危险的。如果在具体个案中告知会导致病患的健康状况恶化，那么医生的行为甚至可能会被论以身体伤害罪。在此类案件中，医生无异于行走在钢索之上，因为他一方面必须保护病患的自我决定权，但另一方面他不想也不应因为自己揭露（有时是"残酷的"）真相而加重病患的负担。不过，所要求的告知仅在特定情况下才可以基于医疗的原因而不被践行。司法实务要求，（告知）除将导致心理状态的紊乱之外，还会造成严重且不可逆的健康损害，或给痊愈结果带来危险。③ 在所谓的"Basedow 病"④

---

① Vgl. BGHZ 29, 46 (57); *Roßner*, NJW 1990, 2291.
② Vgl. *Schöch*, in: Roxin/Schroth, MedStrafR-HdB, S. 72; *Paeffgen/Zabel*, in: NK-StGB, § 228, Rn. 81.
③ Vgl. BGHZ 29, 176 (183 ff.); 29, 46 (57); BGH, NJW 1972, 335 (337); BGHSt 11, 111 (116).
④ Basedow 病，即弥漫性毒性甲状腺肿（Toxic diffuse goiter），又称葛瑞夫兹氏病（Graves' disease），为一种主要侵犯甲状腺的自体免疫性疾病。此病为导致甲状腺功能亢进症最常见的原因，且会导致甲状腺肿大。症状及征象可能包含急躁易怒、肌肉无力、睡眠障碍、心跳过速、怕热、腹泻，以及体重减轻。目前造成此病的机制仍未明朗，可能与遗传或环境因素有关。该疾病的发作原因可能是压力、感染，或是分娩。——译者注

中，(不告知)医疗上的禁忌证是没有争议的，因为最细微的心理反应都可能是致命的。在这种情形中，可以通过推测的承诺规定来阻却违法。①

当病患不具有判断能力或陷入昏迷之中，且必须立刻进行干预时，可能会发生未经承诺的干预（Eingriff ohne Einwilligung）。此时，同样适用推测的承诺规定。②

(八) 告知义务的实际问题

实际上，告知并不总是那么容易就能被作出的。在具体个案中，必要告知的范围通常是不明确的。一般情形下，医生既没有时间也没有机会去知悉具体个案中每一次告知的必要范围。告知义务通常也会导致过度的官僚主义（Bürokratismus）和形式主义（Formalismus），从而形成一种危险，即原本的告知对话不受重视或遭到严重的干扰。

此外，能够自由、自我负责地作出决定的病患是一幅理想的图像。在实践中，许多不同的因素会影响到病患的决定。例如，相较于医生本人并不信服的方法，他通常会下意识地倾向于提出他最为喜爱的解决方案（也会更好且更详细地去解释这些方案）。在很多情形下，病患并没有真正的选择。如果手术是不可避免的，让病患知道那些极有可能发生且会给其带来心理压力的手术，对病患本身有什么好处呢？另外，如果病患的智力较弱，其也没有办法按照医生的说明作出自我决定。诸如此类的问题表明

---

① Vgl. *Schöch*, in: Roxin/Schroth, MedStrafR-HdB, S. 73.
② 参见本书第二章边码67及以下内容。

了,关于(旨在保护病患自主的)告知义务的法律结构的讨论尚未终结。

七、通过推测的承诺来阻却违法

67　如果病患不具有承诺能力,例如他已经陷入昏迷或处于药物的影响下,可以考虑通过推测的承诺来阻却违法。

68　通过推测的承诺来阻却违法的前提是,无法取得或无法及时取得病患的承诺。此外,干预必须符合病患的假定意愿。在此,这并不取决于以客观方法为导向的利益权衡(例如,阻却违法的紧急避险①),而是对病患的真实意愿进行一种盖然性判断(Wahrscheinlichkeitsurteil)。病患的利益、需求、愿望和价值观,只要是医生已经知道的,就要被纳入此种盖然性判断之中。只有在没有其他迹象表明病患的真实意愿时,才应当考虑客观标准,例如理性病患的标准。医生不能用自己的想象(这才是医学上最有意义的做法)去取代病患的意愿。

69　在探寻病患意志时,病患预立医疗决定(Patientenverfügung)具有特别的作用:医生必须注重病患事先确立的意愿,除非病患在此期间明确表示反对。对此,可以参见本书关于病患预立医疗决定的单独章节。②

---

① Vgl. *Hilgendorf/Valerius*, StrafR AT, § 5, Rn. 70 ff.; *Kühl*, StrafR AT, § 9, Rn. 46 f.
② 参见本书第四章边码1及以下内容。

> **概览 7：推测的承诺的要件**
>
> 1. 法益的可支配性
> 2. 承诺人的处分权限
> 3. 承诺人的认识能力和判断能力
> 4. 病患未作出承诺
> 5. 干预符合病患的假定意愿
> 6. 主观的违法阻却要素

八、假设的承诺

最近的文献讨论了所谓的"假设的承诺"（hypothetische Einwilligung）①这一可能性。②如果病患经过合乎义务的告知后还是会对医疗干预作出承诺的话，（干预）将不具备违法性。德国联邦最高法院同样提出了这一法律术语（另参见《德国民法典》第630h条第2款第2句）。③

只有当病患在经过合乎规则的告知后不会作出承诺，欠缺告知（Aufklärungsmangel）才会导致干预行为的违法性。文献上的批评主要针对的是事后认定的证明困难（Beweisschwierigkeiten einer nachträglichen Feststellung）：人们如何笃定地认为，病患在经过合乎义务的告知后会作出承诺？如果关于承诺的假设是错误的，将会导致法益保护（Rechtsgüterschutz）受到限制。因此，如

---

① 关于假设的承诺的中文文献，参见张丽卿：《医事刑法中假设同意的运用》，载《东海大学法学研究》2019年第58期，第63—102页。——译者注
② Vgl. *Hilgendorf/Valerius*, StrafR AT, § 5, Rn. 138 ff.
③ Vgl. BGH, NStZ-RR 2004, 16; NJW 2013, 1688.

果承认假设的承诺,将会破坏推测的承诺这一法律制度,并危及病患的自我决定权。①

九、通过阻却违法的紧急避险（《德国刑法典》第 34 条）来阻却违法

73   除此之外,可以考虑通过阻却违法的紧急避险（rechtfertigender Notstand,《德国刑法典》第 34 条）来阻却违法。此一阻却违法事由的首要前提是紧急危难情状（Notstandslage）,即正在危及病患的身体或生命（或其他法益,但其他法益在当前的背景下几乎不具有相关性）。干预行为必须是急迫的。另外,必须存在《德国刑法典》第 34 条意义下的、适格的紧急避险行为（Notstandshandlung）。因此,必须不存在能够减轻病患负担但又能同样有效抵御危险的方法。在利益衡量的框架内将会确定,所保护的法益（病患的生命和/或健康）是否远远大于被侵害的法益,即自我决定权。

74   如果紧急病患没能对紧急手术作出明确的承诺,且（医生）在匆忙之间也无法去探寻病患的假定意愿,则可以考虑通过阻却违法的紧急避险（《德国刑法典》第 34 条）来阻却医生行为的违法性。

---

① 参见 *Fischer*, StGB, § 223, Rn. 34; *Jäger*, StrafR AT, Rn. 146c;关于活体器官捐赠,德国联邦最高法院在最近的判决中拒绝使用假设的承诺这一制度,参见 BGH, Urt. v. 29. 1. 2019 –VI ZR 495/16, NJW 2019, 1076;本书第八章边码 72。

关于阻却违法的紧急避险（《德国刑法典》第 34 条）的审查框架

1. 《德国刑法典》第 34 条中的紧急危难情状
   （a）可以紧急避难的法益
   （b）法益危险的现在性
2. 紧急避险行为
   （a）必要性
   （b）利益衡量
3. 主观的违法阻却要素

十、扩张性手术

（一）扩张性手术的问题

所谓的"扩张性手术"（Operationserweiterung）是一个特殊的问题。扩张性手术是指，医生在手术过程中所实施的干预行为超出了之前计划的范围。如果医生在手术之前就已经和病患讨论了（实施）扩张性手术的可能性，并取得了病患的承诺，就不存在其他特殊问题。但如果未告知病患有关扩张性手术的情形，则情况会有所不同。司法实务认为，在这种情形下，已经该当构成要件的身体伤害行为并无法通过承诺来阻却违法。[①] 为了使医生免遭刑罚，必须要寻求其他的违法阻却事由。

（二）扩张性手术情形下的违法阻却事由

只有在特殊的情形下，即病患在手术过程中具有意识及判断能力，才可以考虑通过被害人的承诺来阻却扩张性手术的违法性。

---

① Vgl. BGHSt 45, 219.

78   在很多情形中，可以考虑通过推测的承诺来阻却违法。在此，需要具备以下前提条件：扩张性手术的实行是出于病患的利益、无法取得病患的承诺，以及扩张性手术符合病患的真实意愿。"真实意愿"的探寻要通过盖然性判断的方式进行。①

79   司法实务认为，如果病患存在不可修复的损害或死亡危险，而通过扩张性手术能够避免这一直接风险的话，那么，只要通过客观标准（objektivierte Kriterien）能够认定，实施扩张性手术这一决定从病患的视角来看是理性的，就已经足够了。② 反之，虽然扩张性手术在医学上是合理的，但病患并没有紧急的生命危险或严重的健康危险，医生在通常情形下必须取得病患的承诺。举例而言，妇科医生在实施剖宫产手术时，不能仅仅因为在手术过程中发现病患再次怀孕会有生命危险，就对她进行绝育手术。③

80   推测的承诺并不能补正错误的告知。如果医生在告知时就已经预见到了（实施）扩张性手术的可能性，却没有告知病患，那么，即便扩张性手术符合病患的客观利益，也没有办法通过推测的承诺来阻却违法。④

81   除此之外，还可以考虑通过阻却违法的紧急避险（《德国刑法典》第34条）来阻却违法。⑤ 如果扩张性手术是急迫的，则存

---

① 参见本书第二章边码68。
② Vgl. BGHSt 11, 111 (115); 35, 246; 45, 219; *Sternberg-Lieben*, in: Schönke/Schröder-StGB, § 223, Rn. 44b; *Schroth*, in: Roxin/Schroth, MedStrafR-HdB, S. 41.
③ Vgl. BGHSt 45, 219; *Schroth*, in: Roxin/Schroth, MedStrafR-HdB, S. 39 f.
④ Vgl. *Schroth*, in: Roxin/Schroth, MedStrafR-HdB, S. 41 f.
⑤ 参见本书第二章边码73及以下内容。

在一种紧急危难情状。另外，扩张性手术在客观上必须具有必要性，因此，不存在其他能够减轻病患负担但具有相同作用的方法。在利益衡量的框架内必须确定，受到保护的法益（病患的生命和健康）是否远远大于被侵害的法益，即自我决定权。

概览 8：扩张性手术情形下可能的违法阻却事由

1. 承诺：在例外的情形下，即病患在手术过程中具有意识及判断能力。
2. 推测的承诺：扩张性手术的实行是出于病患的利益、无法取得病患的承诺，以及扩张性手术符合病患的真实意愿。
3. 阻却违法的紧急避险（《德国刑法典》第 34 条）。

十一、干预的其他形式

由于以下的医疗干预种类会对病患造成严重的后果，故而被独立地规定在法典之中：根据 1997 年的《器官移植法》实施的器官移植[①]、根据 1980 年的《变性法》（Transsexuellengesetz）实施的变性手术，以及根据 1969 年的《去势法》（Kastrationsgesetz）实施的去势手术。

---

① 参见本书第八章边码 1 及以下内容。

第三章
附论：安乐死的历史

一、"安乐死"的概念

1   "安乐死"（Euthanasie）这一概念来自希腊语，是指对绝症患者或重伤者实施死亡帮助，目的是使他们免于遭受极大的痛苦。① 几个世纪以来，人们对它有着不同的诠释，从古代的"好的死亡"（guter Tod）到第三帝国时期出于意识形态的、对"无生存价值生命"的灭绝。在第三帝国时期，这一概念与"种族卫生学"（优生学）的观点融合在一起，并被用来合法化对身心障碍者的大规模屠杀。

2   在今日的讨论中，尽管"安乐死"这一术语有其历史负担，但对它的使用经常与关于死亡帮助和受协助的自杀（assistierter Suizid）的讨论联系在一起。这符合国际上的语言使用（习惯），特别是在盎格鲁—撒克逊国家中（它们使用的词汇是"eu-

---

① 关于安乐死历史和立法例的中文介绍，参见陈和君：《权力视角下之自杀、加工自杀罪与安乐死》，元照出版有限公司 2016 年版，第 19—88 页。——译者注

thanasia")。为了更好地理解今日的讨论及其历史根源,回顾安乐死的历史及其思想史根源是大有裨益的。

二、古代时期的安乐死

希腊语中的"安乐死"一词最初的意思是"好的、快乐的、美丽的死亡"(guter, glücklicher und schöner Tod)。在古代,人们广泛地认为,自杀和帮助(自杀)是被容许的。① 公元前4世纪/5世纪出现的《希波克拉底誓言》② 是否与此相偏离,是存在疑问的。③ 3

在向中世纪过渡的过程中,基督教的学说产生了影响,其拒绝任何形式的安乐死。按照基督教的观念,上帝对人类的生命具有唯一的支配权。因此,根据中世纪时期的观念,安乐死是被禁止的。④ 不过,这是否符合中世纪时期的死亡实况,是值得怀疑的。 4

三、现代早期的安乐死

在文艺复兴时期,古代时期关于安乐死的观念被人们重新发 5

---

① Vgl. *Decher*, Signatur der Freiheit, S. 41 ff.
② 参见本书第一章边码8及以下内容。
③ 参见本书第一章边码10及第6页脚注①。
④ 中世纪重要的基督教作者也强烈拒绝自杀,对此参见 *Decher*, Signatur der Freiheit, S. 29 ff.。

现。托马斯·莫尔（Thomas Morus，1478—1535 年）指出：

> 但是，如果这种疾病不仅无法被治愈，还会持续性地产生痛苦，教士和官员就会劝说病患，因为他不再能够应对生活的所有需求、会给其他人带来负担、他自己本身也无法承受（痛苦）、他事实上已经死了，他不应再继续滋养这种会引起灾难的瘟病，而是要没有犹豫地选择死去，因为活着对他而言只是一种折磨；因此，他应当怀着热切的希望，从苦难的今生中求得解脱，如同逃出监狱或酷刑室一般。他也可以自愿地容许别人解脱他。他做这件事是很明智的，因为他的死亡并未断送了快乐，而是结束掉痛苦。并且，他做这件事是很虔诚的、是出于对上帝的敬畏，因为他听从了教士的忠告，而教士是上帝意志的解释者。那些被说服的人或者通过自愿的绝食饿死自己，或者在没有意识到死亡的情形下长眠解脱。不过，没有人能够违背他的意愿而杀掉他，对他的照料也不会因此有丝毫的松懈。根据这样的建议结束他的生命，被认为是光荣的。①

通过这一论述，人们重新察觉到了古代时期关于安乐死的观念。不过，对自我决定的强调是新颖的内容：只有在病患同意的情形下才能实施安乐死。

---

① *Morus*, Utopia, S. 81.

四、19 世纪及 20 世纪关于安乐死的讨论

在 19 世纪和 20 世纪,安乐死这一概念发生了重大的变迁。现在,这一术语包括了违背当事人意愿的、会缩短生命的"死亡帮助"。"安乐死"逐渐地与灭绝"无生存价值生命"这一观念联系在一起。

(一) 社会达尔文主义

所谓的"社会达尔文主义"(Sozialdarwinismus)是指,以一种非常粗糙的方式将达尔文主义[以进化论的建构者查尔斯·达尔文(Charles Darwin,1809—1882 年)命名]转用到对人类社会的分析。该理论的出发点是人类和种族的不平等。按照社会达尔文主义的观念,这种不平等造成了生存竞争,只有最适者才能并且应当生存。不过,社会达尔文主义与达尔文之间是一种间接的联系,因为在达尔文的理论出现之前,其他的理论家就已经奠定了基础。特别值得一提的是英国的社会学家赫伯特·斯宾塞(Herbert Spencer,1820—1903 年),达尔文也曾引用过他(的说法)。① 社会达尔文主义的真正始祖是赫伯特·斯宾塞而非达尔文。

社会达尔文主义的指导思想在于,坚信社会生活就是"生存

---

① 参见 *Darwin*, Die Entstehung der Arten, S. 676:"我看到了将来更加重要的广阔研究领域。心理学将稳固地建立在赫伯特·斯宾塞所创设的基础上,即每一智力和智能都是逐渐且逐级地取得的。"

竞争"（Kampf ums Dasein）。在生存竞争中，只有最适者才能也应当生存，因为他们享有"更强者的权利"（Recht des Stärkeren）。因此，它为优生学和种族卫生学奠定了基石。

10　　社会达尔文主义出现了不同的变体：其中之一是美国的强制性经济自由主义（"经济上的工作竞争"），它与某些特定的新教种类具有密切的联系［主要的代表人物是卡内基（Carnegie）和洛克菲勒（Rockefeller）］。在英国，它主要被用来合法化帝国主义（Imperialismus）。在德国，修正的社会达尔文主义的主要代表人物是动物学和自然哲学家恩斯特·海克尔（Ernst Haeckel, 1834—1919年），他提出了生命的统一性理论（Einheitstheorie des Lebens），并将它称作"一元论"（Monismus），即人类、历史及道德都要和唯一的基本原则（即达尔文的进化论）联系起来。

11　　19世纪末期前后，社会达尔文主义与种族信念相结合。① 格拉夫·戈比诺（Graf Gobineau，1816—1882年）在其著作《人种不平等论》（Versuch über die Ungleichheit der Menschenrassen）中指出，生存斗争的主体不是个人而是种族，且雅利安人种优于其他的人种。通过种族融合，它会失去种族的原始特征。戈比诺将这种现象解释为文明的衰落。1898年至1901年期间，他的作品出现了德语版本，并很快就受到了广泛讨论，特别是在大众科学文献中。种族幻想及种族研究与对犹太人的敌视②（可以追溯到早期的基督教信仰）相结合，形成一种具有高度争议的混合物。

---

① Vgl. *Mann*, Biologismus im 19. Jahrhundert, S. 80.
② 在基督教中，即使是在古代后期，犹太人也被称为"上帝的谋杀者"。在中世纪，宽容阶段与出于宗教动机的迫害和杀戮阶段交替出现。

（二）优生学

优生学是指由弗朗西斯·高尔顿（Francis Galton，1822—1911 年，他是达尔文的表弟）所创立的人种培育学（Lehre von der Menschenzüchtung）。人们必须在前述的社会达尔文主义的背景下看待它。高尔顿在 1865 年发表的一篇论文《天赋与性格的遗传》（Hereditary Talent and Character）中主张，通过促进最有才能的人的生育、限制劣等人的生育来提高人类的伦理水平和智力水平。① 他所想象的最有才能的人是维多利亚时代的模范，男性的理想形象被描述为有才华、个性及体力，女性的理想形象则是优雅、美丽、身体健康、性格开朗以及具有家政能力。②

优生学研究能够改变甚至是改善人类种族的影响（因素）。其可以区分为积极的优生学和消极的优生学。消极的优生学（negative Eugenik）旨在通过阻止人类的遗传因素因变种（Degeneration）或"退化"（Entartung）而恶化。适当的措施表现为禁止通婚、自愿或非自愿的绝育或去势，以及杀死"退化者"。因此，只要所采取的措施能够阻止那些被认为有劣等基因的人的生育，就是适当的措施。③ 与之相反，积极的优生学（Positive Eugenik）则是指通过积极的措施来改善遗传因素，如促进结婚的规定以及特定的"育种计划"（Zuchtprogramme），其通常与（通过社会政策措施实行的）"逆向淘汰"（Kontraselektion）警告相关。

1900 年前后，在那些最重要的工业国家中，优生学制度化（In-

---

① Vgl. *Hilgendorf*, FS Horn, 2006, 1131 (1148).
② Vgl. *Hilgendorf*, FS Horn, 2006, 1131 (1136).
③ Vgl. *Kröner*, Eugenik, in: Korff/Beck/Mikat, Lexikon der Bioethik, S. 694.

stitutionalisierung der Eugenik）的历程开始了。领头者是美国，许多州都在法律上规定了优生的要求。例如，1907 年在路易斯安那州实行了"强制绝育法"（Gesetz über die Zwangssterilisation），直至 1917 年已经有其他 16 个州跟进。该法规定了对罪犯的强制绝育。绝大多数的法律还规定，对被安置在州立机构的癫痫患者、精神病患者以及低能人士实施绝育。① 优生学思想还对 1924 年的《美国移民限制法》（US Immigration Restriction Act）② 产生了重大的影响，来自东欧、南欧和非欧洲国家的"低等种族"人士的移民受到了限制。③

（三）种族卫生学

德国版本的优生学就是种族卫生学（Rassenhygiene）。它是由弗罗茨瓦夫医生阿尔弗雷德·普洛茨（Alfred Ploetz, 1860—1940 年）创立的，其于 1895 年出版了一部作品，书名叫作《种族卫生

---

① Vgl. *Kröner*, Eugenik, in: Korff/Beck/Mikat, Lexikon der Bioethik, S. 695.
② 1924 年的《美国移民限制法》又被称作《约翰逊—里德法案》（Johnson-Reed Act）或《国家起源法案》（National Origins Act），是一套为了限制移民数量的联邦法案。该法案以 1890 年人口普查为基础，规定每年来自任何国家的移民只能占 1890 年在美国生活的该国人数的 2%，低于 1921 年《移民限制法案》的 3% 的上限设定。该法案取代了 1921 年的《紧急配额法案》。除禁止中东、东亚和印度移民外，该法案还进一步限制了南欧和东欧移民（那里的犹太人自 19 世纪 90 年代开始大规模地迁移以躲避波兰和俄国的迫害，以 1890 年而非 1910 年或 1920 年为基准，就是为了故意不使用真正与当时实际人数成比例的配额）。该法案的主要作者为众议员阿尔伯特·约翰逊和参议员戴维·A. 里德，法案的支持者期望通过该法案确立清晰的"美国身份同一性"来"保持国民中基本类别的种族的优势，以此来稳定美国民族构成"。反对者将法案描述为种族歧视的"反美国精神"法案。该法案是美国 19 世纪 90 年代至 20 世纪 20 年代"本土主义"运动的一部分，在当时的社会背景以及强劲的游说下，美国国会中的反对声很小。——译者注
③ Vgl. *Kröner*, Eugenik, in: Korff/Beck/Mikat, Lexikon der Bioethik, S. 696.

学纲要（第一部分）：吾等种族的才能及对弱者的保护——论精神卫生学及其与人类完美（特别是社会主义）的关系》①。第二部分则没有出版。1904年，他创办了一本名叫《种族及社会生物学档案》（Archiv für Rassen- und Gesellschaftsbiologie）的杂志，并于次年创立了种族卫生学协会（Gesellschaft für Rassenhygiene）。两者都为德国优生学的制度化做出了重要的贡献。种族卫生学的其他重要代表人物是慕尼黑医生弗里德里希·威廉·沙尔迈尔（Friedrich Wilhelm Schallmayer，1857—1919年）和弗莱堡医生欧根·菲舍尔（Eugen Fischer，1874—1967年）、弗里茨·伦茨（Fritz Lenz，1887—1976年）以及奥特玛·弗雷赫尔·冯·韦斯楚尔（Othmar Freiherr von Verschuer，1896—1969年）。

种族卫生学有很多的追随者，尤其是在第一次世界大战之后。这主要肇因于战争对社会所施加的影响。许多健康的年轻人在战争中失去了生命，这导致了出生人数的下降。由于战争失败以及经济危机，公众情绪较为压抑，肺结核和梅毒等疾病和酗酒现象一样普遍蔓延。许多人陷入贫困状态之中。

这些情形导致的结果是，种族卫生学的观念为广泛的人口阶层所接受。在德国的许多城市中，人们成立了优生学协会。早在1933年之前，种族卫生学就已经在德国大学里牢固地制度化（institutionalisieren）。1927年，威廉皇帝—人类学、人类遗传和优生学研究所（Kaiser-Wilhelm-Institut für Anthropologie, menschliche

---

① 书名原文为：Grundlinien einer Rassenhygiene, l. Teil. Die Tüchtigkeit unserer Rasse und der Schutz der Schwachen. Ein Versuch über Rassenhygiene und ihr Verhältnis zu den humanen Idealen, besonders zum Sozialismus。——译者注

Erblehre und Eugenik）在柏林的达勒姆（Dahlem）成立了，其在纳粹主义时期的种族理论研究中发挥着特别的作用。

18 在魏玛共和国时期，几乎所有的政党都对以优生学为基础的社会政策表现出浓厚的兴趣。相对地，优生学的要求直至1933年才被纳入德国法学之中，这尤其要归因于法律实证主义对法教义学的限制（rechtspositivistische Beschränkung auf Rechtsdogmatik）以及对法律外的一切政治影响的抵御（Abwehr aller außerjuristischen politischen Einflüsse）。①

19 种族卫生学的主要内容是消极的优生学②，即阻止"基因低等人员"的生育（Fortpflanzung „genetisch Minderwertiger"）。主要的要求是对病人实施自愿性的绝育，在某些情形下还可以进行强制性的绝育。

（四）纳粹主义时期的安乐死

20 对于纳粹主义（特别是希特勒的思想）而言，其特征是种族理论与社会达尔文主义之间的关联。尽管优生学主义者和社会达尔文主义者在1933年之前就已经与纳粹主义者存在关联，但他们之间的联系并不是很紧密。这种情形在纳粹主义时期发生了变化。种族卫生学的学科代表人物希望希特勒能够提高他们在大学中的地位。相反，希特勒能够利用种族卫生学来使他的政治计划合法化。

21 纳粹—优生学—计划（NS-Eugenik-Programm）在法律上的首次实施是1933年7月14日通过的《遗传疾病后代防治法》

---

① Vgl. *Hilgendorf*, FS Horn, 2006, 1137.
② Vgl. *Kröner*, Eugenik, in: Korff/Beck/Mikat Lexikon der Bioethik, S. 696.

（Gesetz zur Verhütung erbkranken Nachwuchses）。① 法律允许对患有某种疾病的人实施绝育，人们认为这些疾病是可遗传的，如先天性痴呆（angeborener Schwachsinn）、精神分裂症（Schizophrenie）、循环性（躁狂—抑郁的）精神病［zirkuläres（manisch-depressives）Irresein］、遗传性的失明或失聪，以及严重的酗酒。为了给绝育披上法治国（Rechtsstaatlichkeit）外衣，绝育决定是由遗传健康法院（Erbgesundheitsgericht）作出的，该法院则由法学家和医生组成。直至1945年，根据该法律已经对30万人进行了绝育，其中大约有6 000人因绝育而导致死亡或严重的健康损害。

但是，它并没有止步于此。从1939年秋天开始，在希特勒的命令下，超过7万人在精神病院里被谋杀。该命令是在1939年10月发布的，但它可以追溯到1939年9月1日，可能是因为与战争开始的时间同步能够带来一些道德上的正当性，从而可以克服对打破禁忌（Tabubruch）的抵抗。由于该活动是从柏林的蒂尔加滕街（Tiergartenstrasse）4号组织起来的，因此它也被称作"T4行动"（Aktion T4）②。调查问卷从这里被寄送到德国的精神病院。

---

① 详见 *Czeguhn*, in: Czeguhn/Hilgendorf/Weitzel, Eugenik und Euthanasie, S. 147.
② "T4行动"是1945年第二次世界大战后，针对纳粹德国曾经执行的、系统性地杀害身体残疾患者或心理、精神疾病患者的"安乐死"计划所使用的称呼。在此计划中，有数以万计乃至数以十万计的"通过决定性的医学检查被判为病入膏肓无可救药的病人"被医生杀死。该计划在官方层面执行于1939年9月到1941年8月期间，但是在非官方层面则一直执行到1945年纳粹德国政权瓦解。在该计划的官方阶段，有70 273人被杀，但是纽伦堡法庭发现有证据表明1941年10月之后德国与奥地利仍在执行对患者的灭绝计划，并有275 000人被杀。在1990年发现的档案表明，在1939年到1945年间至少有20万在肉体或精神方面有残疾症状的人被通过施药、饥饿、毒气等方式屠杀。"T4"是"Tiergartenstrasse 4"［蒂尔加滕街（转下页）

精神病院的医生必须提供有关病患健康状况的信息。

23 　　主任医师和大学的精神病学家并没有提出任何值得一提的抗议。直至 1941 年夏天，基于明斯特（Münster）主教克莱门斯·格拉夫·冯·加伦（Clemens Graf von Galen）的公开布道①，对精神病患者和身心障碍者的谋杀才被正式制止。② 不过，据估计，此后仍有 3 万人在秘密的安乐死行动［即所谓"野性的安乐死"③（Wilde Euthanasie）］中失去生命。最严重的无节制（杀害）情形发生在集中营，尤其是奥斯威辛集中营（KZ Auschwitz）。在约瑟夫·门格勒（Josef Mengele）医生（其专长是双胞胎研究）的主导下，他们对被监禁者实施了充满折磨的医学研究，甚至是在无麻醉的情形下进行活体解剖（Vivisektion）。④ 在与著名的威廉皇帝—人类学、人类遗传和优生学研究所的共同合作中，门格勒的（研究）结果得到评估，并在科学上被加以使用。

（接上页）4 号］的缩写，该词是位于德国柏林的一间别墅的地址。此处是"治疗与院内护理慈善基金"（Gemeinnützige Stiftung für Heil- und Anstaltspflege）总部的所在地。此机构由全国领导菲力普·鲍赫勒及卡尔·勃兰特运营。现在，该别墅已不复存在，但有一纪念碑纪念该行动的受害者。——译者注

① 1941 年 8 月 3 日，明斯特教区主教克莱门斯·格拉夫·冯·加伦在布道时对该行动进行公开批判，此事因此为同盟国得知。加伦主教因此被以刑法第 190 条起诉，部分纳粹党领导人要求将其处死。不过，由于考虑到其对明斯特当地市民的影响，戈培尔和希特勒没有对此表示同意，最后加伦主教被迫退休。——译者注

② 布道被摘录在 Wiesing, Ethik in der Medizin, S. 64 ff.。

③ 所谓的"野性的安乐死"，又叫作"去中心的机构谋杀"（Dezentrale Anstaltsmorde）。相较于以往用汽车将人运到专门的谋杀机构，"野性的安乐死"则是直接在有关机构和诊所中实行谋杀，无数人因为死亡注射、饥饿或类似措施而丧生。谋杀一直持续到纳粹时代结束。——译者注

④ 关于门格勒，参见 Lifton, Ärzte im Dritten Reich, S. 386 ff.。

（五）纳粹—安乐死（NS-Euthanasie）的开拓者

在纳粹政权下，刑法学者卡尔·宾丁以及精神病学家阿尔弗里德·霍赫非自愿地成为谋杀所谓的"无生存价值生命"这条道路上的思想开拓者。他们在1920年出版了一本名叫《对于灭绝无生存价值生命的开放：其范围与方式》（Die Freigabe der Vernichtung lebensunwerten Lebens. Ihr Maß und ihre Form）的书。① 在这本书中，他们为日后谋杀的正当性奠定了论证基础。作为当时的刑法引领者之一，宾丁从刑法的角度论述了这一议题，而霍赫则从医学的角度出发。从结论上来看，他们在很大的程度上达成了一致。但是，他们的文本在论证过程与措辞上有着重大的差异。

宾丁通过多个步骤来论述该主题：他首先讨论了自杀的不可罚性。之后，他研究了"安乐死的纯粹作用"，即"用一种无痛的其他方式来取代那些充满痛苦（也许还要长时间饱受痛苦）的、肇因于疾病的死亡方式"②。宾丁认为，这里并不存在法律意义上的杀人行为，毋宁说是一种医疗行为，其不需要被害人的承诺。③

紧接其后的是关于受嘱托杀人（Tötung auf Verlangen）的讨论。其中，宾丁一方面强调了人们的自我决定权，个人才是他们生命的主权者；另一方面则坚持有必要对生命展开全面的保护。宾丁在此强调，相较于"嘱托他人消绝强壮的生命"（Verlangen

---

① 第二版（于1922年出版）由沃尔夫冈·瑙克（Wolfgang Naucke）于2006年重新出版，并带有前言。
② *Binding/Hoche*, Freigabe der Vernichtung lebensunwerten Lebens, S. 17.
③ Vgl. *Binding/Hoche*, Freigabe der Vernichtung lebensunwerten Lebens, S. 18.

der Vernichtung robusten Lebens），身患绝症或受致命伤之人嘱托他人"消绝"自己的生命更为重要。① 总体而言，宾丁的论证仍在他当时的刑法讨论范围之内。

关于"灭绝无生存价值生命"，宾丁提出了以下的关键问题：

是否存在这样的人类生命，即它们的法益品质已经严重受损，乃至于它们的继续存在（Fortdauer）对于生命载体以及社会而言已经丧失了所有的价值？②

对于这三种类型的人员，宾丁肯定了此点：

（1）那些因生命或受伤而无法挽救之人，在充分了解自己的情形之后，迫切地希望解脱，并以某种方式表示出这种意愿。③

（2）第二种类型的人员由无法治愈的痴呆者组成——无论他们是天生痴呆还是瘫痪病人在患病的最后阶段变成痴呆。他们既没有生存的意志，也没有死亡的意志。因此，一方面不存在值得重视的死亡承诺，另一方面也没有能够被违反的生存意志。④

（3）原本意识清楚的健康者，因某种重度、致命的伤害，而陷入昏迷状态，就算他们从昏迷中苏醒，却仍然处于无法描述的悲惨之中。⑤

不过，宾丁坚持自我决定权，并强调如果欠缺承诺或推测的

---

① Vgl. *Binding/Hoche*, Freigabe der Vernichtung lebensunwerten Lebens, S. 24.
② Vgl. *Binding/Hoche*, Freigabe der Vernichtung lebensunwerten Lebens, S. 26.
③ Vgl. *Binding/Hoche*, Freigabe der Vernichtung lebensunwerten Lebens, S. 28.
④ Vgl. *Binding/Hoche*, Freigabe der Vernichtung lebensunwerten Lebens, S. 30.
⑤ *Binding/Hoche*, Freigabe der Vernichtung lebensunwerten Lebens, S. 31.

第三章　附论：安乐死的历史

承诺，则不适用：

> 只有对于那些无法挽救的病患，才能考虑开放他们的死亡。这种无法挽救性（Unrettbarkeit）总是伴随着死亡嘱托（Verlangen des Todes）、承诺或以下这种情形，即如果病患在关键时刻没有失去意识或曾经能够意识到自己的状况，他也会作出这样的决定。如上所述，如果违反了自杀者或被杀者的生存意志，则可以将死亡开放排除在外。①

霍赫将宾丁的论述扩张至经济方面。相较于宾丁，他的用语更为露骨：

> 从所有方面来看，花在这类累赘者（Ballastexistenzen）身上的支出是否合理？这一问题在繁荣的过去并不紧迫；现在，这个问题已经不一样了，我们必须认真对待它……我们德国长期以来的任务是：总结所有的可能性，并使其上升到最高的水平，从而释放每一个人的能力，以达成不断被要求的目标。现代的追求［即尽可能地保护所有类型的弱势群体，并为那些人（虽然精神上尚未死亡，但被归类为低等价值之人）提供照料和保护］阻挠了这一任务的履行。这些付出所取得的效果是，到目前为止无法也不能试图将那些有缺陷的人排除在生育之外……从更高的国家伦理性来看，毫无疑问的一点是，这件事情（即努力无条件地维持无生存价值生命）被夸大了。从外部的角度来看，我们忘记了要将在这种关系中的国家有机体看成一个自身拥有法律和权利的整体，如同一个

---

① *Binding/Hoche*, Freigabe der Vernichtung lebensunwerten Lebens, S. 32.

自成一体的人类有机体,我们医生们都知道,人类有机体可以基于整体福祉这一利益而放弃或排除那些变得毫无价值或有害的部分或细小的部分。①

30　霍赫认为,"无生存价值生命"的决定性标准是自身利益的欠缺。按照他的见解,无法感受到需求或利益的人,在精神上就已经死亡了,故而,身体上的杀害行为(körperliche Tötung)并不会导致不法的出现:

> 那些精神上已经死亡的人由于他们的大脑情况而无法根据事情的情形对任何事物(因此也包括生命)提出主观上的请求。在杀害这些人的情形中,主观权利并未受到侵害……"同情"是对那些精神上已经死亡的人在生和死的场合中最后一刻才出现的情感反应。没有痛苦的地方,也不会有共同的痛苦(wo kein Leid ist, ist auch kein Mit-Leiden)。②

31　虽然宾丁和霍赫的著作引起了强烈的讨论,但仍遭到了绝大多数人的否定,特别是在法学上。③ 不过,自世纪之交以来(即20世纪初期),生物性"退化"的恐惧(Furcht vor der biologischen „Entartung")四处弥漫。从这种恐慌中,宾丁和霍赫指明了一条出路,即便这条路在道德上是高度可疑的。

32　1933年,纳粹分子采纳了这些建议,以便"在科学上"巩固自己的种族主义和反犹太观念。在《遗传疾病后代防治法》(Ge-

---

① *Binding/Hoche*, Freigabe der Vernichtung lebensunwerten Lebens, S. 51 ff.
② *Binding/Hoche*, Freigabe der Vernichtung lebensunwerten Lebens, S. 55.
③ S. etwa *Meltzer*, Das Problem der Abkürzung „lebensunwerten Lebens", aber auch die Beiträge von *Elster/Pclckrnann*, in: Eser, Recht und Medizin, 85 ff. (102 ff.).

setz zur Verhütung erbkranken Nachwuchses）的制定上起到决定性作用的精神病学家恩斯特·鲁丁（Ernst Rüdin）利用以下内容来为这部法律背书：

> 在所有的文化民族中，为了抵御那些会威胁到平均遗传健康性的反向选择，种族卫生学是必要的。基本上，它与政治无涉。因为每个文化民族都依赖于它。除要充分地提高健康者和有天赋者的出生率这一努力外，还必须采取措施尽可能地剔除那些遗传不适者。大自然残酷且无情地灭绝了那些不适者，即在他们尚未充分繁殖之前，就通过杀害行为将那些有缺陷的遗传因素清理掉。通过种族卫生学，人们可以将充满痛苦的人类剔除转变为无痛苦的生殖细胞剔除，只要人们能够阻止那些有遗传缺陷的生殖细胞的繁殖。因此，种族卫生学以一种最人道的方式解决并弭平了大自然的残酷要求与文化人性的人道要求之间的矛盾。①

纳粹政权倒台后，"优生学"这一概念在世界范围内便被弄得声名狼藉。1946年至1947年期间，在纽伦堡的医生审判中，一些负责"安乐死"谋杀的医生被定罪。②

五、与今日讨论的区别

灭绝"无生存价值生命"的必要性是从生物学以及经济学的

---

① Zitiert nach *Wiesing*, Ethik in der Medizin, S. 61 f.
② Vgl. *Mitscherlich/Mielke*, Medizin ohne Menschlichkeit.

角度来论证的。从前述的鲁丁的论述中可以看出,生物学论证的特征是将生物学或伪生物学的观念转用到人类社会中,而未考虑到人类社会的特殊性。描述性概念(如"自然")就被不假思索地等同于规范性概念(如"好")。基于对生物学科术语的引用,政治追求被视为具有生物学必要性。①

35 以经济学为导向论证方式的起始点是,"具有低等遗传价值的累赘者"(genetisch minderwertige Ballastexistenzen)会在经济上破坏社会,并束缚德国发展所急需的健康力量。典型的例子是前文中提到的霍赫的论述。

36 在今日的讨论中,病患及身心障碍者拥有生命权是毫无疑问的。这同样适用于对临终者的法律保护,如果未取得或违背他们的意愿,是不能实施死亡帮助的。② 因此,今日的讨论对象仅局限在这种情形中,即当事人自己想要这方面的帮助。讨论有时会出现严重的情绪化,有时也会面临因情绪化而产生的用语混乱。自身立场的意识形态和宗教前提并非总是足够清楚的。讨论的出发点应当是个人的需求。个人无条件地承载着人性尊严,直至死亡降临为止。因此,只有存在充分的理由,才能限制他的自主(Autonomie)。

---

① Vgl. *Hilgendorf*, FS Horn, 2006, 1131 (1142).
② 参见本书第四章边码5及以下内容。

第四章
死亡帮助的权利：法律状况及当下的改革

一、导论

如何应对死亡，是当今生物伦理和医学法上的最大挑战之一。医学的进步极大地扩张了我们在生命终结上的行动可能性。从今天的技术来看，长达数月甚至数年地维持一个垂死之人的生命，是可能的。不过，经常出现的一个问题是，延长生物学意义上的生命是否符合当事人的意愿和利益。在生命品质糟糕到无法承受的情形下，大多数人会拒绝死亡时点的延迟。因此，通过技术来延长生命这一可能性与当事人的意愿经常处于紧张关系之中。

迄今为止，德国立法者仍未能解决这一难题，而是将死亡及死亡帮助的法律构造这一事项交给法院。这个任务绝非易事。在此，医学技术进步，使传统的观念以及"保护个人生命直至生命终结"陷入问题之中。这给法秩序带来了重大的、足以引发公然矛盾的问题。仅仅通过对现有法律规范的解释（如对人性尊严的保护、刑法上的生命保护），并无法解决当前的问题。毋宁说，伦理的考量是必不可少的。在考量过程中，除专业哲学家之外，还要将其他的专家、政治家以及广泛的公众（意见）吸纳进来。

3 　　在讨论死亡帮助的容许范围时的一个重要因素是"人们无法自由地处分他的生命"这一传统见解。在刑法中，这一见解可以反映在《德国刑法典》第216条之中。据此，如果受害人同意让自己被杀死，甚至是请求他人杀死自己，则杀死他人的行为是可罚的："受他人明示且真挚的嘱托而将其杀害的，处6个月以上5年以下有期徒刑。"

4 　　《德国刑法典》第216条这一刑法规范长期以来引发了众多的、通常也很情绪化的争论。① 究其原因，在于这一法律规定禁止积极的死亡帮助，即便对于患有绝症的病人，亦是如此。因此，在这种情形下，它会迫使人们痛苦且没有尊严地死去。为了能够对死亡帮助展开一个合理的讨论，有必要先厘清讨论中所使用的概念。

二、死亡帮助的概念及种类

5 　　"所谓的死亡帮助（安乐死）是指，基于病患的要求或至少是出于病患的假定意愿，向其提供帮助，使其能够按照自己的想法有尊严地死去。"②

6 　　因此，基于病患真实或推定的意愿而由另一个人（通常是医

---

① Vgl. *Neumann*, in: NK - StGB, § 216, Rn. 1 ff.；深入说明，参见 *Schneider*, in: MüKoStGB, § 216, Rn. 1-8; *Sternberg-Lieben*, Die objektiven Schranken der Einwilligung, S. 103 ff.。

② *Roxin*, in: Roxin/Schroth, MedStrafR-HdB, S. 83.

生)实施的行为,通常会落入"死亡帮助"的概念之中。死亡帮助的核心关联点是,病患决定自己生命并因此能够决定终结生命的权利。①

推测的承诺的成立要件有着严格的要求。起到决定性作用的是,病患在接受治疗时基于对所有情形的细心考量所会作出的假定意愿。除病患先前作出的口头或书面陈述外,还要考虑可能的宗教信仰或意识形态以及其他的个人价值观念。相反,客观的标准(即这才是"理性的"或"合理的")并没有独立的意义。② 7

当且仅当经过细心的检查后仍无法确定个人的假定意愿时,才能诉诸一般性的价值观念(allgemeine Wertvorstellungen),但这需要保持节制。在存疑的情形下,对人类生命的保护优先于医生、亲属或其他相关人员的个人考量。 8

如果病患没有预立医疗决定(也就是说,无法从中得出病患的真实意愿)③,且经过最为精确的审查后也无法从病患那里得到相应的假定意愿,那么,这就不是死亡帮助的情形。毋宁说,该行为可能会被论以《德国刑法典》第212条的故意杀人罪(Totschlag)或(例如,存在贪婪动机的情形下)《德国刑法典》第211条的谋杀罪(Mord)。 9

死亡帮助的第一种下位类型是纯粹的临终陪同(Sterbebegleitung)或临终帮助(Sterbebeistand),即死亡过程中的护理、缓解疼痛的治疗以及照料。医生开出的、能够缓解疼痛或降低意识的 10

---

① 参见 Hilgendorf, JZ 2014, 545;同时参见 Zezschwitz, Ärztliche Suizidbeihilfe im Straf- und Standesrecht。
② Vgl. BGHSt 35, 246 (249).
③ 关于病患预立医疗决定的详细处理,参见本书第四章边码20及以下内容。

药物并不会导致寿命的缩短，并且（开药这一行为）得到了病患明确或推定的承诺。这种情形不仅是不可罚的，甚至是道德和法律上的要求。① 如果医生或护理人员不为病患减轻疼痛，可能会因见危不救（unterlassene Hilfeleistung，《德国刑法典》第323c条）或不作为的身体伤害（Körperverletzung durch Unterlassen，《德国刑法典》第223条、第13条）而遭受刑罚。

11　　死亡帮助的第二种下位类型则有所不同。在这种类型中，医生根据病患的意愿，缩短了病患的预期寿命。因此，这种死亡帮助类型极具争议性。

12　　死亡帮助的行为方式既可以是积极的，也可以是消极的。积极的死亡帮助（aktive Sterbehilfe）是指通过（积极）作为实施的死亡帮助，消极的死亡帮助（passive Sterbehilfe）则是指通过不作为（即通过"放任死亡"）实施的死亡帮助。最近，人们通常也将它称作治疗中止（Behandlungsabbruch）。② 在积极的形式上，它又可以被区分为间接的、积极的死亡帮助以及直接的、积极的死亡帮助。那些用来减轻病患身体上的严重疼痛③且具有缩短生命副作用（人们容忍该副作用的发生）的治疗行为，被认为是间接的、积极的死亡帮助（indirekte aktive Sterbehilfe）。对此可以举出

---

① *Wessels/Hettinger/Engländer*, StrafR BT 1, Rn. 38 ff.

② 这一用语值得被优先考虑，因为对于那些未受过法律教育的人（包括医生）而言，它更容易被理解。不过，修正后的术语并未对以下的内容有所改变，即从教义学来看，此处涉及的是不作为。因此，在杀人的情形下，必然存在（不纯正的）不作为犯的犯罪构成要件（《德国刑法典》第212条及第13条）。

③ 通常，这涉及的是剧烈的疼痛，但也会涵盖其他严重的症状，如呼吸急促以及窒息危险，参见 *Roxin*, in: Roxin/Schroth, MedStrafR-HdB, S. 89 f.。

一个例子，即在癌症的最后阶段频繁地使用高剂量的吗啡。如今，在文献以及实务判决中，人们近乎一致地认为，这一减缓（痛苦）的治疗措施（其所造成的副作用是生命缩短，这一副作用虽然不是人们有意追求的，但却是不可避免的）是不可罚的。①

不过，不可罚的证立理由并不统一：少数说认为②，按照这一治疗行为的"社会整体意义"（sozialer Gesamtsinn），它不是本来意义上的杀人行为。治疗行为并未针对生命，而是服务于生命，使临终者在最后的几个小时内还能够承受生命（的痛苦）。但是，这一论点以一种不被容许的方式将道德考量和概念性的问题混为一谈，且与一般人（以及法学）的用语相去甚远。当某个人因为其他人的行为（或者是他自己的行为）而被杀害时，就总是存在一个"杀人行为"（Tötungshandlung）。如果基于道德动机的个案考量能够打破概念上的明确分类，那么，刑法中的法安定性（Rechtssicherheit）将会遭到相当大程度的损害。

13

根据恰当的通说见解，虽然存在杀人行为，但可以通过《德国刑法典》第 34 条阻却违法的紧急避险来正当化这一行为，行为因此不具有违法性。德国联邦最高法院现在也遵循这一见解。德国联邦最高法院在最近的判决中指出，相较于短暂的生命延长，有尊严且无严重痛苦的死亡是一种具有更高价值的法益。③

14

---

① Vgl. BGHSt 42, 301; *Wessels/Hettinger/Engländer*, StrafR BT 1, § 1, Rn. 36; *Ulsenheimer*, ArztStrafR, Rn. 697.

② Vgl. *Wessels/Hettinger/Engländer*, StrafR BT 1, § 1, Rn. 37.

③ 参见 BGHSt 42, 301（305）。与之相反，BGH（VI ZR 13/18, NJW 2019, 1741）认为，因无意义地延长病患的痛苦而被请求抚慰金（Schmerzensgeld）本身是不成立的，因为人的生命（作为最高级别的法益）值得被绝对地维持，禁止将生命延续（病患认为自己是无生存价值的）评价为损害。这一见解与医学伦理难以相容。

15 　　当涉及直接的、积极的死亡帮助（direkte aktive Sterbehilfe）时，法律评价将变得更加困难。直接的积极安乐死（direkte aktive Euthanasie）是指基于重病患者的意志，通过让患者服用或对患者注射过量的止痛药或镇静药、麻醉药、氯化钾注射液、胰岛素等，从而有目的性地杀死他。这一行为符合故意杀人罪或受嘱托杀人罪的构成要件。绝大多数的见解认为，无法排除这一行为的违法性。①

16 　　消极的死亡帮助是指，在病人陷入不可逆转的昏迷状态或身患重症的情形下放弃生命维持措施。经常发生的情形是，医生在得到重症濒危患者的承诺的情形下，不会"不计代价地"（um jeden Preis）通过使用所有可能的措施来拖长这种绝望的情形。

17 　　这包括了中止透析、人工营养、输氧或插管。从法律上来看，关闭生命维持设备的行为重点并非在于积极地按下按钮，毋宁说，要将其视作一种"不作为"（未实施进一步的生命延长措施）。因此，它是一种"消极的"死亡帮助。如这一例子所示，这一表述极具误导性，因为"消极的死亡帮助"通常情形下还包括积极的作为要素。因此，使用"治疗中止"这一术语，更为可采。②

18 　　如果病患已经表明自己不愿再接受治疗，并取消了医生的保证人地位，则治疗中止是不可罚的。医生不再享有治疗的权利。③ 如果医生违反了病患的意愿而实施了专断性的医疗行

---

① Vgl. *Ulsenheimer*, ArztStrafR, Rn. 696.
② 参见本书第四章边码12及第69页脚注②。
③ Vgl. BGHSt 32, 367（378）；55, 191（198 f.）；*Wessels/Hettinger/Engländer*, StrafR BT 1, § 1, Rn. 39.

第四章 死亡帮助的权利：法律状况及当下的改革

为，则该行为将会侵犯病患对其身体的自我决定权及其尊严。① 毫无疑问的是，如果医生确信病患是无法痊愈的，该疾病引发了死亡流程，且死亡将会在短时间内发生，则医生的治疗义务即告终止。②

概览 9：死亡帮助的种类

死亡帮助				
基于重症病患的意愿或假定意愿，向其提供帮助，使其能够有尊严地死去。				
不属于缩短生命的措施	属于缩短生命的措施			
临终陪同/临终帮助 死亡过程中的护理、缓解疼痛的治疗以及照料。	积极的死亡帮助 通过（积极）作为实施的死亡帮助。		消极的死亡帮助 通过不作为（即通过"放弃生命维持措施"）实施的死亡帮助。
	间接的、积极的死亡帮助 治疗措施能够减轻痛苦，但也具有能缩短生命的、为人们所容忍的副作用。	直接的、积极的死亡帮助 基于患者的意愿，通过让患者服用或注射过量的止痛药或镇静药等，有目的性地杀死他。	
毫无疑问不可罚，甚至是被要求的	不可罚，因为根据《德国刑法典》第34条阻却违法	可罚，因为根据（仍然如此？）通说无法阻却违法	不可罚

---

① Vgl. BGHSt 37, 376 (378); 40, 257 (262).
② Vgl. BGHSt 32, 367 (371).

三、病患预立医疗决定

20   德国联邦议院于2009年通过了一部关于病患预立医疗决定（Patientenverfügung）的法律，该法于2009年9月1日生效。[①] 在此之前的讨论持续了数年。其间，人们向德国联邦议院提交了三份不同的法律草案。特别是关于病患预立医疗决定的拘束力，草案之间存在着差别。

21   《德国民法典》第1901a条第1款至第3款（新版）的内容如下所示：

    （1）如果具有承诺能力的成年人就以下事项作出书面声明，即在日后欠缺承诺能力的情形下，是否承诺或拒绝提出声明时尚未面临的健康状态检查、治疗行为或医疗干预，其照护人要检验，该声明是否适用于现在的生活及治疗情形。如果可以适用，照护人应表明受照护人的意愿，并按其意愿加以履行。可以通过不要式的方式随时撤回病患预立医疗决定。

    （2）如果病患预立医疗决定不存在，或该声明不适用于现在的生活及治疗情形，照护人必须确定受照护人的治疗意愿或推测的意愿，并以此为基础来决定，受照护人是否会承诺或拒绝第1款中的医疗措施。查明推测的承诺，应基于具体的情形。受照护人先前作出的口头或书面陈述、伦理确信

[①] Vgl. BGBl. 2009 I 2286.

或宗教信仰以及其他的个人价值观念，要特别加以考量。

（3）第 1 款以及第 2 款的适用，与受照护者所生疾病的种类或病况无涉。

因此，根据《德国民法典》第 1901a 条，书面的病患预立医疗决定对每个人均有拘束力。即便病患没有患上无法治愈的致死疾病，也能够适用。病患的主观意愿具有拘束力，不能因为病患的客观利益而遭到规避。如果对病患的意愿存有疑问，则重大的医疗措施决定需要照护法院（Betreuungsgericht）的批准（《德国民法典》第 1904 条）。

在立法过程中，医学界特别批评的地方是，最终通过的法律提案并未规定前置的咨询对话（vorangehendes Beratungsgespräch），会开启一种"有问题的自动机制"（fragwürdiger Automatismus），该机制无法与"死亡的个别化"（Individualität des Sterbens）相适应。① 在某些情形下，该法并无法处理。基于这些理由，德国联邦议院中也有一些人主张，不要对病患预立医疗决定加以规制。②

即便是现行法中关于病患预立医疗决定的规定，也有一些重要问题是悬而未决的。③ 特别是，在病患的意思未臻明确的情形下，是存在疑问的。例如，如果病患预立医疗决定是在多年前作出的，就会出现一个问题，即病患此时是否仍会作出相同的决定。在实践中，经常会出现这样的问题：病患在预立医疗决定时能否

---

① 参见联邦医生协会 2008 年 3 月 6 日的公告，载 www.bundesärztekammer.de，访问日期：2021 年 4 月 1 日。
② Vgl. Antrag der Abgeordneten Hüppe, Philipp ua, BT-Drs. 16/13262.
③ 对此，参见 *Müller*, MedR 2009, 309 ff.; *Richter-Kuhlmann*, DÄBl. 2009, A 1178.

预见到具体的情形，以及他的意愿是否延伸至此？同样，亲属事后造假的情形也是无法被排除的。因此，在很多情形中，亲属和医生对该决定的评价和解释发挥着决定性作用。

24a　　德国联邦最高法院民十二庭最近针对病患预立医疗决定的具体化程度提出了很高（很多人认为：过高）的要求。① 虽然法院强调，关于病患预立医疗决定的明确性（Bestimmtheit）要求不应过于极端②，但是当事人必须确定，在特定的生活和治疗情形下，什么是其想要的，以及什么是其不想要的。③ 必要的具体化（Konkretisierung）可以通过对特定医疗措施的列举或对充分特定的疾病或治疗情形的提及来进行。④ 因此，在个案情形中，即便（病患预立的医疗决定）并未详细列举出特定的医疗措施，也能通过对充分特定的疾病或治疗情形的提及而得出（病患的具体意愿）。⑤

24b　　不过，"在'大脑遭受严重的持续性损害'的情形下，'不希望采取任何的生命维持措施'"这一表示并未包含当事人具体的医疗决定，而该医疗决定对于一个有拘束力的预立医疗决定而言是必不可少的。⑥ 反之，如果病患预立的医疗决定所涉及的医疗情景是病患已经"无望恢复意识"，且具体表明特定的治疗意

---

① Vgl. BGH NJW 2016, 3297；同意性见解，参见 *Seibl*, NJW 2016, 3277；否定性见解，参见 *Sternberg-Lieben*, MedR 2017, 42。
② Vgl. BGH, NJW 2016, 3297 (3301)；2017, 1737 (1738).
③ Vgl. BGH, NJW 2016, 3297 (3301)；2017, 1737 (1738).
④ Vgl. BGH, NJW 2016, 3297 (3301).
⑤ Vgl. BGH, NJW 2017, 1737 (1739).
⑥ Vgl. BGH, NJW 2016, 3297 (3301 f.)；2017, 1737 (1739).

愿，如仅与缓解疼痛有关的治疗意愿，那么，对于治疗中止的意愿，应作不同的处理。① 如果病患预立医疗决定不符合当前的生活或治疗情形，则它因此无法发挥出直接的效力。但是，根据《德国民法典》第 1901a 条第 2 款的规定，可以将它纳入考量，并最终用于查明当事人的假定意愿。②

病患预立医疗决定已经明确地表明，在当今社会，即便是涉及生死问题，也要将病患的意愿摆在至关重要的位置上。原则上，天生具有尊严的个人不仅能够自由决定生命，也能决定自己的死亡。这将直接影响到安乐死的权利。③

四、问题情形

（一）对病患意愿的重视

原则上，是否接受治疗以及接受何种方式的治疗，是由病患自己一人决定的。医生违背病患的意愿而实施治疗行为，会被论以身体伤害罪。④ 不过，在自杀者拒绝任何治疗的情形下，是否仍然适用这一规则，存在着疑问。

首先，必须区分自我负责的自杀和不能自我负责的自杀。如果病患未能自我负责地实施行为，例如病患由于严重的抑郁症而

---

① Vgl. BGH, NJW 2017, 1737 (1739).
② Vgl. BGH, NJW 2016, 3297 (3302).
③ Vgl. 德国联邦最高法院在所谓的"普茨案"中对此加以强调，参见 BGH, Urt. v. 25. 6. 2010 -2 StR 454/09, NJW 2010, 2963。
④ 参见本书第二章边码 1 及以下内容。

未能考虑清楚自己的处境,从而无法作出一个自由的意志决定,那么医生有义务违背病患的意愿实施抢救手术。否则的话,可以根据见危不救罪(《德国刑法典》第323c条),甚至是故意杀人罪(《德国刑法典》第212条、第13条),对医生科处刑罚。

但是,在病患自愿作出自杀决定的情形下,会有所不同,例如以下的维蒂希医生案(Fall Dr. Wittig)①:

(本案的受害人是)一名76岁的寡妇,其患有严重的心脏病且行走极为不便。在她的丈夫去世之后,她看不到生活的任何意义,并一再表示出死亡的意愿。1980年10月,她以书面的方式表示自己不想被送到医院、疗养院或(重症病人)特护室,反对(对她)使用器械以及器官摘取,并表明自己想要有尊严地死去。次年,她写了一个类似的声明。1981年11月,她的医生维蒂希发现她昏迷在沙发上。医生发现,她的手抓着一张手写的纸条,上面写着:"致我的医生——请不要把我送去医院——解脱"。维蒂希医生发现这名妇女出于自杀意图而服用了过量的吗啡和安眠药,知道无论如何都不能在不造成严重的永久性损害的情形下救活她。他就一直待在房间里,直至该妇女在第二天早上7点左右死去。

本案的问题在于,能否因为医生未挽救病患而对其论以不作为的故意杀人罪或见危不救罪。

---

① BGHSt 32, 367.

第四章　死亡帮助的权利：法律状况及当下的改革

关于保证人（Garant）①，德国联邦最高法院在其以往的判决中认定，自行为支配转移到保证人这一时点起，保证人就具有救援义务（Rettungspflicht）。从那时起，对行为进程的支配就转给了医生。作为保证人，医生有义务挽救病患的生命。② 对于见危不救罪，亦是如此。③

在维蒂希医生案中，德国拒绝根据杀人罪来处罚医生的唯一原因是该案存在着特殊情形，即病患已经处于中毒状态晚期（医生认为这种中毒状态是致命的），以及在这种特殊案例中，尊重病患的自我决定权从法律上来看并非不合理。德国联邦最高法院同样拒绝以见危不救罪来处罚医生。④ 见危不救罪的前提是，救助是可期待的（zumutbar）。德国联邦最高法院认为，（该案中的）救助不具备可期待性，因为如果实施救助的话，病患将处于不可逆转的严重伤害之中。不过，从德国联邦最高法院的判决理由来看，医生在原则上不应屈服于病患的死亡意愿。⑤ 对此，德国联邦最高法院的证立理由是，自杀者在获得救援后往往会后悔自己（之前的）决定，以及自杀者在着手自杀时，并无法

---

① 医生的保证人地位来自治疗合同。如果此一合同并未成立，则只能根据见危不救罪对医生加以处罚。这尤其适用于以下的情形，即自杀者并非医生的病人且拒绝接受治疗。
② Vgl. BGHSt 32, 367 (373 f.).
③ Vgl. BGHSt 6, 147; 13, 162 (169).
④ Vgl. BGHSt 32, 367.
⑤ Vgl. BGHSt 32, 367 (380 f.).

自我负责地实施行为。①

32　　这一判决在文献上受到了很大的批评。一如维蒂希医生案，如果病患自我负责的行为是从重症中获得解脱，且自我负责是明确的，那么这一意愿就应当受到尊重。②通过可期待性标准赋予医生决定判断（的空间），是不够的。德国联邦最高法院在1984年所作出的判决能否与当今的社会价值观念相符，是值得怀疑的，特别是在《德国民法典》第1901a条被增订之后。越来越多的地方法院判决基于病患的自我决定权而认定医生无罪。③ 对此，德国联邦最高法院的立场为何，还有待观察。

（二）中止对昏迷病患的治疗

33　　当涉及这种情形，即虽然死亡过程尚未开始，但也无法指望（病患的）状态会有所改善，同样会出现困难。特别是对于昏迷病患（Wachkomapatienten），存在着这一问题。这些病患通过生命维持措施而能够存活多年，但他们事实上无望从昏迷中醒来。这就提出了一个问题，即能否根据病患或家属的意愿而中止生命维持措施。

34　　这一问题是肯普滕案（Kemptener Fall）的主题④：

---

① 关于维蒂希医生案的中文文献，参见〔德〕克劳斯·罗克辛：《德国最高法院判例·刑法总论》，何庆仁、蔡桂生译，中国人民大学出版社2012年版，第234—239页。——译者注

② Vgl. *Eser*, in: Schönke/Schröder–StGB, Vor § 211, Rn. 41 ff.; *Lackner/Kühl*, StGB, Vor § 211, Rn. 15; *Fischer*, StGB, Vor §§ 211-216, Rn. 25; *Roxin*, in: Roxin/Schroth, MedStrafR-HdB, S. 94.

③ 参见 LG Berlin, NStZ-RR 2018, 246; LG Hamburg, NStZ 2018, 281（不具有既判力）；不同的判决还有 OLG Hamburg, NStZ 2016, 530。

④ Vgl. BGHSt 40, 257.

第四章　死亡帮助的权利：法律状况及当下的改革

1990年9月初，一名70岁的妇女心脏骤停。经过成功的复苏手术后，其大脑仍遭到了不可逆转的损害。人们通过胃管来喂养她。自1990年年底，她就无法与人交谈。不过，她还能通过发出"呼噜"声及脸部抽搐而对视觉或听觉刺激作出反应。1993年，主治医生T找到病人的儿子，他当时被指派来照护他的母亲。医生建议，中止胃管喂养并只让他的母亲喝茶，因为这种状态的改善是无望的。儿子同意了，并在医生T的医嘱单中写了以下的文字内容："和医生T达成一致，我希望我的母亲……只用茶喂养。"对此，护理人员通知了监护法院和检察院。

肯普滕地方法院判决医生和儿子构成未遂的不作为杀人罪。[①] 相反，德国联邦最高法院则认为，本案中，按照病患相应的假定意愿，中断治疗是她对自己身体的一般性决定自由的表现（Ausdruck seiner allgemeinen Entscheidungsfreiheit über seinen Körper），是被允许的。尽管本案不涉及死亡帮助的典型情形（它以死亡过程的开始为前提），但必须尊重病患的自我决定权：如果促使死亡的行为符合她的假定意愿，那么行为就是不可罚的。不过，在假定意愿的确定上，必须对之提出较高的要求。[②]

彼得·K. 案（Fall des Peter K.）也指向了类似的方向[③]：

自1998年7月以来，彼得·K. 在一次自杀未遂后就处于昏迷状态。他曾在健康的时候预立了医疗决定，即如果处

---

① Vgl. BGHSt 40, 257.
② Vgl. BGHSt 40, 257.
③ Vgl. BGHZ 163, 195.

于不可逆转的昏迷状态中，不要通过侵入性措施（invasive Maßnahmen）来阻止他的死亡。尽管如此，人们通过（从肚皮穿过的）胃管对彼得·K. 实施人工喂养，他也因此得以存活。疗养院的护理人员拒绝中止喂养。彼得·K. 的父亲因此尝试，请求法院强制中止喂养。不过，他的请求遭到了前两级法院的驳回。彼得·K. 于 2004 年 3 月 26 日死于高热感染。

37 由于案件的主要问题已经被解决了，德国联邦最高法院（民事庭）只需决定费用（由谁来承担）。不过，德国联邦最高法院在其论证中指出，强制医疗是不被容许的，其侵犯了病患的自我决定权："借助胃管进行的人工喂养，是对身体完整性的干预，因此需要病患的承诺……因此，违背病患已经表明的意愿而实施人工喂养是违法的行为，病患可以要求不实施（这一违法行为）。即便所要求的不作为（如同本案）会导致病患的死亡，亦是如此。病患有权决定自己身体，这使强制治疗行为是不被容许的，即便它能够维持生命。"①

38 按照现行法律，如果病患预立医疗决定，则这一问题至少可以得到缓解。从病患预立的医疗决定中，可以明确地得知病患在具体情形中关于中止治疗的意愿（参见《德国民法典》第 1901a 条）。② 在这种情形下，病患的意愿具有拘束力，故而医生和护理人员必须加以重视。如果欠缺书面的表示，根据《德国民法典》第 1901a 条，假定的意愿也可以起到作用。该规范还包含了关于

---

① BGHZ 163, 195.

② 关于病患预立医疗决定的效力以及《德国民法典》第 1901a 条新规定的讨论，参见本书第四章边码 20 及以下内容。

第四章　死亡帮助的权利：法律状况及当下的改革

查明（病患）意愿的种类和方法的规定。

在这个脉络下，普茨案［Fall Putz，也被称作"富尔达案"（Fuldaer Fall）］引人瞩目①：

> 自从2002年10月以来，K女士在一次脑出血后就一直处于昏迷状态。她不再能够与人交谈，并在一家养老院里通过所谓的PEG管（穿过肚皮）进行人工喂养。尽管如此，K女士直至2007年12月才明显变得消瘦。人们无法期待她的健康状态会有所改善。根据她的孩子们的陈述，K女士曾在2002年向他们口头表示，如果她陷入无意识的状态，她不希望采取任何以人工喂养和输氧形式来延长生命的措施。因此，之后成为被告人的律师和K女士的两名孩子多次试图中止人工喂养。负责治疗的家庭医生认为继续实施人工喂养不再具有医学上的表征，并作出了相应的指示。但护理人员没有遵循家庭医生的指示。在和养老院管理人员的沟通过程中，K女士的女儿G女士最终停止用PEG管进行喂养，并减少了液体输入量。总公司的业务管理人员②指示养老院管理人员重新实施人工喂养，并在K女士的孩子表示不同意的情形下对他们发布了家庭禁令（Hausverbot）。成为被告人的律师通过电话向G女士建议将PEG管切开，G女士也照做了。护理人员发现这一点后，K女士被送往医院，医生给她装了一条新的、用于人工喂养

---

① Vgl. BGH, Urt. v. 25. 6. 2010 −2 StR 454/09, NJW 2010, 2963.

② 本案值得注意的一点是，实施干预行为的人恰恰是以经济（考量）为导向的业务管理人员（而非医疗机构）。这也可以进一步证明，诊所中的死亡明显越来越商业化。对此，进一步的探讨，参见 Thöns, Patient ohne Verfügung.

的 PEG 管。2008 年 1 月 5 日，K 女士病逝于此医院。

40　　富尔达地方法院判定，根据《德国刑法典》第 212 条、第 22 条以及第 23 条，律师建议切开 PEG 管的行为构成（与 G 女士共同实施的）未遂的杀人罪。其行为无法通过 K 女士的推测的承诺、《德国刑法典》第 32 条的紧急救助（Nothilfe）或者《德国刑法典》第 34 条的阻却违法的紧急避险来阻却违法。《德国刑法典》第 35 条的阻却罪责的紧急避险也不会被考量。G 女士会被无罪释放，她因为被告人（所给出）的法律建议而不可避免地陷入容许错误（Erlaubnisirrtum），其行为欠缺罪责。①

41　　德国联邦最高法院刑二庭在法律审上诉中判决（成为被告人的）律师无罪。② 由于病患 K 女士所明确表示出来的意愿得到了毫无怀疑的确认，且她的孩子和负责治疗的医生就以下的事项达成了合意，即中止人工喂养符合病患的意愿，故而不应继续实施人工喂养。养老院管理人员所实施的恢复人工喂养行为，是一种对 K 女士的身体完整性和自我决定权的违法侵害。根据正确的观点，《德国刑法典》第 32 条的紧急救助无法成立，因为防卫行为不单指向攻击者的法益（通过切断软管的财物毁损），而且主要针对的是遭到攻击的 K 女士自身的法益。《德国刑法典》第 34 条阻却违法的紧急避险同样无法成立，因为律师的攻击行为所指向的正是面临着现实危难的人③。毋宁说，德国联邦最高法院将违

---

① Vgl. LG Fulda 1. Strafkammer, Urt. v. 30. 4. 2009 – 16 Js 1/08 – 1 Ks, BeckRS 2010, 6420.
② Vgl. BGH, NJW 2010, 2963.
③ 即避险行为所要保护的对象。——译者注

法阻却（事由）放在承诺这一层面上。

在此，积极作为与消极不作为的区分不再具有决定性的意义。通常在中断医疗措施的情形下，人们会实施大量的行为。将这些行为区分为积极作为或消极不作为，在很大程度上会取决于偶然。因此，根据德国联邦最高法院刑二庭的见解，所有与中止医疗有关的行为都应当归结于"医疗中断"这一规范性评价的上位概念之下（unter dem normativ-wertenden Oberbegriff）。医疗中断的前提是，患者的病情危及生命，以及未实施（unterlassen）、限制或终止（begrenzt oder beendet）那些在医学上能够维持或延长生命的措施。① 被阻却违法的行为必须在客观上及主观上直接与医学治疗相关。② 因此，病患的承诺与不作为/积极作为的区分无关。无论是作为还是不作为，它们的目的都是中止某项（病患）不再愿意（接受）的治疗。

刑二庭在对"科隆案"（Kölner Fall）③ 的后续判决中确认了医疗中断的条件。合议庭指出，在查明病患的意愿及中断医疗决定时，应重视关于《德国民法典》第 1901a 条、第 1901b 条的要件在程序法上的保障。

（三）积极的死亡帮助与不可罚的帮助自杀之间的区分

积极的死亡帮助原则上是可罚的，而帮助自杀（Beihilfe zur

---

① Vgl. BGH, Urt. v. 25. 6. 2010 -2 StR 454/09, NJW 2010, 2963.
② Vgl. BGH, Urt. v. 25. 6. 2010 -2 StR 454/09, NJW 2010, 2963.
③ Vgl. BGH 2. Strafsenat, Beschl. v. 10. 11. 2010 - 2 StR 320/10, NJW 2011, 161（Rn. 10 ff.）; vorgehend LG Köln, Urt. v. 9. 2. 2010 -90 Js 163/09 -101 KLs 56/09, NStZ 2011, 274.

Selbsttötung）在德国是不可罚的。两者之间的区别通常在于支配行为。如果医生（仅）提供自杀的药物，病患自行服下该药物，则病患具有行为支配，该情形涉及的是帮助自杀。但是，如果病患由于瘫痪而无法实施（他）所渴望的自杀，医生让他服下致命药物，则涉及可罚的积极安乐死。

45 在戴妮·普雷蒂案（Fall Diane Pretty）中①，这种区分是很重要的。欧洲人权法院对此案作出了判决②：

> 43岁的戴妮·普雷蒂居住在英国，她的中枢神经系统运动细胞患有无法治愈的、不断恶化的疾病。她的脖子以下的部分已经瘫痪了，无法与人交谈，并通过管子接受喂养。不过，她的智力和决定能力并没有因此受到影响。患者患上这种疾病后，通常会发生死亡结果，由于（控制呼吸、说话和吞咽的）肌肉衰竭了，患者会痛苦地窒息或死于肺炎。仅剩几个月生命的戴妮·普雷蒂想要结束自己的生命，因为她害怕这样的死法。由于她不再具有自杀能力，故而她需要丈夫的帮助。但帮助（自杀）行为在英格兰和威尔士会受到刑法的处罚。因此，戴妮·普雷蒂的律师请求司法部部长承诺，如果戴妮·普雷蒂的丈夫帮助戴妮·普雷蒂自杀的话，不要起诉他。在终审中，这一请求为上议院（House of Lords）所拒绝。于是，戴妮·普雷蒂向欧洲人权法院提起申

---

① 关于戴妮·普雷蒂案的中文文献，参见〔奥〕伊丽莎白·史泰纳、陆海娜主编：《欧洲人权法院经典判例节选与分析·第一卷：生命权》，知识产权出版社2016年版，第91—93页。——译者注

② 参见 EGMR, NJW 2002, 2851 ff.；详见 *Hilgendorf*, in: Joerden/Szwarc, Europäisierung des Strafrechts, S. 173 ff.。

诉。欧洲人权法院判决戴妮·普雷蒂败诉。① 戴妮·普雷蒂在几周后痛苦地死去。

假设案件发生在德国,如果戴妮·普雷蒂的丈夫将一种高效的毒药溶解在一杯水中,她通过吸管从水杯中喝水的话,她的丈夫不会受到惩罚。相反,如果戴妮·普雷蒂的丈夫给她喂下毒药,其丈夫则会根据《德国刑法典》第216条受到刑罚。 46

德国很早就接受了这种法律区别。医生朱利叶斯·哈克塔瑟(Julius Hackethal)早在20世纪80年代就采用了这种方法,并为脖子以下部分瘫痪的病患制造了一种器械,病患通过舌头运动可以自行服下致死的毒药。慕尼黑高等法院(OLG München)认为,(该案)不是受嘱托杀人,而是不可罚的帮助自杀。② 47

关于死亡帮助,人们总是一再地讨论这个问题,即医生是否以及在何种前提下可以实施帮助自杀行为。 48

格拉行政法院(VG Gera)在2008年的一项判决中指出,医生实施帮助自杀行为与医生的职业义务不符,并且如果他为决意自杀的病患提供药物的话,医生将超出他的业务范围。③ 49

柏林行政法院(VG Berlin)首先在2012年的一个案件中作出不同的见解,该案中的病人患有不治之症且极为痛苦。④ 柏林医生协会禁止医生将致命性物质交给自杀者。医生因此向柏林行政 50

---

① Vgl. EGMR, NJW 2002, 2851.
② Vgl. OLG München, NJW 1987, 2940.
③ Vgl. VG Gera 3. Kammer, Urt. v. 7. 10. 2008 - 3 K 538/08 Ge Rn. 85, 92, 96.
④ Vgl. VG Berlin 9. Kammer, Urt. v. 30. 3. 2012 -9 K 63. 09 Rn. 37, 54, 57 f., MedR 2013, 58-65.

法院提起诉讼。法院认定，毫无例外地禁止医生将致命性物质交给自杀者这一禁令违反了更高位阶的法律。《德国基本法》第12条第1款保护职业自由（Berufsfreiheit），同法第4条第1款保护医生的良心自由（Gewissensfreiheit）。在此一背景下，州医生协会所制定的、作为章程的职业规范（Berufsordnung）并不足以作为一般性禁止的法律根据。如果病人患上了极为痛苦的不治之症，且没有能够减轻痛苦的替代方法，就需要对一般性禁令作出严格限定的例外。

50a　　德国联邦行政法院（BVerwG）现在也采纳了这一见解。德国联邦行政法院在2017年必须针对以下事项作出判决，即要想取得致死剂量的麻醉剂，必须从德国联邦药品和医疗器械机构（Bundesinstitut für Arzneimittel und Medizinprodukte，BfArM）那里取得许可。法院强调，《德国基本法》第2条第1款结合第1条第1款中的一般性人格权包括了重病和绝症患者的权利，这些病患有权决定如何以及在何时结束自己的生命，只要他们能够自由地形成意志，并采取相应的行动。基于这一基本权利，《麻醉药品法》中关于不准许取得麻醉药品的条文规定应作如下解释，即如果决意自杀的取得者（即病患）因为严重且无法治愈的疾病而处于一种极端的紧急状态中，为了自杀而取得麻醉药品的行为毫无例外地与法律目的相符。① 紧急状态的前提是：第一，病患患有严重且不可治愈的疾病，其伴随着剧烈的身体疼痛，尤其是那种让患

---

① 参见 BVerwG, NVwZ 2017, 1452；肯定性见解，参见 *Brade/Tänzer*, NVwZ 2017, 1435；*Kuhli*, ZIS 2017, 243；对此，另参见 *Hufen*, NJW 2018, 1524；与《德国刑法典》第217条的摩擦，参见本书第五章边码19a。

第四章　死亡帮助的权利：法律状况及当下的改革

者感到无法忍受也无法充分缓解的强烈痛苦；第二，当事人具有决定能力，能够自由且认真地作出死亡决定；第三，无法期待病患采用其他的方式来实现死亡的愿望。① 最终，《德国基本法》第 2 条第 1 款结合第 1 条第 1 款中的国家保护义务会得到强化，在具体个案中，必须容许（病患）基于自杀目的而取得麻醉药品。②

不过，在基尔举行的第 114 届德国医生大会（Deutscher Ärztetag）上，与会代表于 2011 年作出决定，绝对禁止死亡帮助。《德国执业医生的（模范）职业规范》③ 第 16 条现在如此规定："基于对病患尊严的保护以及对病患意愿的尊重，医生必须帮助那些正在经历死亡过程的人。禁止医生根据病患的嘱托实施杀人行为。医生不应帮助（他人）自杀。"④ 故而，通过《德国执业医生的（模范）职业规范》第 16 条第 3 句，经过改革的职业法（Berufsrecht）走得比现行的刑法还要远。不过，《德国执业医生的（模范）职业规范》本身并不具有法律约束力，而是州医生协会用来落实（有拘束力的）州法律的辅助性指南。

2015 年 11 月 6 日，德国联邦议院决定，帮助自杀在特定的条件下应受到惩处。它主要是要限制所谓的"安乐死组织"的活动。由此引发的问题将在本书第五章⑤中予以处理。

---

① Vgl. BVerwG, NVwZ 2017, 1452.
② Vgl. BVerwG, NVwZ 2017, 1452 (1457).
③ 原文为：(Muster-) Berufsordnung für die in Deutschland tätigen Ärztinnen und Ärzte，简称 MBO-Ä。——译者注
④ MBO-Ä 1997 in der Fassung der Beschlüsse des 114. Deutschen Ärztetages 2011 in Kiel.
⑤ 参见本书第五章边码 1 及以下内容。

概览 10：积极的死亡帮助与不可罚的帮助自杀之间的区分

积极的死亡帮助	不可罚的帮助自杀
病患因为瘫痪而无法实施自杀行为，第三人根据病患的请求为其注射毒药。	医生（仅仅）提供自杀的药物，病患自行服下药物；病患具有行为支配。

（四）中断对新生儿的治疗

尤其有争议的情形是中断对这些新生儿的治疗：因畸形或新陈代谢紊乱而受到严重损害且无治愈希望的新生儿，脑部遭到严重损害的新生儿，以及极不成熟的、在可预见的时间内会发生死亡结果的新生儿。原则上，死亡帮助的一般性原则也可以适用于这些情形：积极且直接的死亡帮助是可罚的，消极的早期安乐死（Früheuthanasie）只有在严格界定的情形内（使婴儿免受无法避免的痛苦）才是不可罚的。

不过，这种教义学式的论证带来了一些问题，因为无法诉诸病患的自我决定权。新生儿还没有自己的意愿，以及推测的意愿是无法确定的。毋宁说，这是一种单方面中断治疗的情形。只有当医生的治疗可能性已经达到了极限，或者存在阻却违法的紧急避险的前提要件（例如，已经确定，婴儿永远不会清醒过来，但会遭受巨大的痛苦）时，才容许中断治疗。[①]

（对新生儿）开始或继续治疗（Einleitung bzw. Fortführung der

---

① 详细的论述，参见 *Schneider*, in: MüKoStGB, Vor §§ 211 ff., Rn. 181 f.; *Eser/Sternberg-Lieben*, in: Schönke/Schröder-StGB, Vor §§ 211 ff., Rn. 32a；不同的见解，参见 *Neumann/Saliger*, in: NK-StGB, Vor § 211, Rn. 137。

第四章　死亡帮助的权利：法律状况及当下的改革

Behandlung），与对成年人的医疗干预在适用前提上是一样的：干预必须具有医学表征，父母经过（特别）告知后作出承诺，以及治疗行为的实施符合技术常规（lege artis）。在紧急情形下，如果父母拒绝对那些明显具有医学表征的治疗行为作出承诺，也可以违背父母的意志实施治疗行为，直至家事法院［Familiengericht，以前是监护法院（Vormundschaftsgericht）］作出决定为止。

　　新生儿的治疗何时具有医学表征？《联邦医生协会关于医生临终关怀的基本规定》（2011年）① 以及"艾恩贝克建议"（1992年）② 对此提供了辅助性指南。　57

　　《联邦医生协会关于医生临终关怀的基本规定》（2011年）规定③："如果新生儿因畸形或代谢紊乱而导致严重损害，且没有治愈或改善的希望，（医生）经过充分的诊断后，在与（新生儿的）父母达成一致的情形下，可以不实施或结束那些能够维持生命的治疗行为（这些治疗行为能够替代失效或不足的生命机能）。对于极度不成熟的、在可预见的时间内会发生死亡结果的孩童以及大脑遭受严重损害的新生儿，亦是如此。"　58

---

① 原文为：Grundsätze der Bundesärztekammer zur ärztlichen Sterbebegleitung (2011)。——译者注

② 所谓的"艾恩贝克建议"（Einbecker Empfehlungen），也就是《医生治疗重伤新生儿的义务界限》（Grenzen ärztlicher Behandlungspflicht bei schwerstgeschädigten Neugeborenen）。医生在对早产儿和重度（身心）障碍的婴儿实施治疗行为时，存在诸多的法律不确定性。为此，德国医事法协会在1986年首次通过该建议。1992年，该建议出现了修订版本（revidierte Fassung）。这些建议并不是法律，故而不具有法律拘束力。——译者注

③ DÄBl. 2011, A 346-348.

59　　根据"艾恩贝克建议"（1992 年）第 5 段至第 7 段的规定①，医生义务原则上包括尽最大能力采取最有效的措施，以挽救新生儿的生命。但是，可以想到的例外情形是，根据当前的医学经验以及人类判断，（医生）无法长时间地维持新生儿的生命，而只能延迟新生儿的死亡。在评价过程中，必须考虑是否存在改善的机会。即便不是这种情形，仍必须保障充分的基本护理，并缓解痛苦。应对（新生儿的）父母或法定监护人践行相应的告知事宜，并使他们能够参与决策。只有在家事法院作出判决之后，才能违反他们的意愿实施中断治疗行为。

60　　这可以在哈姆高等法院（OLG Hamm）2007 年的一份裁定中得到证实。② 该案中，父母决定停止对处于昏迷状态的孩子（四周岁）实施人工喂养。哈姆高等法院在裁定中指出，中断治疗这一决定完全处在父母的责任范围之内。只有当父母逾越界限并构成《德国民法典》第 1666 条的滥用监护权（Missbrauch des Sorgerechts）时，即父母对死亡的容许与孩子的福祉相违背，才可以偏离该原则，并在必要的情形下设立补充保佐人（Ergänzungspflegschaft）。在该案中，孩子处在一种不可逆的状态下，没有任何改善的希望，并遭受严重的痉挛。法院认为，父母经过被告知之后审慎作出的决定并不构成滥用监护权的情形。

61　　2014 年的《关于处在儿童生存能力边缘的早产儿的联合建议》（Gemeinsame Empfehlung zur Frühgeburt an der Grenze der

---

① Vgl. MedR 1986, 281; 1992, 206.
② Vgl. OLG Hamm, Beschl. v. 24. 5. 2007 -1 UF 78/07, NJW 2007, 2704.

Lebensfähigkeit des Kindes)① 以及瑞士 2002 年的《关于处在生存能力边缘的早产儿的照护建议》（Empfehlungen zur Betreuung von Frühgeborenen an der Grenze der Lebensfähigkeit)② 提供了进一步的辅助性指导。

五、积极的死亡帮助

以下的案例可以作为关于积极的死亡帮助的讨论起点：

> 在事故发生以后，一名卡车司机被困在正在燃烧的卡车里。当他认识到自己不再具有获救的可能性时，为了避免自己被痛苦地烧死，他请求没有受伤的乘客快速且无痛苦地杀死自己。他当时还具有清楚的意识。

惩罚乘客在道德及法律上是否令人信服，是存在疑问的，因为乘客保护了司机，使其没有被痛苦地烧死。

（一）荷兰、比利时和卢森堡关于安乐死的规定

20 世纪 70 年代，对于死亡帮助的见解在荷兰发生了变化。积极和消极的死亡帮助不应受到惩罚。这个目标的实现最初是通过法律解释或其他手段来规避法律问题，也有部分是通过不追诉那些可罚的死亡帮助（Nicht-Verfolgen an sich strafbarer Sterbehilfe）行为，即对法定性原则（Legalitätsprinzip）的偏离。2002 年 4 月 1 日，《关于审

---

① Abrufbar unter http://leitlinien.net (Stand: 19. 8. 2014).
② Schweizerische Gesellschaft für Neonatologie, SÄZ 2002, 1589 ff. (abrufbar unter www.saez.ch).

查受嘱托终结生命以及帮助自杀的法律》（Gesetz zur Überprüfung von Lebensbeendigungen auf Verlangen und Hilfe bei Selbsttötung）终于生效。

65　　《荷兰刑法典》第293条规定：

　　受他人明确且真挚的嘱托而终结他人生命者，处12年以下有期徒刑或罚金刑。

　　如果该行为是由医生实施的，且医生遵守了《关于审查受嘱托终结生命以及帮助自杀的法律》第2条的注意要求，则行为不可罚。

66　　《荷兰刑法典》第293条中所提及的《关于审查受嘱托终结生命以及帮助自杀的法律》第2条包括以下前提要件：医生必须确信，一方面，病患的嘱托是自我负责的、经过深思熟虑的；另一方面，病患所遭受的痛苦是绝望的、无法承受的。医生必须将病患的情形和前景告诉他，并和病患一起就以下事情达成确信，即病患在此一情形下没有其他的出路。此外，至少要请另一名医生来检查病患并根据上述的注意要求作出判断。最后，医生在实施生命终结行为或帮助自杀行为时，要尽到医学上的注意（义务）。

67　　在比利时，也存在着与荷兰的法律情形相类似的法律规定。2013年12月，经过激烈的讨论，比利时参议院决定将该法扩张到未成年人（的情形）。2014年2月，众议院也批准了该法。该法律变更自2014年3月22日生效。

68　　因此，比利时在未规定最低年龄的情形下允许对儿童和青少年实施死亡帮助。（这一情形的）前提是，孩子能够认识到自己无望的健康情形,从而能够自我负责地作出真挚的死亡帮助嘱托。此外,父母的书面同意也是必不可少的。除两份医生的鉴定外,还要向青少年心理学家或精神医生咨询。只有当未成年人所遭受的身体痛苦是无法忍受且无法予以减轻的时候,(医生)才可以受未成年人的嘱托实施杀人行为。反之,如果是精神病患者,则不可以这样做。

在卢森堡,与荷兰的法律情形相类似的、关于死亡帮助的法律在2009年3月17日生效。不可罚的死亡帮助的前提条件是,病人患上不治之症且无法忍受病痛之苦,其经过深思熟虑之后,自愿地作出书面声明,以表明终结自己生命的意愿。对于无意思能力的病人而言,病人预立的医疗决定就已经足够了。根据新法,医生必须与病患就其决定进行多次的讨论,并咨询另一位医生的建议。对于16岁至18岁的病患而言,如果他们的父母或法定代理人表示同意,他们也可以请求死亡帮助。

(二) 关于德国积极的死亡帮助的建议

在德国,也经常有人要求在特定的情形下不处罚积极的死亡帮助。法哲学家诺伯特·霍斯特(Norbert Hoerster)建议(采纳)全新的《德国刑法典》第216a条,条文内容如下①:"医生杀死患有不治之症的重症患者的行为,并非违法行为,如果当事人基于自由且成熟的考量(当事人在作出该考量时具有判断能力,且通过医生的告知了解自己的情形),对杀人行为表示出明确的意愿,或虽然当事人没能作出该考量,但有理由认为他在这种

---

① *Hoerster*, Sterbehilfe im säkularen Staat, S. 169 f.

情形下也会基于这一考量而对杀人行为表示出明确的意愿。若存在第一款中所规定的条件，只有当实施杀人行为的医生以及另一个医生以书面的形式有根据地记录下这些条件，才能排除违法性。"

71　　此外，也有一些其他的立法建议，它们均以患有无法痊愈的重症为前提，但针对实施方式提出了不同的要件，例如经过公证的死亡嘱托证明①、伦理委员会②或法院③的许可。

72　　在法律效果的细节上，各个建议也有所不同。可以考量的法律效果有排除受嘱托杀人罪的构成要件，至少排除受嘱托杀人行为的违法性，纯粹的排除刑罚也是有可能的。少数说认为，按照现行法，在某些直接的积极的死亡帮助情形中，不存在受嘱托杀人行为。如果死亡意愿是理性的④，则《德国刑法典》第216条的构成要件已经被排除在外。按照其他的见解，此一行为可以通过《德国刑法典》第34条来阻却违法。⑤

73　　赞同积极的死亡帮助不可罚的见解，首先诉诸自杀决意者的自我决定权。患有不治之症的病患应该能够自我决定，是否终结自己的生命或忍受痛苦。在此，病患还应该能够获得必要的帮助，从而使其免受死亡的痛苦折磨。在承认人性尊严以及人类自我决定权的法律秩序中，这是一个相当有力的理由。

74　　另一方面，也存在很多反对容许积极的（直接的）死亡帮助

---

① Vgl. *Kusch*, NJW 2006, 261（262 f.）.
② Vgl. *Wolfslast*, FS Schreiber, 2005, 913（925 f.）.
③ Vgl. *Czerner*, Euthanasie-Tabu 11.
④ Vgl. *Jakobs*, Tötung auf Verlangen, S. 25 ff.
⑤ Vgl. *Herzberg*, NJW 1986, 1635（1640）.

的理由。部分论者担忧,如果容许对重病患者实施积极的杀人行为,对他人生命的态度通常会发生变化。在其他的情形下,生命保护会解体,因为容许的人群范围会从患有不治之症的病患扩张到(身心)障碍者、老年痴呆人群及其他类似的人群。

此外,以何种方式来确保杀人行为确实是出自垂死者自愿且真挚的嘱托,是存在疑问的。这存在一种危险,即死亡帮助请求引发了一个连垂死者也无法撤销的流程。尽管其可能已经不再那么明确地想要遵守其死亡嘱托,但经过长时间的程序以及第三人(多名医生、伦理委员会等)的参与,他已经没有了回头的勇气。

还有一种危险是,第三方(例如亲属)可能会对病患施加压力,他们对照顾与护理患有不治之症的病患感到厌烦,或者出于经济上的原因而倾向于促成病患的死亡。① 在这一行为的背后,并不必然存在可非难的动机及经济考量。对于亲属而言,如果眼看挚爱之人陷入痛苦之中是一件无法承受的事情,也可能会无意识地施加压力。对于医生和护理人员而言,亦是如此。他们根据自身的经验可以得知,病患正遭受着严重的痛苦且无法获得帮助。因此,如果容许积极的死亡帮助的话,对于医生和护理人员的信任将会遭到普遍性的动摇。医生(这一职业)能否使积极的、直接的死亡帮助与其自身形象相协调,同样是存在疑问的。

---

① 当然,放弃治疗(Behandlungsverzicht)情形原则上同样存在这种危险,但目前并无值得一提的相关案例。

77

概览 11：赞成和反对积极的死亡帮助的理由

赞成	反对
• 自杀决意者的自我决定权； • 人性尊严，免受痛苦折磨的死亡。	• 人类生命不可支配的基本原则； • 担忧对生命的态度会发生一般性的变化或者生命保护的解体； • 如何确保确实存在自愿且真挚的嘱托，是存在疑问的； • 第三人可能会通过对自杀者施加压力而产生作用。

六、死亡帮助的未来

78 　　当前的法律状况是否足以涵盖死亡帮助，是一个有争议的跨学科议题。对于"人可以支配生命到何种程度"这一基本问题，可以区分出两种基本立场。

79 　　根据基督教的观点，人类无法支配他自己的生命。生命被视作上帝的馈赠；只有上帝才具有支配权。此外，根据天主教的观点，临终的痛苦具有特殊的意义："根据天主教的教义，痛苦，尤其是生命最后一刻所受的痛苦，在天主的救赎计划中，有其特殊地位；它是分担基督的苦难，是与基督为服从天父旨意而奉献救赎之祭相结合。"①

80 　　这个主张值得尊敬。但是，不能轻易地将它用作国家法律政

---

① Erklärung der Kongregation für die Glaubenslehre zur Euthanasie, unter III, abgedruckt unter www. vatican. va/roman_curia/congregations/cfaith/documents/rc_con_cfaith_doc_19800505_euthana sia_gc. html.

策的基础。反对的原因在于,天主教的教义依赖于罗马—天主教的信仰体系。在宗教与意识形态多元的当今社会中,绝大多数的人并未接受这一信仰体系。

按照自由主义的观点,如果具有判断能力的人经告知后能够作出自主的决定,那么他就能够处分自己的生命。① 按照这种观点,违背自杀者的意愿而人为地延长他的生命这样的做法会遭到反对。但是,自由主义的立场同样具有弱点。"人能够'自主地'决定生命终点"这一观念在绝大多数的情形下只是一种虚构(Fiktion)。此外,自主的前提尚未被真正阐明。

尽管如此,法学界和司法实务界在很大程度上还是遵循自由主义的观点。据此,病患的意愿具有决定性的意义。生命权和尊严受到宪法的保护,从中可以导出一种权利,即有权请求让自己的死亡(作为生命历程的一部分)具有尊严,以及让自己能够决定自己的死亡。根据《德国基本法》第 1 条第 1 款,自杀者同样具有人性尊严,且不受任何限制。按照现在法学界中的主流观点,人对于自己的死亡具有自主决定的权利。故而,违背他人的意愿延长他人的生命(以及痛苦),是不被容许的。因此,早在 2006 年,德国法律人大会(Deutsche Juristentag)② 就已经在提倡一项明确的法律规定,即只有得到重病患者的承诺,才可以实施生命延长措施,如插管行为。

---

① 在临终关怀上,全新的讨论可以参见 *Verrel*, Patientenautonomie und Strafrecht; *Saliger*, Selbstbestimmung bis zuletzt;关于协助自杀,参见 *Rosenau/ Sorge*, Neue Kriminalpolitik 2013, 108 ff.; *Hilgendorf*, JZ 2014, 545 ff.。

② Vgl. *Verrel*, Patientenautonomie und Strafrecht bei der Sterbebegleitung.

第五章
安乐死组织

一、导论

1   长期以来，对于安乐死组织的禁止一直是一个被激烈讨论的话题。瑞士安乐死组织 Dignitas 的"分支机构"——"Digitate"协会于 2005 年在汉诺威成立了，这导致人们开始激烈地讨论此类团体的容许性。对此，各种立法建议引起了人们的争论。①

2   行政法院同样处理过这个议题。2008 年，安乐死活动家罗杰·库施（Roger Kusch）被禁止从事进一步的活动。罗杰·库施曾成立一个安乐死协会，并在互联网上提供服务。汉堡行政法院在紧急程序（Eilverfahren）中确认了该禁令。行政法院在其论证中指出，协会的活动会危及公共安全。申请人所提供的商业化的安乐死（服务）不具有社会价值，因为它违背了普

---

① Vgl. *Hilgendorf*, in: Byrd/Hruschka/Joerden, Jahrbuch für Recht und Ethik, S. 479 ff.

遍的道德价值观念，并危及那些不愿走完最后一步的人的生命。①

二、Dignitas 的行为方式

最著名的安乐死组织是坐落于苏黎世的 Dignitas。死亡陪同的程序如下所示：自杀决意者在与 Dignitas 联系之后，会如愿地收到一份文件，文件上载明了可能的进一步流程。文件中也会指明，如果可能的话，应该让亲属参与进来。如果自杀决意者成功加入该协会，则可以申请准备自杀陪同（Vorbereitung einer Freitod-Begleitung）。此类申请中应当包含一份生活报告，报告需提供有关自杀决意者人格的信息。此外，医学文件（包括当前的诊断、治疗以及预测）也是必要的。经转送后，与 Dignitas 合作的医生会对这些文件进行审查。如果医生愿意为其开具终止生命的药物，会员将会收到"临时绿灯"（provisorisches grünes Licht）。之后，由自杀决意者决定，其是否要请求死亡陪同。原则上，自杀决意者必须计划两次造访瑞士，第一次是与医生进行详细的个人对话，第二次则是终结生命。如果病情非常严重的话，只需要造访一次。会员应有家属陪同。

实施自杀的地点由 Dignitas 提供，通常是在苏黎世的一间出租公寓里面。重要的一点是，自杀决意者在有经验的自杀陪同员的引导以及亲属的陪同下自己服下致命的药物，从而行为支配为自

---

① Vgl. VG Hamburg, Beschl. v. 6. 2. 2009, AZR 2009, 69 ff.

杀者所掌握。如果发生死亡，警方会接到通知。他会对死亡者以及参与的第三人展开调查。当尸体被发还之后，它将会被埋葬。摄像机会将自杀过程记录下来，以便证明自杀决意者对事件具有完全的支配。①

5

概览 12：Dignitas 的行为方式

1. 在联系 Dignitas 之后，寄出相应的文件。
2. 提出准备自杀陪同的个人申请，并提供一份生活报告以及医学文件（关于诊断、治疗以及预测）。
3. 文件被转交给与 Dignitas 有合作的医生。
4. 如果医生愿意开具相应的处方，自杀决意者将收到"临时绿灯"。
5. 在瑞士与医生进行详细的个人对话（对话也可以发生在自杀者的居住地）。
6. 决定自杀后预约时间。
7. 自杀实施的地点是在苏黎世的一间出租公寓（由 Dignitas 承租）。在有经验的自杀陪同员的引导以及亲属的陪同下，自杀决意者自行服下致命的药物。
8. 死亡发生之后，通知警方。
9. 根据瑞士法，对死亡者及参与的第三人进行必要的调查（通过摄像机记录病患的最后行为，以作为证据）。
10. 尸体发还后进行埋葬。

三、刑法评价

6

直至最近，无论根据瑞士法还是德国法，Dignitas 的上述行为方式都是不可罚的。因为病患自行服下药物，Dignitas 的员工不构成受嘱托杀人罪。② 此处可以纳入考量的是帮助行为，但该行为

---

① Vgl. *Hilgendorf*, in: Byrd/Hruschka/Joerden, Jahrbuch für Recht und Ethik, S. 481.
② 参见本书第四章边码 44 及以下内容。

是不可罚的,因为自杀是不可罚的［帮助犯的限制从属性原理（Grundsatz der limitierten Akzessorietät der Beihilfe）,即只有当主行为是故意且不法的,帮助行为才是可罚的①］。如果使用了相应的药物,充其量也只是违反了《麻醉药品法》。②

四、赞成以法律规制安乐死组织的理由

为了创设新的犯罪构成要件,使帮助自杀的行为受到惩罚,人们提出了以下的理由：安乐死组织违反了宗教禁忌,因为根据神的旨意,人们不仅无法支配他人的生命,也无法支配自己的生命。此外,自杀帮助者与自杀决意者之间并没有强烈的情感联结（emotionale Bindung）,他们无法正确地评估自杀者的感受以及真实意愿,既无法为其提供未来的视角,也不能向其展示自杀的替代选择。③ 毋宁说,安乐死组织针对大量的情形提供了一种组织化的服务（organisierte Dienstleistung）,从而存在着一种自杀商业化（Kommerzialisierung des Suizids）的危险。进一步的问题是,可能会出现一种压迫情形（Drucksituation）,在这种情形下,自杀决意者在某个时点之后就不能再回头。在没有法律规定的前提下,也会出现一种危险,即在尚未充分审查自杀决意者的个人情形之前,（自杀帮助者）就向其提供了能快

---

① Vgl. *Hilgendorf/Valerius*, StrafR AT, § 9, Rn. 107 ff.
② 相关的条文是《麻醉药品法》第 29 条,对此,参见 *Girins*, in: Ratzel/Luxenburger, MedR-HdB, Kap. 15, Rn. 193 ff.。
③ Vgl. *Goll*, ZRP 2008, 199; *Lüttig*, ZRP 2008, 57 (58 f.).

速致死的药物。①

8　　除此之外，谁可以接受自杀帮助，也是存在疑问的：让患有不治之症的病人免于遭受长期的痛苦？抑或仅限于垂死之人？对于精神病患者，会出现一个特别的问题，因为精神病患者的死亡意愿属于症状。同样可以向他们提供致命药物吗？

9　　最后，人们担忧，关于积极的死亡帮助的禁忌（Tabu）会因此而遭到削弱：如果受到帮助的自杀被容许以一种组织化的形式进行，并在社会中得到承认，那么，如同部分人士的论证，下一步就是容许积极的死亡帮助，举例而言，此时的自杀决意者不会请求自行服下药物，而是让医生为其注射药物。

10

概览 13：用法律来规制安乐死组织的理由

- 宗教禁忌之侵害
- 自杀帮助者欠缺与自杀决意者的情感联结，不能充分认知自杀者的感受和真实意愿
- 自杀商业化的危险
- 一旦越过特定的时点，可能会出现一种压迫情形
- 仓促服用致命药物的危险
- 担忧在积极的死亡帮助上会出现禁忌弱化

五、新的法律情形

11　　2015 年 12 月，德国联邦议院通过了一条新的刑法条文，即

---

① 但应当注意的是，在瑞士活动的安乐死组织（如 Exit、Dignitas）的实践则有所不同：在此，处于主要地位的是自杀预防，而不是要迅速地处理任意的（不加思考的）自杀愿望，参见 *Hilgendorf*, in：Byrd/Hruschka/Joerden, S. 488。

第五章 安乐死组织

《德国刑法典》第 217 条，该条将业务性促进自杀纳入处罚范围。①②

《德国刑法典》第 217 条 业务性促进自杀罪

（1）意图协助他人自杀，业务性地提供、创造或帮助获得自杀机会的，处三年以下有期徒刑或罚金刑。

（2）自己未从事该业务，且为第一款所称他人的亲属或与其关系密切之人，免除其刑。

如果行为人引起一种"能够使自杀成为可能或使自杀变得容易"的"外部情形"，就构成"提供"或"创设"自杀可能性。③ 通过向自杀者提供合适的场所或用于自杀的药物，就能使自杀变得容易。在"提供"（Gewähren）情形下，行为人已经可以使用这些可能性，他必须将这些可能性交由自杀者使用。而在"创设"（Verschaffen）这一行为类型中，则有所不同：行为人还必须要设法完成这些外部情形。④ 如果行为人在自杀决意者和那些能够提供或创设自杀机会的人之间建立联系，则属于"帮助获得"自杀机会。不过，仅仅指明一些众所周知的场所，是不够的。⑤

如果对于行为人而言，提供特定的自杀机会是非常重要的事

12

13

---

① Vgl. BGBl. 2015 I 2177.
② 关于业务性促进自杀罪的中文文献，参见王钢：《德国业务性促进自杀罪评析》，载《比较法研究》2016 年第 5 期，第 168—189 页。——译者注
③ Vgl. BT‑Drs. 18/5373, 18; Eser/Sternberg‑Lieben, in: Schönke/Schröder‑StGB, § 217, Rn. 12; Hilgendorf, JZ 2014, 545（548）.
④ Vgl. BT‑Drs. 18/5373, S. 18.
⑤ Vgl. BT‑Drs. 18/5373, S. 18.

情,那么此时就存在"意图"(Absicht)。根据立法理由,行为人的意图所关联的对象是对自杀者的帮助,而不是自杀行为的实际发生。就此而言,只要存在未必故意(dolus eventualis),就足够了。①

14 "如果某人想要重复实施同类行为,并使其成为自己的业务对象",则构成业务行为。② 业务性,意味着"重复实施"。按照立法理由,"如果行为代表着要开始一种持续性活动",即便是首次实施的行为,(对于业务认定而言)也已经足够了。③ 业务性行为既可以是积极的作为,也可以是不作为。因此,和其他的刑法概念一样,业务性行为的概念是非常广泛的。特别是,它超出了商业行为(即犯罪者通过商业行为,想要获得"在一定时期和一定范围内持续不断的收入来源",也就是说,他想要采取行动以谋取利润)。④

15 从教义学上来看,新的《德国刑法典》第217条提出了一种独立的主行为,这种行为在过去是一种对(构成要件不该当的)自杀行为的帮助,是不可罚的。不过,并非所有的自杀帮助情形均受到规制,毋宁说,只有当它满足《德国刑法典》第217条所规定的要素时,才会受到处罚。本罪的构成要件被设计成抽象危险犯(abstraktes Gefährdungsdelikt)⑤;受保护的法益是生命权

---

① Vgl. BT-Drs. 18/5373, S. 19.
② Vgl. BT-Drs. 18/5373, S. 19 unter Berufung auf *Fischer*, StGB, Vor § 52, Rn. 63, und BVerfGE 54, 301 (313).
③ Vgl. BT-Drs. 18/5373, S. 17.
④ Vgl. BGH, NJW 1996, 1069 (1070) sowie die stRspr.
⑤ Vgl. BT-Drs. 18/5373, S. 14.

第五章　安乐死组织

以及"对个人自主意志决定的宪法保障"①。

新的《德国刑法典》第 217 条第 2 款规定，如果参与者（帮助犯或教唆犯）自身未从事该业务，且是自杀者的亲属或与自杀者关系密切之人，那么，对《德国刑法典》第 217 条第 1 款之行为的参与，是不可罚的。因此，如果自杀者前往瑞士自杀，而其父母陪同左右的，父母的行为不可罚。如果没有这一条款的话，即便自杀帮助在瑞士是不可罚的行为，但根据《德国刑法典》第 9 条第 2 款第 2 句的规定②，父母的行为将会受到惩罚。

新的《德国刑法典》第 217 条自颁布后就遭到了明确的批评。③ 事实上，该条文不仅在法律政策上是值得商榷的，还给教义学带来了问题。法律政策上值得商榷的地方在于，当自杀者在任何时候都能方便地与位于瑞士或荷兰的、能够提供自杀帮助的机构取得联系，并通过机动车前往该处时，绝对地禁止在德国成立提供自杀帮助的机构，是否具有意义。此外，安乐死机构还会采取自杀预防措施，且根据所有的现行数据，这些机构阻止自杀的次数多于帮助自杀的次数。有鉴于此，现在还存在着一种危险，即那些感到绝望的人如今会更频繁地选择"粗暴的自杀方式"，如卧轨。

---

① BT-Drs. 18/5373, S. 13.
② 《德国刑法典》第 9 条第 2 款第 2 句规定，如果参与国外犯罪的共犯是在国内实施参与行为的，即便主行为根据外国犯罪地的法律是不可罚的，但共犯的行为仍适用德国刑法。——译者注
③ Rosenau 在 NJW-Editorial Heft 49/2015 提到，它是"违反自主死亡的刑法规范"；更进一步的批评，参见 *Hoven*, ZIS 2016, 1; *Roxin*, NStZ 2016, 185。同时，参见此一紧急决定，即 BVerfG, NJW 2016, 558。

18　　值得强调的是，还存在一个问题，即该刑法规范会涵盖发生在临终关怀医院（Hospizen）和临终关怀住院部（Palliativstationen）的活动——尽管立法理由中有着不同的主张。在门诊式临终关怀实践中，给予病人强效的、高剂量的致命药物无疑构成"提供自杀机会"。负责门诊式临终关怀的医生无疑具有业务性。总体而言，这种情形在结构上和安乐死机构的成员给予致命药物没有差别。在行为的主观方面，同样看不出任何相关的差异。

19　　住院式临终关怀工作的标准措施，如将止痛药物（输液）的控制权转移给癌症患者，同样会落入本条规范的构成要件，因为病患通过高剂量（的药物）来加速死亡。即便是放弃喂食以及在"死亡房间"（Sterbezimmer）① 提供一张床位以供使用（现在很多临终关怀医院都有这种常规措施，故而具有业务性），也可以被理解成"提供自杀机会"，因为任何一个具有自杀意图、放弃喂食的人是在实施自杀行为，这点是没有争议的。② 然而，违反病患的当前意愿或预立医疗决定中的意愿③而强制喂食，却是违法的。因此，《德国刑法典》第 217 条似乎会导致一种自相矛盾的结果。

19a　　当德国联邦行政法院最近认为，公民在行政法上有权积极地向国家申请取得致命剂量的麻醉药品以用于自杀时，这一点就变得尤为明显。④ 不过，无论如何，如果德国联邦药品和医疗器械机构的经办人员作出此类决定，其构成要件该当性自始就没有被

---

① 即临终关怀病房。——译者注
② 对此，参见 *Hilgendorf*, medstra 2018, S. 257。
③ 参见本书第四章边码 20 及以下内容。
④ 参见 BVerwG, NVwZ 2017, S. 1452；对此，参见本书第四章边码 59a。

第五章 安乐死组织

排除在外。①

  一种解决方案是，在自我负责的自杀情形下，允许自杀决意者的承诺（存在）。立法者对此问题并未有所表态。原则上，只要法益持有人具有处分权限，则承诺在所有的法益情形下都是可能的。② 即便是针对生命危险，人们也可以作出有效的承诺③，但通说却认为，对于那些有目的的终结自我生命的行为④（理由出自《德国刑法典》第216条），人们无法作出有效的承诺。根据立法理由，《德国刑法典》第217条保护的是生命权和"对个人自主意志决定的宪法保障"。由于以自我决定权保护的名义来限制病患的自主是荒谬的，因此，人们可以针对第二种法益作出承诺。与之相反，按照目前的法律情形，法益持有人无权处分自己的生命。不过，需要注意的是，《德国刑法典》第217条是按照（抽象）危险犯来设计的。对于自我生命的危险，法益持有人还是可以作出有效的承诺。⑤ 因此，可以主张，尽管临终关怀措施虽然该当《德国刑法典》第217条的构成要件，但当具有自杀意愿的病患作出有效承诺时，其行为可以被正当化，故而是不可罚的。后者明显是立法者的意思。⑥ 因此，这一法律情形与治疗措施中

20

---

  ① 参见 *Eser/Sternberg-Lieben*, in: Schönke/Schröder-StGB, § 217, Rn. 17；对此，参见 BT-Drs. 19/4834："在极端的紧急情况下为重症和绝症患者创设法安定性。"
  ② Vgl. *Frister*, StrafR AT, Kap. 15, Rn. 4, 25；*Hilgendorf/Valerius*, StrafR AT, § 5, Rn. 116 f.
  ③ Vgl. *Frister*, StrafR AT, Kap. 15, Rn. 27；*Lenckner/Sternberg-Lieben*, in: Schönke/Schröder-StGB, Vor §§ 32 ff., Rn. 104 f.
  ④ Vgl. *Frister*, StrafR AT, Kap. 15, Rn. 4.
  ⑤ 相关的证明，参见本页脚注③。
  ⑥ Vgl. BT-Drs. 18/5373, 17 und passim.

的法律情形相符。通说认为，治疗措施虽然该当构成要件（《德国刑法典》第223条），但可以通过病患的承诺来阻却违法。① 不过，这条路是否可行，还有待刑法学说及实务的解释。目前，文献上出现了一种趋势，即通过限缩构成要件以及赞同适用《德国刑法典》第34条（阻却违法的紧急避险）来导出上述行为不可罚（的结论）。②

21　　因此，根本问题在于，死亡帮助措施［例如，在临终关怀医疗中（特别是门诊式临终关怀医疗），提供能够缓解疼痛但可能致命的药物］在法律上很难和安乐死机构的医务人员所实施的相同行为加以区分。因此，相较于《德国刑法典》第217条所能解决的问题，其制造出更多的问题。这条目前在合宪性（Verfassungsmäßigkeit）上悬而未决的条文，能否通过德国联邦宪法法院的程序（即审查），尚待观察。③

---

① 参见本书第二章边码1及以下内容。
② 例如，参见 *Eser/Sternberg-Lieben*, in: Schönke/Schröder-StGB, § 217, Rn. 17, 22；*Kubiciel*, ZIS 2016, 396；*Weigend/Hoven*, ZIS 2016, 681；对此一限缩努力有所怀疑，参见 Saliger, in: NK-StGB, § 217, Rn. 24 ff.。
③ Vgl. BVerfG 2 BvR 2347/15；2 BvR 651/16；2 BvR 1261/16；2 BvR 1593/16；2 BvR 2354/16；2 BvR 2527/16.

第六章
堕　胎

一、导论

1974年，德国联邦宪法法院（Bundesverfassungsgericht，BVerfG）首次就堕胎问题以及"何时才应对人类生命加以保护"这一问题作出了详细的说明。此前，德国联邦议院以微弱的多数优势通过了社会民主党（SPD）和自由民主党（FDP）所偏向的"期限规定"（Fristenregelung），根据该规定，在怀孕12周以内发生的堕胎原则上是不可罚的。这已经超出了基民盟/基社盟（CDU/CSU）所支持的"事由规定"（Indikationsregelung），即在此期间内只有基于特定的（医学和伦理）事由才能容许堕胎。这一在社会上和政策上备受争议的决定导致了几起宪法申诉。除基民盟外，还有若干州提出宪法申诉。

2　　之后,德国联邦宪法法院在 1975 年 2 月宣布期限方案是违宪的①,因为它违反了胚胎的生命、身体完整权(《德国基本法》第 2 条第 2 款第 1 句)以及人性尊严的不可侵犯性(《德国基本法》第 1 条第 1 款)。② 在子宫内发育的生命受到宪法的保护,并且优先于孕妇的自我决定权。(法官)在该判决中所提出的、关于生命和尊严保护的基本法定义至今仍被频繁地引用:

3　　　　存在人类生命之处,他就具有人性尊严;至于(人性尊严)承载者是否意识到这种尊严,以及是否知道如何保护这种尊严,并不重要。自始在人类存在中所具有的潜在能力,足以建立人性尊严。③

4　　作为妥协,德国联邦议院在 1976 年通过了修正的事由规定,根据该规定,除非存在以下四种情形,否则堕胎原则上是可罚的:医学事由(危及孕妇的生命和健康)、犯罪事由(因遭到强奸而怀孕)、胚胎病变事由(胚胎遭到严重损害)或所谓的紧急情形事由(孕妇的社会危难情状)。

5　　因此,孕妇只有在上述的四种情形中才能实施堕胎。④ 直至 20 世纪 90 年代初期必须为统一的德国制定统一的规定时,此情形才有所改变。在德意志民主共和国(DDR),适用的是期限规

---

① 关于德国联邦宪法法院第一次堕胎案判决的译介,参见陈征:《第一次堕胎判决》,载张翔主编:《德国宪法案例选释(第 1 辑):基本权利总论》,法律出版社 2012 年版,第 144—158 页。——译者注

② Vgl. BVerfGE 39, 1 ff.

③ BVerfGE 39, 1 (41).

④ 不过,实际上,社会危难情状这一概念被广泛地扩张,从而使该方案已经接近于期限规定。

第六章 堕　胎

定，据此规定，孕妇可以在怀孕前三个月内自由决定是否继续妊娠，且无咨询义务（Beratungspflicht）。

1995年，考虑到德国联邦宪法法院的另一项判决①②，德国联邦议院通过了修正的、附咨询义务的期限方案。根据孕妇的自我决定权和对未出生生命的保护之间的法律折中，如果孕妇在堕胎之前事先经过咨询对话，且自受孕以来不超过12周，堕胎行为不可罚。随着咨询义务的引入，对未出生生命的保护概念也因此发生了改变。妊娠冲突的重点在于，通过对孕妇的建议，说服她们将孩子生下来，且未夺取她们的决定空间。

二、对于未出生生命的阶段式保护

（一）着床之前的法律情形

根据未出生生命所处的阶段，刑法提供了一种阶段式的保护（einen abgestuften Schutz）。

在卵细胞和精子结合之前，人们并未通过特殊的规范来保护它们。如果精子或卵细胞在人的身体内受到损害，只能考虑《德国刑法典》第223条及以下条文的身体伤害罪（Körperverletzung）。如果损害或毁损发生在身体外部，则可以视作《德国刑法典》第303条的毁损罪（Sachbeschädigung）。

---

① Vgl. BVerfGE 88, 203 = NJW 1993, 1751.
② 关于德国联邦宪法法院第二次堕胎案判决的译介，参见陈征：《第二次堕胎判决》，载张翔主编：《德国宪法案例选释（第1辑）：基本权利总论》，法律出版社2012年版，第159—183页。——译者注

9 　　在卵细胞受精以后，对卵细胞的保护则取决于，卵细胞是否处在主要的生殖器官、输卵管或子宫。处在子宫内的、受过精的卵细胞并未受到特别的保护，而体外受精的卵细胞则落在《胚胎保护法》内，并在此阶段受到严格的刑法保护。

10 　　根据《胚胎保护法》的定义，胚胎是指"受过精的、有发展能力的、人类的卵细胞"以及"从胚胎中提取出来的全能①干细胞（totipotente Zelle）"。② 与之相反，在医学上，大多数人将附着在子宫的囊胚（Blastozyste）称作胚胎。

（二）着床之后的法律情形

1. 堕胎的法律规定（《德国刑法典》第218条及以下规定）

11 　　受过精的卵细胞自其着床在子宫后，就受到《德国刑法典》第218条及以下条文的保护。根据《德国刑法典》第218条第1款第1句的规定③，在着床之后进行的堕胎行为是可罚的。据此，那些阻止卵细胞附着在子宫的措施，如"事后避孕药"（Pille danach）或宫内节育器，并未包含其中（根据《德国刑法典》第218条第1款第2句④）。

12 　　《德国刑法典》第218条及以下条文的保护客体是附着在子宫

---

① 完整的生物体可以从全能干细胞发育出来。自受精卵细胞分裂到八细胞期后，全能干细胞才存在。之后，它们会形成囊胚。其中的细胞只是多能的（pluripotent），从多能干细胞中不能发育出完整的有机体。

② 参见《胚胎保护法》第8条。

③ 《德国刑法典》第218条第1款第1句规定："堕胎者，处三年以下有期徒刑或罚金刑。"——译者注

④ 《德国刑法典》第218条第1款第2句规定："妨碍受精卵着床于子宫的行为，并非本条所称的堕胎。"——译者注

上的受精卵细胞。死胎、脑死的无脑畸胎①或是着床在子宫外部的受精卵细胞（也被称作宫外腹腔妊娠或宫外输卵管妊娠），不在保护范围内。

  任何一个行为，只要它导致有生命的胚胎的死亡，并且胚胎在行为发生时已经附着在子宫上，就是《德国刑法典》第218条意义下的适格行为。至于终止（妊娠）行为是通过直接的攻击（通过真空吸引术或所谓的子宫刮清术②）还是间接的攻击（通过使用化学药物，如前列腺素③），在所不论。如果胎儿最初是活着的，之后因为对子宫的攻击而导致胎儿欠缺存活能力或遭受损害进而死亡的④，同样存在堕胎行为。如果孕妇无法在堕胎过程中存活下来，仍然可以该当《德国刑法典》第218条的构成要件。⑤ 袭击孕妇，导致未出生生命死亡的情形，亦是如此。13

  如果通过对脑死孕妇的终止治疗而杀死胎儿的，原则上也存在堕胎行为。胎儿处于脑死孕妇的子宫中这一事实，并没有减弱14

---

① 无脑畸胎是指，胚胎的大脑和颅顶的重要部分有缺失。如果没有强大的技术支持，预期寿命只有几天。
② 真空吸引术（Absaugen）是指，以吸引方式取出胚胎。适用于怀孕10周内，因胎儿和胎盘尚未成形，一般不需要扩张子宫颈，很容易将胎块组织取出，出血量较少，约休息1—2小时即可回家，对身体影响小，恢复也快。子宫刮清术（Curettage）则是指，以刮除方式取出子宫内胎儿及内膜组织。常用于怀孕10—12周者，因胚胎逐渐变大，胎盘也形成，通常不适用真空吸引方式，但因目前医疗发达，尚可使用大型软管以吸引方式取出胚胎。——译者注
③ 前列腺素（Prostaglandinen）不仅有抗孕激素和抗雌激素的作用，而且对平滑肌有强烈的收缩作用，使子宫血流量减少，破坏胚泡组织，从而达到终止妊娠的目的。——译者注
④ Vgl. *Lackner/Kühl*, StGB, § 218, Rn. 4.
⑤ Vgl. BGHSt 1, 278（280）.

(胎儿所受到的)宪法保护力度。自着床起,作为人类生命的胎儿就享有这一宪法保护。①

15 关于此类案例的讨论源起于1992年所谓的"埃尔朗根怀孕案"(Erlanger Schwangerschaftsfall)。当时,一名怀孕15周的年轻妇女因交通事故而遭受重伤,并在不久之后脑死。通过维持妇女的身体机能,才能维持未出生婴儿的生命。但医生的行为成为公众激烈讨论的对象。在此,对医生的指责是拒绝这位妈妈的尊严死亡以及人为地延长死亡过程。赫斯布鲁克地方法院(Amtsgericht Hersbruck)肯认了医生的行为,因为"未出生婴儿的独立生命"优先于"该名妇女死后的人格保护"。② 尽管医生付出了努力,但未出生婴儿还是在5个月内死于子宫内。

16 如果孕妇还活着,作为保证人的医生应采取何种措施以拯救胚胎这一问题,取决于孕妇真实的或推测的意愿。如果孕妇作出了同意,医生在流产或其他妊娠并发症即将发生的情形下必须采取一切措施来阻止胚胎的死亡,例如引产(Einleiten der Wehen)。

17 医生既没有权利也没有义务对孕妇采取强制措施;他必须接受孕妇的决定,即便孕妇会因为拒绝诊断措施及治疗措施而容忍自己的死亡,或未出生的婴儿会因为(医生)在其出生过程中未实施对应措施而导致死亡。但是,如果孕妇对引产作出了同意,且医生无法在不危及准妈妈或未出生婴儿的情形下终止(引产),医生就必须继续实施这些措施,无论该名妇女在生产过程中的意愿为何。

---

① Vgl. *Beckmann*, MedR 1993, 121 (123); *Hilgendorf*, JuS 1993, 97.
② Vgl. AG Hersbruck, FamRZ 1992, 1471.

相较于其他人，孕妇在刑期（Strafmaß）上显然有所减轻。根据《德国刑法典》第218条的规定，堕胎的法定刑是3年以下有期徒刑或罚金刑。如果孕妇自行堕胎，法定最高刑是1年有期徒刑。① 但是，根据《德国刑法典》第218a条第4款，如果堕胎之前有经过医生的咨询，且孕妇自受孕（Empfängnis）之日起不超过22周就实施堕胎的，则孕妇的行为是不可罚的。此外，如果孕妇在手术时处于特殊的急迫情形（in besonderer Bedrängnis），法院可以根据《德国刑法典》第218a条第4款免除（孕妇堕胎的）刑罚。

孕妇不会因为（堕胎）未遂而受到刑罚。不过，第三人会因为未遂的堕胎而遭受刑罚。② 例如，尽管实施了旨在流产的措施，但婴儿还是活着来到这个世界，此时就存在未遂（Versuch）。

2. 堕胎的不可罚性（《德国刑法典》第218a条第1款）

根据期限规定的原则，如果满足以下的要求，根据《德国刑法典》第218a条第1款的规定，医生实施堕胎行为是不可罚的：

- 孕妇嘱托医生为其堕胎，且向医生出具了一份凭证，以证明孕妇至少在手术前的三天内已经进行过咨询；
- 由医生为孕妇实施堕胎；
- 自受孕以来不超过12周。

《德国刑法典》第218a条第1款所要求的孕妇的嘱托（Verlangen）不仅仅是一种承诺。为了将对干预的承诺描述成孕妇的

---

① 参见《德国刑法典》第218条第4款。
② 参见《德国刑法典》第218条第4款。

"嘱托",它必须是一种明确的、针对医生的要求(eine ausdrückliche, an den Arzt gerichtete Aufforderung)。① 对于未成年人,承诺能力取决于他们精神上和道德上的成熟程度,即对于堕胎意义和范围的理解。因此,在未成年人具有认识能力和判断能力的情形下,它并不取决于监护人的同意或拒绝。② 如果未成年人不满16周岁,大多数情形下会否定他们的认识能力,但是,如果未成年人已满16周岁,通常会肯定他们的认识能力。

22 在德国联邦宪法法院针对堕胎问题作出第二次判决以前③,上述情形下的堕胎行为仍然被认定为"不违法的"(nicht rechtswidrig)④。德国联邦宪法法院在1993年宣告此一条文是违宪的。《德国刑法典》也因此被修正,对于堕胎行为的描述不再是"不违法的",而仅仅是"不该当堕胎罪的构成要件"。乍看之下,这似乎是一种法律上吹毛求疵的琐事,它却揭示了,相较于基于医学—社会事由或犯罪事由的堕胎行为,此种情形下的堕胎行为在正当化上应采取不同的方式。

23 不过,德国联邦宪法法院的判决中,有几个地方是值得商榷的。为何杀死胚胎(即直接对保护法益实施攻击)的行为不应具有构成要件该当性,这似乎是存在疑问的。此外,究竟要如何才

---

① Vgl. *Merkel*, in: NK-StGB, § 218a, Rn. 69 ff.; *Eser*, in: Schönke/Schröder-StGB, § 218a, Rn. 9.
② Vgl. LG München, NJW 1980, 646.
③ Vgl. BVerfGE 88, 203 = NJW 1993, 1751.
④ 这里的"不违法"是指,具备《德国刑法典》第218条堕胎罪的构成要件该当性,但不具有违法性。《德国刑法典》第218a条第1款(1993年版)规定:"具备下列要件者,堕胎行为不违法……"——译者注

能使一个行为不该当构成要件,但又具有刑事不法性(即具有违法性),是令人难以理解的。在此,这和刑法教义学的论证标准以及合理性标准之间存在着断裂。基于法治国原则,人们必须对这一断裂予以极大的关注。①

3. 医学—社会事由以及犯罪事由(《德国刑法典》第218a条第2、3款)

根据《德国刑法典》第218a条第2、3款的规定,如果存在医学—社会事由(medizinisch-soziale Indikation)或犯罪事由(kriminologische Indikation),堕胎行为是不可罚的。早期使用的是"胚胎病变"(embryopathische)以及"社会困境"(soziale Notlagen)事由,现在已经不再单独列出这些,而是通过"医学—社会"事由来涵盖。

根据《德国刑法典》第218a条第3款的规定,如果根据医生的诊断,孕妇系因遭受强制性交或性强制而受孕,或至少存在充分理由来认定这种假设的,则存在能够阻却(堕胎罪)不法的犯罪事由。只有在得到孕妇的嘱托且孕妇怀孕不超过12周的情形下,才能实施基于犯罪事由的堕胎。检察官对性犯罪的追诉,并非强制性要件。毋宁说,具有(堕胎的)决定权的人是孕妇和医生。早期,人们会担心这一条款有被滥用的危险,但现在这种犯罪事由的重要性是微不足道的。根据德国联邦统计局的数据,在2017年共登记了101 209例堕胎事件,但只有20例是基于犯罪事由。

---

① Vgl. *Merkel*, in: NK-StGB, Vor §§ 218 ff., Rn. 13 ff.

26 如果考虑到孕妇当前和未来的生活状况，且根据医学知识，有必要实施堕胎，以免危及孕妇的生命或使孕妇的身体或心理健康遭受重大损害的危险，则存在医学—社会事由。无法期待孕妇采取其他方式来规避这种风险，并且堕胎系由受孕妇嘱托的医生来实施。

27 举例而言，如果孕妇存在生命危险或健康危险，如孕妇具有子宫癌或因怀孕而引起的自杀危险，则存在医学事由。需要注意的是，医学事由并未与任何期限相关联。尽管通过"重大"干预这一必要要件可以将那些通常会和怀孕联系起来的所有负担排除在外，但考虑到精神不稳定的孕妇在经济、家庭和社会上的具体状况，就能使堕胎得到证立，因为可能存在身体或心理负担过重的风险。

28 从医学的观点来看，这一法律规定是存在问题的，因为自22—24周以后，胎儿就能在子宫外存活，这与医学照护的进步有关。[1] 争议的问题在于，人们可否期待孕妇去生下一个她不想要的、已经被预见到具有严重（身心）障碍的孩子，以使这个孩子被收养或被安置在病房。为了不让孕妇承受巨大的心理负担，即便胚胎或胎儿在子宫内已经具有生存能力，通常也能实施堕胎来杀死胚胎或胎儿。不过，这种迟延堕胎情形（Spätabtreibung）在伦理上和法律上都是一个大问题。

4. 针对医生的身份犯（《德国刑法典》第218b条、第218c条）

29 《德国刑法典》第218b条、第218c条涉及的是纯正的身份犯

---

[1] Vgl. Stellungnahme der Bundesärztekammer, in: MedR 1999, 31 (32).

第六章 堕　胎

（echte Sonderdelikte），它所包含的情形是实施堕胎的医生在内容或程序上有瑕疵。《德国刑法典》第 218b 条第 1 款第 1 句的保护目的是对纯粹的程序条文的遵守。《德国刑法典》第 218b 条第 1 款第 2 句则与《德国刑法典》第 278 条相类似，该条文所要处罚的是医生有意识地作出不正确的认定［从《德国刑法典》第 218 条及以下条文的保护法益来看，它所包含的情形仅仅是，错误地认定存在（堕胎）事由］。①

5. 宣传堕胎罪（《德国刑法典》第 219a 条）

最近，社会上关于当前堕胎法律的妥当性的讨论焦点已经转移到《德国刑法典》第 219a 条"宣传堕胎罪"（Werbung für den Abbruch der Schwangerschaft）的构成要件。导火索是吉森地方法院（LG Gießen）在一起事实审上诉（Berufung）案件中对一名女医生作出有罪判决，该医生在自己的主页上提供了一些一般性信息，这些信息主要是关于堕胎议题、她在实务中如何实施（堕胎）以及可能采取的方法［"海内尔案"（Fall Hänel）］。② 这则案例生动地表明了，为何这条规定会在社会政治上引起极大的争议，尽管它在实务上的重要性很小。③ 29a

根据《德国刑法典》第 219a 条第 1 款的规定，行为人将受到刑罚，如果： 29b

● 公然地、在集会中或利用文字宣传

---

① *Gaidzig*, in: NK-MedR, StGB §§ 218—219b, Rn. 15 ff.
② 参见 AG Gießen, NStZ 2018, 416; LG Gießen, Urt. v. 12. 10. 2018 - 3 Ns 406 Js 15031/15（无既判力）。
③ 2002 年至 2017 年 4 月根据《德国刑法典》第 219a 条作出的有罪判决，对此参见 BT-Drs. 19/6934。

- 基于财产性利益（Vermögensvorteil）或以非常不当的方式（in grob anstößiger Weise）
- 第一，自己或他人可以实施或协助堕胎的业务，或者
- 第二，能够被用来堕胎的手段、物品或程序，并指明这种适格性（Eignung）
- 提供、通知、宣扬或公开其内容的说明。

29c　本条所禁止的"宣传"对象不仅包括《德国刑法典》第218条及以下条文中的可罚的堕胎行为，还包括构成要件不该当、合法的堕胎行为。一方面，这是一贯的，因为按照立法者在法律政策上的目的设定，《德国刑法典》第218条及以下条文旨在保护未出生的生命。[①] 另一方面，将合法行为的预备行为纳入处罚范围，一开始就已经揭示了此一全面性处罚在伦理和教义学上的矛盾。[②]

29d　此外，当前讨论的争议点还在于，不仅处罚宣扬行为，还处罚医生"提供"真实的、经过说明的信息的行为，只要其与执行措施的服务相联系，而这和"宣传"概念所暗示的内容是不同的。由于信息是在网上传播的，且（医生）期待针对可能的治疗收取常规的医疗费用，因此，分别满足了"公然"宣传和"基于财产性利益"这两个要件。[③]

29e　有鉴于此，学科上和政治上关于《德国刑法典》第219a条的

---

① Vgl. *Hilgendorf*, in: Arzt/Weber/Heinrich/Hilgendorf, Strafrecht BT, § 5, Rn. 40.
② Vgl. *Hilgendorf*, in: Arzt/Weber/Heinrich/Hilgendorf, Strafrecht BT, § 5, Rn. 40.
③ Vgl. *Fischer*, StGB, § 219a, Rn. 6 f.

第六章 堕 胎

争论也就不足为奇了。① 左翼党（DIE LINKE）、联盟 90/绿党（B90/GRÜNE）以及社会民主党最初要求无条件地删除该条文，自由民主党则要求将禁令限制在"非常不当的宣传"（的范围内）。② 2019 年 2 月 6 日，德国内阁批准了一部关于改善堕胎信息的法律草案（Entwurf eines Gesetzes zur Verbesserung der Information über einen Schwangerschaftsabbruch）。关于《德国刑法典》第 219a 条的改革于 2019 年 3 月 29 日发生效力。现在的条文新增了第 4 款，规定了进一步的例外要件。③ 将来，这种行为是不可罚的④，如果"医生、医院或机构

- 所指明的事实是，他们可以根据《德国刑法典》第 218a 条实施不可罚的堕胎行为，或者

- 所指明的、关于堕胎的信息来自联邦或州层级的主管机关、根据《妊娠冲突法》（Schwangerschaftskonfliktgesetz）所设置的咨询中心或医生协会。"

这项改革典型地表明了，现代刑事立法主要取决于（法律）政治，因此要依赖于各方参与者的妥协意愿。医生在将来可以公然地（如在网上）指明自己可以实施《德国刑法典》第 218a 条意义下的堕胎行为，学科上绝大多数人赞同这一除罪化举措（Entkriminalisierungsschritt）。不过，仍然不允许医生自行提供关于

---

① Aus der Literatur vgl. nur *Duttge*, medstra 2018, 129; *Kubiciel*, ZRP 2018, 13; *Satzger*, ZfL 2018, 18; *Walter*, ZfL 2018, 26; *Weigend*, ZfL 2018, 120.
② Vgl. BT-Drs. 19/93; 19/630; 19/1046; 19/820.
③ Vgl. BGBl. 2019 I 350.
④ 希尔根多夫教授在撰写本书第二版时（2019 年 3 月左右），该条文尚未生效。——译者注

处理方法的具体信息。毋宁说，医生必须参阅联邦健康教育中心（die Bundeszentrale für gesundheitliche Aufklärung）的相关事项。比较一贯的做法是，将"提供"和"通知"（包括公开相应的说明）的禁令限制在"构成要件该当且违法的堕胎"这一范围内，以及将"宣扬"不可罚的堕胎行为降格为用罚款来处理的秩序违反行为。①

（三）出生时点

30　　根据刑法上的定义②，一旦出生开始，所涉及的（对象）就不再是未出生的生命而是人类（Menschen）。德国联邦最高法院③将开始阵痛（Einsetzen der Eröffnungswehen）看作出生的开始。不过，法院尚未对以下问题作出回答，即"如果出生的开始是阵痛以外的流程，要如何评判出生开始的问题"④。文献上有部分见解指出，在手术分娩的情形中，打开腹壁（Öffnung der Bauchdecke）这一时点是决定性的。另有见解认为，开始麻醉（Einleitung der Narkose）才是出生的开始。如果助产士在孕妇开始阵痛后杀死孩子的，此时构成的犯罪不是堕胎罪而是杀人罪（《德国刑法典》第211条、第212条）。

31　　这一界限划定不仅在这个问题上具有重大意义，在对过失行为的刑法评价上也起着决定性作用。有关堕胎的法律规定原则上仅处

---

① "刑事政策协会"（Kriminalpolitischer Kreis，由刑法教授组成）的建议亦是如此，载 https://kripoz.de/wp-content/uploads/2017/12/stellungnahe-219a-stgb-krimk.pdf，访问日期：2021年4月1日。
② Vgl. BGHSt 32, 194.
③ Vgl. BGHSt 31, 348 (353).
④ BGHSt 32, 194 (197).

罚故意行为。这在实务上产生了相当重要的后果：产前过失造成的影响导致胚胎遭受严重的健康损害或死亡的，是不可罚的。与之相反，因医生的疏忽或其他过失行为导致出生婴儿的健康或生命遭受负面影响，则是可罚的（《德国刑法典》第222条以及第229条）。

未必故意（dolus eventualis，作为故意的最弱形式）和过失之间的界限如下：如果行为人已经认识到，其行为可能会该当构成要件，并予以容忍的，则存在故意。不过，如果行为人认真地相信法益侵害不会发生，那么它就不再是一种故意形式，而仅仅是有认识的过失（bewusste Fahrlässigkeit）。①

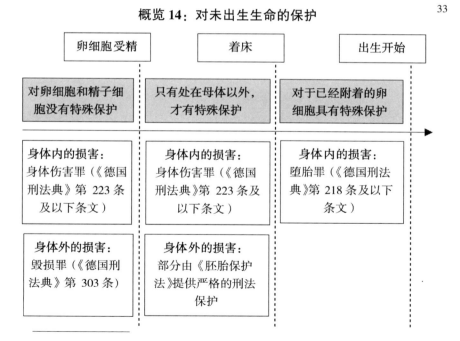

概览14：对未出生生命的保护

---

① Vgl. *Hilgendorf/Valerius*, StrafR AT, § 4, Rn. 85 ff.

三、总结:阶段式生命保护的体系

在德国刑法中,正在发育中的人类生命所受到的阶段式保护是根据胚胎的发育状况进行的。如果人们的起始点不是未出生生命的"主观权利"(subjektiven Recht),而是一种阶段式的价值体系(abgestuftes Wertesystem)的话,那么,人们就更能理解产前生命保护(vorgeburtlicher Lebensschutz)这一教义学概念。① 主观权利不可以分阶段,但价值可以。按照多数人的观点,自着床以后对生命的阶段式保护意味着,未出生生命的价值会随着它的发展程度而不断提高。

---

① Vgl. *Hilgendorf*, in: Gethmann-Siefert/Huster, Recht und Ethik in der Präimplantationsdiagnostik, S. 122.

第七章
胚胎保护和干细胞研究

一、导论

目前医疗刑法中最具争议的领域之一是体外（即母体外）胚胎的刑法保护以及胚胎干细胞研究。自从 20 世纪 70 年代第一次人工授精以来①，医学在这一领域取得了巨大的进步，并获得了以往无法获得的研究对象，即人工授精形成的胚胎，这些胚胎不再被移植，并因此成为"过剩的"（überzählig）胚胎。②

胚胎对于基础研究而言具有很多益处，人们通过它们可以研究人类细胞的早期发育、疾病的成因、人类细胞对特定药物的反应等。③ 另外，胚胎还被用来产生胚胎干细胞。④ 目前，干细胞仍

---

① 关于法律讨论的起始，参见 *Ostendorf*, JZ 1984, 595 ff.。
② 当产生的胚胎多于最终使用的胚胎时，特别是为了让女性不必过于频繁地承受繁琐的取卵程序，就会形成过剩的胚胎。
③ Vgl. *Kues*, in: Dabrock/Ried, Therapeutisches Klonen als Herausforderung, S. 57.
④ Vgl. *Badura-Lotter*, Forschung an embryonalen Stammzellen, S. 17; *Wiestier/Brüstle*, in: Oduncu/Schroth/Vossenkuhl, Stammzellenforschung und therapeutisches Klonen, S. 71.

主要被用于研究，但人们将来很有可能将其用于治疗，尤其是作为组织替代物（Gewebeersatz）。①

3　　这就提出了一系列法律问题和道德问题。这些问题的解决方法是非常有争议的——尤其是因为有关人类生命的起点、终点和价值的问题触及了人类存在的基础。在不同的宗教和意识形态背景下，答案通常是不同的。② 此外，还出现了与新鲜卵细胞的取得、研究资助和过早用于治疗的危险有关的问题。

4　　对细胞的克隆，也正处于研究之中。将来，这种方法尤其可以被用来克服供体和病患之间的遗传差异，以及从病患自身的细胞中制造出替代组织。在此过程中，人们从病患的细胞中提取出细胞核，并将它移入先前去核的卵细胞中（核转移）。由于这会产生一种全能干细胞（eine totipotente Zelle），它至少在理论上可以发育成人类，因此会出现与胚胎研究相同的道德问题。另外，对病患进行基因"复制"被认为是有问题的。人们担心这种方法可能意味着进入再生克隆，即通过克隆来"制造"人类。

二、伦理讨论概述

5　　为了理解胚胎保护和干细胞保护的法律规定，关于道德讨论的基本概述至少是必要的。

---

① Vgl. Schlussbericht der Enquete-Kommission „Recht und Ethik der modernen Medizin", BT-Drs. 14/9020, S. 251.

② Vgl. *Beck*, Stammzellforschung, S. 103 ff.

第七章　胚胎保护和干细胞研究

（一）地位问题

在法律层面①和道德层面都出现的问题包括：胚胎的地位为何？何种细胞具有这种地位，或者说胚胎是什么？这种地位是如何证立的？对于胚胎的保护义务和（出于特定目的的）使用的可能性而言，从中可以得出什么（结论）？　　6

有论者提出，受精后的胚胎等同于已经出生的人，故而享有与人相同的权利。② 此种地位通常是通过所谓的"SKIP 论证"得到证立的，即物种（Spezieszugehörigkeit）、发育的持续性（Kontinuität der Entwicklung）、胚胎与已经出生的人的同一性（Identität des Embryos mit dem geborenen Menschen）以及细胞的潜能性（Potentialität der Zelle）。但是，持这种见解的论者也没有明确指出，克隆的细胞在多大程度上受到人性尊严和生命权的保护。不过，如果能够证明细胞具有发育成人的潜能的话，通常能够导出这种全面性的保护。特别是天主教教会，它们提出了这种观点。从中可知，出于研究的目的而制造、破坏胚胎以及克隆细胞侵犯了其人性尊严和生命权。　　7

相反的观点则认为，只有出生之后才存在权利所有者以及需保护性③：只有已经出生的人才应具有人性尊严和生命权。其间，有大量的观点认为，在受精至出生之间的某一时点，就存在需保护性，如着床（胚胎附着在子宫上）、神经细胞的发育或自　　8

---

① 参见本书第七章边码 21 及以下内容。
② Vgl. *Honnefelder*, in: Damschen/Schönecker, Moralischer Status menschlicher Embryonen, S. 71 ff.
③ Vgl. *Singer*, Praktische Ethik, S. 229.

我意识。① 持这种见解的论者认为人性尊严和生命权不是天生的，而是受到了社会的承认。并且，他们参照了特定的属性，一旦具有这种属性，就可以合理地让人们开始承认（这种保护）。

9　　处在这些观点之间的是持"阶层理论"（Stufentheorie）的论者。他们认为，胚胎并非不受保护，但保护的范围是随着它的发育程度而不断扩张的，直至出生才能达到最大程度。② 这一观点也有一部分是基于潜能性的见解（Gesichtspunkt der Potentialität），据此，应当存在特定的保护，即便这种保护并未与已经出生的人相对应。在胚胎发育成人的过程中，此种保护范围也会随着扩大。

10　　根据后两种观点，至少在特定的条件下，允许对胚胎和克隆进行研究。尽管它们也存在限制，例如禁止无意义且不合比例的胚胎生产或胚胎消耗，但总体而言，它们对（会消耗胚胎的）胚胎研究持积极的态度。这样的主张主要存在于盎格鲁—撒克逊的文化、佛教文化和犹太文化中。

11　　对于赞同或反对的立场而言，它们都有理性的、或多或少合理的理由。关于胚胎地位的决定，最后往往是基于讨论参与者的宗教或文化背景。人们很难理性地去讨论这一问题，因为在讨论过程中有一部分说明是情绪化的。可想而知的是，在将来也不会达成协议，法律规定的作出必须基于一种持续的分歧。

12　　2012 年的"布鲁塞尔案"（Fall Brüstle）③ 为这种讨论带来了

---

① 概述，参见 Clausen, in: Maio/Just, Forschung an embryonalen Stammzellen, S. 203。
② 参见本书第六章边码 34。
③ 关于"布鲁塞尔案"的中文译介，参见范长军、李波：《人类胚胎干细胞技术的可专利性——欧洲法院 Brüstle v. Greenpeace e. V. 专利案述评》，载《科技与法律》2014 年第 3 期，第 558—571 页。——译者注

一阵新风。德国联邦最高法院必须处理一个与人类干细胞有关的发明专利问题。① 因为这一案件涉及《专利法》的规定，而《专利法》又与在德国转化的《欧盟生物技术发明法律保护指令》[RL 98/44/EG（Biopat-RL）]② 相关，因此德国联邦最高法院就将这个案件提交给欧盟法院（EuGH）来决定［所谓的前置判决程序（Vorabentscheidungsverfahren）］。所提出的问题如下：

《欧盟生物技术发明法律保护指令》意义下的"人类胚胎"概念所指为何？它应当包含自卵细胞受精之后人类生命的所有发育阶段，抑或必须要满足其他的条件，例如达到特定的发育阶段？它是否包含以下有机体：未受精的人类卵细胞，但它移植了来自成熟的人类细胞的细胞核；未受精的人类卵细胞，但它会通过单性生殖的方式受到刺激，进而分裂、发育？从处于胚泡期的人类胚胎中取得的干细胞，是否包含在内？ 13

欧盟法院裁定，应广泛地解释人类胚胎的概念。因此，人类胚胎是指"自受精阶段之后的每个人类卵细胞"③，以及未受精的、能发育成人类的卵细胞（例如通过核移植和单性生殖）。对于欧盟法院而言，决定性标准是实体"能否开启人类发展流程"。至于"是否将胚胎干细胞看作胚胎"这一问题，则在各会员国的内国（法）层面加以检视、决定。 14

基于对欧盟法院上述判决的考量，德国联邦最高法院裁定，人类的胚胎干细胞在德国法的规定下并不是胚胎，因为它不 15

---

① Vgl. BGH, GRUR Int. 2013, 229.

② 指令的全称原文为：Directive 98/44/EC of the European Parliament and of the Council of 6 July 1998 on the Legal Protection of Biological Inventions。——译者注

③ EuGH, GRUR Int. 2011, 1045, Rn. 35.

具有"开启人类发展流程"的能力。① 结果是，如果人们没有为了发明而将胚胎当作原材料加以使用或毁弃胚胎的话，允许在胚胎干细胞及其相关的程序上申请专利。②

16

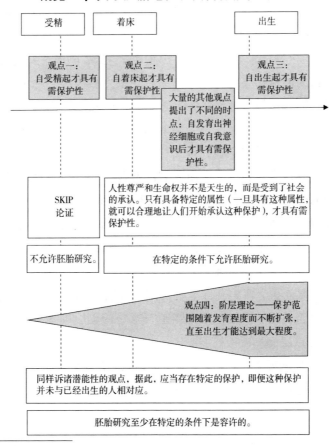

概览15：关于胚胎地位及其需保护性的观点

---

① Vgl. BGH, GRUR Int. 2013, 229, Rn. 37.
② 对此，参见 *Batista*, GRUR Int. 2013, 514（516 f.）。

（二）后续问题

地位问题仅仅是与胚胎保护和干细胞保护有关的问题的一部分。现代的人类生物技术使通过对基因组的干预（Eingriffe in das Genom）来"改善"胚胎成为可能。知道胚胎的基因编程（genetisches Programm）①，可能会侵害到"不知情权"（Recht auf Nichtwissen）②③ 为此类"改善"提供资金这一问题，同样是重要的，因为当有钱的父母能够买到服务，从而广泛地"改善"其孩子，而普通公民的孩子却不得不承受其遗传"缺陷"时，可能会导致不正义。另外，让医疗保险来为纯粹的"改善"措施买单，似乎也是有问题的。④

关于干细胞研究，主张无限制地保护胚胎的论者会面临这个问题，即对于毁弃胚胎的非难是否必然导致对于胚胎干细胞研究的谴责。此外，在研究的资助和比例上也是存在问题的。治疗上的使用应根据可能的风险和实际的用处来检验。

---

① 基因编程，又称作遗传编程，是指一种从生物演化过程中得到灵感的自动化生成和选择计算机程序来完成用户定义的任务的技术。从理论上讲，人类用基因编程只需要告诉计算机"需要完成什么"，而不用告诉它"如何去完成"，最终可能实现真正意义上的人工智能，即自动化地发明机器。——译者注

② 关于"不知情权"的介绍，参见袁治杰：《基因技术发展背景下的不知情权研究》，载《政治与法律》2016 年第 5 期，第 71—85 页。另有论者将"Recht auf Nichtwissen"译作"知情拒绝权"，参见陈俊榕：《医疗上之知情拒绝权》，载《高大法学论丛》2019 年第 2 期，第 69—108 页。——译者注

③ 不过，此一权利的推导会引发重大的问题，参见 *Maio*, Ethik in der Medizin, S. 263 f.，其将"不知情权"和自主（Autonomie）联系在一起。全面性的论述，参见 *Duttge/Lenk*, Das sogenannte Recht auf Nichtwissen。

④ Vgl. *Beck*, MedR 2006, 95 ff.

19 　　如果有治疗上的使用可能性，应当讨论，能否因为人们拒绝毁弃胚胎而不对他们开放这种使用可能性。"将研究（过程）交给其他国家，然后接受结果"这样的做法，似乎是有问题的。此外，在使用这些技术时，都存在一种将来的、不可控制的滥用风险。

20 　　人工授精方面的其他问题包括了代孕（可能会对孩子的心理产生负面影响）、单身女性请求人工授精的可能权利，以及对女性的胁迫性使用（将其用作研究和治疗的"原材料供应商"）。

三、宪法

21 　　相较于道德而言，胚胎在宪法上的地位的争议并没有减少：在此，观点也有所不同，从通过《德国基本法》第 1 条、第 2 条进行全方位的保护，到根据发育程度实施阶段式的保护，再到拒绝将胚胎纳入规范的保护范围。[1] 但是，在法律的评价上需要注意的是，立法者原则上能够独立地诠释宪法[2]，只要这种解释不是明显错误的或不是在任何一种情形下都站不住脚的，就是合法的解释。

22 　　此外，对于法律的评价而言，以下的思考是很重要的：研究自由（Forschungsfreiheit）在宪法上具有重要的价值（《德国基本

---

[1] 概述，参见 *Dreier*, in: Dreier (Hrsg.), GG-Kommentar, Art. 1 I, Rn. 82 ff.。

[2] Vgl. *Hesse*, in: Benda/Maihofer/Vogel, Handbuch des Verfassungsrechts der Bundesrepublik Deutschland, § 5, Rn. 68.

法》第5条第3款)①，只有通过其他宪法价值，才能予以限制。限制的证立必须是合乎比例的、意识形态中立的。后者同样适用于对潜在父母的权利的限制，其生育权可以从一般的人格权［allgemeine Persönlichkeitsrecht，《德国基本法》第2条第1款结合同法第1条第1款］导出。

只要立法者认为胚胎为《德国基本法》第1条以及第2条所保护，并且能够中立地证立这种保护，他就有权限甚至有义务（提供）这种保护。② 保护水平理应尽可能地保持一致，这点常常令人质疑。对于胚胎而言，《德国刑法典》第218条及以下条文中的堕胎罪规定所提供的保护远远少于《胚胎保护法》和《干细胞法》。但是，不同法律之间的不一致并不一定会导致违宪，而是（在特定的情形下）会造成法律的公信力丧失（Unglaubwürdigkeit）以及法律解释上的困难。③

23

四、《胚胎保护法》

对于体外胚胎的保护而言，最为重要的法律是《胚胎保护法》，该法于1991年1月1日生效。④《胚胎保护法》属于附属刑

24

---

① Vgl. BVerfGE 47, 327 (368).
② 通说认为，此类保护义务是从"客观的价值秩序"（objektiven Werteordnung）导出的，而客观的价值秩序是由基本权利构成的，参见 *Pierotb/Schlink*, Grundrechte, § 4, Rn. 110 ff.。
③ Vgl. *Isensee/Kirchhoff*, StaatsR-HdB, § 124, Rn. 231 f. (S. 941 ff.); BVerfGE 59, 36 (49).
④ BGBl. 1990 I 2746 ff.

法（Nebenstrafrecht）；违反《胚胎保护法》的规定，会被判处罚金刑或自由刑。① 由于这种设计，宪法对于刑法的特殊要求（《德国基本法》第 103 条第 2 款）、《德国刑法典》的总则部分（关于正犯、国外可刑罚性、未遂等特别规定）以及特殊的刑法解释规则（文字界限、类推禁止、根据保护法益的解释）都能适用。

（一）立法沿革

25　　经过多年的讨论，德国立法者才在 1991 年通过了《胚胎保护法》。最初的法律草案是基于"本达委员会"（Benda-Kommission）② 的建议，它几乎没有制定限制性的规定。一段时间之后，立法者才在《胚胎保护法》中加入新的禁令。如今，《胚胎保护法》的现行法版本相当全面且具体地保护处于早期发育阶段的胚胎。③

（二）《胚胎保护法》中的胚胎概念

26　　《胚胎保护法》中几乎所有的法条都涉及"胚胎"，该法第 8 条对"胚胎"的定义如下：

> 本法意义下的胚胎是指，自细胞核结合的时点起受过精的、可发育成人类的卵细胞，以及从胚胎中提取出来的全能干细胞，只要它在存在其他必要条件的情况下能够分裂并发育成个人。

---

① 采用此种刑法设计的一个（非常令人质疑的）原因是，联邦当时欠缺规制生育法问题的权限，因此，使用了发布刑法规定的权限，参见 *Erlinger*, in: Dierks/Wienke/Eisenmenger, Rechtsfragen der Präimplantationsdiagnostik, S. 65 ff. 。

② 此名称可以追溯到委员会的主席恩斯特·本达（Ernst Benda）。

③ Vgl. *Eser*, FS Schwartländer, 1992, S. 183 ff.

第七章　胚胎保护和干细胞研究

然而，在何种程度上来确定"核融合"（Kernverschmelzung）的时点，是存在问题的。另外，该定义的显著之处是，它非常明确地提出细胞核结合（作为标准）。这会导致所有处于原核期（Vorkernstadium）① 的细胞都被排除在外。至少当人们用胚胎的潜能性来证立胚胎的需保护性时，这种做法就无法被正当化。②

（三）《胚胎保护法》中的禁令

《胚胎保护法》的个别规定涉及（植入子宫前）与胚胎细胞相关的不同程序和行为方式——从人工授精到胚胎研究再到克隆。基于此，这些规定并非仅保护一个法益，而是保护了不同的法益。

1.《胚胎保护法》第1条

《胚胎保护法》第1条禁止滥用生殖科技（missbräuchliche Anwendungen von Fortpflanzungstechniken），即将他人的卵细胞转移给女性、基于怀孕以外的目的来生产胚胎、在一个周期内使三个以上的卵细胞受精并转移以及代孕。

这些规定具体所保护的法益为何，目前尚不清楚。禁止生产胚胎并不能保护生命权，因此它（即胚胎）在这个时点甚至是不存在的，并不会因为这一禁令而变成存在的。如果认为人们想要保护不存在的实体（nicht-existente Entität）的人性尊严，那么，这种主张至少是需要特别的论证的。人们或许可以类推死者的人性尊严而认定《德国基本法》第1条第1款在胚胎形成之前

---

① 原核期，是指受精的开始阶段，它始于精子细胞进入卵细胞后约4个小时。此时，两个生殖细胞中会各自形成一个所谓的原核（Vorkern）。——译者注

② Vgl. *Beck*, in: Dabrock/Ried, Therapeutisches Klonen als Herausforderung, S. 209 ff.

27

28

29

30

的事前效力（Vorwirkung）。

31　　对于《胚胎保护法》第 1 条第 1 款第 3 项及第 4 项的禁令①，同样难以找到其他合理的法益。特别是，主张本项的保护法益是准妈妈的健康，并不能令人信服，因为它涉及胚胎植入数量的决定，准妈妈在原则上就能基于其自我决定权来决定（是否）危害她自己的健康。

32　　在探查该规定其他禁令的保护法益上，问题甚至更大。第 1 项、第 6 项（即第 1 种行为样态）、第 7 项禁止分裂母性（gespaltene Mutterschaft）②③。在此，仅有儿童的福祉（Kindeswohl）才被当作可能的保护法益。④ 不过，它难以证明，为何对于儿童来说，"从未存在"相较于"与一个角色被分裂的妈妈共同生活"是一个更好的选择。需要注意的是，根据《胚胎保护法》第 1 条第 3 款的规定，卵细胞或胚胎的来源方、（卵细胞或胚胎的）被转移植入方以及（潜在的）代孕妈妈均不可罚。

2.《胚胎保护法》第 2 条

33　　《胚胎保护法》第 2 条规定了对胚胎的处理。该规定禁止出于其他目的的胚胎使用，即任何非以维持胚胎存活为目的的使用行为。该条第 1 款具体规定，本法意义上的使用种类包括贩卖（Veräußerung）、交付（Abgabe）、取得（Erwerb）。但此种列举并非详尽无遗。除此之外，出于其他目的的使用也是被明确禁止的。

---

① 即在一个周期内使三个以上的卵细胞受精并转移。——译者注
② 顺带一提，第 2 项和第 5 项也涵盖了这项禁令。
③ 即导致基因上的妈妈和孕产妈妈不同一。——译者注
④ Vgl. *Keller*, FS Tröndle, 1989, S. 705 ff.

该条第 2 款明确规定，让胚胎在人体外继续发育的行为被认为是出于其他目的的使用，故而要加以禁止。

该规定的主要问题之一是，从该规定中无法得知，如何才能正确地处理那些"过剩的"胚胎——因为不可避免的是，在人工授精过程中偶尔会残存一些多余的胚胎，而医生必须采取某种方式来处理这些胚胎。法律上所容许的、实务上相关的行为方式似乎是让细胞自行死亡（Absterbenlassen der Zellen）。法律上所容许的胚胎领养（Embryonenadoption）在实务上并不可行。在胚胎死亡之后，允许对死亡的胚胎进行研究。 34

3. 胚胎植入前遗传诊断（《胚胎保护法》第 3a 条）

多年来，胚胎植入前遗传诊断（PID）[①] 的容许性备受争议。PID 是指使用基因方法来研究体外胚胎的遗传（组成）。举例而言，如果存在高度的单基因遗传疾病风险或染色体异常风险，就具备实施 PID 的表征。[②] 35

只要任何一个（胚胎）细胞具有全能性，就不允许从胚胎中提取出细胞来实施基因检测。长期以来，（在将胚胎植入女性体内之前）多能干细胞的提取与基因检测在刑法上的处理一直存在争议。[③] 36

[①] 关于 PID 的中文文献，参见薛智仁：《胚胎植入前遗传诊断之可罚性争议——评析德国法之新发展》，载《成大法学》2011 年第 21 期，第 95—141 页。——译者注

[②] Vgl. *Günther*, in: Günther/Taupitz/Kaiser, ESchG, Rn. 98.

[③] Vgl. *Erlinger*, in: Dierks/Wienke/Eisenmenger, Rechtsfragen der Präimplantationsdiagnostik, S. 67 ff.

37　　2011 年 12 月,《胚胎保护法》第 3a 条的引入①终结了关于 PID 的可罚性的讨论。该法律规定的（增订）诱因是德国联邦最高法院 2010 年的一个判决。在该案中,一名在 PID 领域工作的医生自首自己违反了《胚胎保护法》的规定,德国联邦最高法院作出了无罪的判决。② 该名医生对多对不同的夫妇实施了体外受精治疗 [in vitro Fertilisation (IVF)-Behandlung]。这种治疗通过体外受精能够实现他们的生育愿望。这些夫妇都有将遗传缺陷传给孩子的高度风险。

38　　结果是,德国联邦最高法院认定 PID 符合当时版本的《胚胎保护法》,因为根据《德国基本法》第 103 条第 2 款的规定,从《胚胎保护法》中并无法明确地提取出禁止 PID 的规定。整体流程是为了帮助妇女使其怀孕,据此,《胚胎保护法》第 1 条第 1 款第 2 项的可罚性并不成立。③

39　　新颁布的《胚胎保护法》第 3a 条的规定仍然一如既往地在原则上禁止 PID。在胚胎植入前对胚胎细胞进行基因检测的人都会被处以罚金刑或 1 年以下有期徒刑。不过,在已经确定的个案中,PID 并不具有违法性,因此是被容许的。此种容许关联到形式方面、程序法方面以及实体法方面的要件。

40　　新规定产生了大量的后续问题。尤其是禁令的射程范围,可谓备受争议,由于《胚胎保护法》第 3a 条第 2 款的例外构成要件

---

① Vgl. BGBl. 2011 I 2228 f.

② Vgl. BGH, NJW 2010, 2672 (2673); anders noch das KG Berlin, MedR 2010, 36 ff.

③ Vgl. BGH, NJW 2010, 2672 (2673).

（Ausnahmetatbestände）规定得很不精确，因此需要加以解释。从该规定中同样无法提取出独立的禁止目的，故而几乎无法实现"更多的法安定性"（mehr Rechtssicherheit）这一主要目的。① 对于医生而言，总是存在着不明确性和不安定性，医生因此必须去"测试"（austesten）规范的界限。② 另外，也有论者批评，如果将新规定置于全面的《生殖医疗法》（Fortpflanzungsmedizingesetz）中，将会更有意义。③

4. 其他的禁令（《胚胎保护法》第 3 条及以下条文）

《胚胎保护法》第 3 条规定，禁止根据胚胎的性别来筛选胚胎。本条规定旨在维护社会中自然的性别分布。 41

此外，《胚胎保护法》第 4 条禁止未经当事人的同意擅自让卵细胞受精、专断地将胚胎植入女性（体内）以及在男性死亡后让其精子对卵细胞进行授精。在此，首要保护的是当事人的自我决定权及其决定自由（Entscheidungsfreiheit），前述的最后一种禁令也会保护到儿童的福祉。 42

特别令人感兴趣的是《胚胎保护法》第 5 条、第 6 条，其禁止对拟植入的胚胎实施基因操纵（genetische Manipulation von zur Einpflanzung gedachten Embryonen）、克隆（Klonierung）以及植入克隆细胞（Einpflanzung von einmal klonierten Zellen）。 43

因此，通过《胚胎保护法》第 5 条，可以将（基因被修正的）后代的产生排除在外，无论这种基因操纵是为了治愈疾病还 44

---

① Vgl. *Kubiciel*, NStZ 2013, 382.
② Vgl. *Henking*, ZRP 2012, 20 (21).
③ Vgl. *Frister/Lehmann*, JZ 2012, 659 (667); *Kreß*, MedR 2013, 642.

是为了纯粹改善"健康的"胚胎。通过 CRISPR／Cas 技术可以实现此类操纵。不过,《胚胎保护法》第 5 条的保护法益为何,是存在疑问的,因为如果胚胎或后来出生的孩子在基因上得到治愈或改善,对他而言并没有不利的影响。因此,本条的保护法益原则上只能是防止此类操纵过程中已经存在的风险(Schutz vor den noch bestehenden Risiken einer solchen Manipulation)或人类基因的完整性(genetische Unangetastetheit der Menschheit)。[1]

45　　尤其是《胚胎保护法》第 6 条存在着问题,因为它一方面并未明确涵盖所有当下的自然科学流程,另一方面是自相矛盾的。如果将该规定结合《胚胎保护法》第 8 条的定义来看,它仅涉及细胞连接(Zellverbindung)。在细胞连接之前发生了细胞核融合。克隆并不必然是这种情形。不过,立法者明显想要禁止那些产生克隆细胞的行为。

46　　撇开这些不论,该规定的保护法益再次成为问题之所在。人们不能再次去主张克隆体的生命权,一方面是因为它们尚不存在,另一方面则是因为这将会与《胚胎保护法》第 6 条第 2 款的规定(禁止植入此类细胞)产生明显的矛盾。除非冷冻保存,否则的话,禁止植入将导致细胞的死亡。克隆体的人性尊严也将是一个有问题的法益,因为立法者在本条规定的第 2 款默示要求杀死它们——尽管仅能以一种不作为的方式。假设而言,如果它们是具有人性尊严的实体,此类禁止是否被允许,是存在疑问的。

---

[1]　参见 *Schroeder*, FS Miyazawa, 1995, S. 533 ff., 其以令人信服的理由提出,《胚胎保护法》第 5 条仅保护 "人属的纯洁维持"(Reinhaltung der Gattung Mensch)。这种有问题的概念表明,此类保护法益已经在朝着某个有问题的方向发展。

即便人们能够如此引用"人性尊严"，但由于该术语的模糊性，从"人性尊严"中推导出来的东西也是有问题的。

最后，《胚胎保护法》第7条禁止胚胎混合以及人类DNA和动物DNA的混合。总体而言，多次提及的人性尊严或许会再次受到保护。

5.《胚胎保护法》的其他条款

《胚胎保护法》的其他条款规定了只有医生才能实施的特定行为（第9条）、违反医生保留条款的后果（第11条）、无义务地协助医生实施特定的行为（第10条）、罚款（第12条）以及生效（第13条）。

（四）在国外（实施）的胚胎研究

如果德国医生和研究者与来自允许胚胎研究的国家的同事合作，在案件事实存在外国关联的情形下，也会有受刑罚的风险。根据《德国刑法典》第5条第12款，只要他们"作为公共职务上负有特别义务者在执行公务的停留期间犯罪或因公务关系而犯罪"，就要受刑罚，即便他们违反《胚胎保护法》（的罪行）发生在国外。根据《德国刑法典》第9条第2款第2句，只要参与行为发生在德国境内，参与国外犯罪的共犯（教唆犯或帮助犯）同样会受到惩罚。至于发生在国外的主行为是否会受到（外国犯罪地刑法的）处罚，在所不论。①

---

① Vgl. *Günther*, in: Günther/Taupitz/Kaiser, ESchG, C. II. Vor § 1, Rn. 16 ff.; *Hilgendorf*, FS Sootak, 2008, S. 91 ff.

五、《干细胞法》

(一) 根基及立法沿革

50 处理胚胎及干细胞研究的另一部法律是 2002 年 6 月 29 日的《与胚胎干细胞的进口和使用有关的胚胎保护确保法》(Gesetz zur Sicherstellung des Embryonenschutzes im Zusammenhang mit Einfuhr und Verwendung embryonaler Stammzellen,即《干细胞法》)。① 在其他国家成功分离出胚胎干细胞以后(胚胎干细胞在德国也被认为是有前途的研究素材),德国立法者才通过该法。② 部分德国研究者以及德国研究协会(Deutsche Forschungsgemeinschaft,DFG)指出了胚胎研究在德国的不明确情形:此类细胞的进口并未为《胚胎保护法》所涵盖。这些研究者想要的并不是简单地实施进口,而是明确的法律情形(Gesetzeslage),这引发了有关干细胞法的长期且激烈的辩论。

51 部分论者支持无限制的许可,部分论者则要求全面性的禁止。经过长时间的讨论,形成了一种折中方案,其主要特征是设置了一个"截止日期",最初是 2002 年 1 月 1 日。只有在截止日以前取得的干细胞,才被容许进口到德国。为此,可以确保德国不会成为一种诱因而共同作用于胚胎的毁弃。所有胚胎干细胞都来自

---

① Vgl. BGBl. I 2277 ff.
② 有关对干细胞研究成功前景的当前评估,参见北莱茵—威斯特法伦 (NRW) 干细胞研究能力中心的网站(www.stammzellen.nrw.de),访问日期:2021 年 4 月 1 日。

事先被毁坏的胚胎,而与德国的需求无关。

然而,在法律颁布之后的几年里,当研究人员发现原始截止日之前获得的干细胞在数量和质量上都不够充足时,《干细胞法》再次引起了人们的讨论。此外,在与国外的研究合作中,也存在着刑事风险。① 因此,德国立法者在 2008 年决定修正《干细胞法》,其将截止日期延长到 2007 年 5 月 1 日,并将刑事责任限缩在德国境内。

(二)《干细胞法》中的胚胎概念

《干细胞法》中的胚胎概念在用语上有别于《胚胎保护法》中的胚胎概念。《干细胞法》第 3 条第 4 款规定,胚胎是指"人类的全能干细胞,只要存在其他必要条件它就能分裂并发育成个人"。这一概念引发了问题,因为自然科学中并没有统一地使用"全能"这一概念。② 此外,即便统一使用,也几乎不可能清楚确定具体有哪些细胞是全能的。

人们甚至会将处于原核期的细胞看作全能的细胞,或进一步地将成年人的细胞(纳入其中),因为有很多迹象表明,如果存在有利的条件,人可以从体内的任何细胞发育而来。这清楚地揭示了,仅从全能的观点来推导出权利主体这一做法是不可行的。"全能"这一概念在很大程度上无法作规范性使用。③

(三)干细胞研究之申请

《干细胞法》的大多数条款规定了批准进口干细胞的形式和

---

① 对此,参见 *Hilgendorf*, ZRP 2006, 22 ff.。
② 另外参见《胚胎保护法》第 8 条。
③ Vgl. *Hilgendorf*, NJW 1996, 758(761)。

实体要件。实体的批准要件规定在《干细胞法》第 4 条、第 5 条，即细胞研究旨在实现"高位阶的"目的［即获取基础研究范围内的科学知识或扩展诊断、预防或治疗程序（用于人类的）方面的医学知识］，以及根据公认的科学和技术标准不存在替代方案。①

56　　形式的程序则规定在《干细胞法》第 6 条及以下条文中：干细胞研究者及研究小组必须向负责机构［即罗伯特·科赫研究所（Robert-Koch-Institut）］提出书面申请，其中必须包含以下的信息：

（1）研究项目负责人的姓名和工作地址；

（2）关于研究项目的描述，包括经过科学论证的说明，表明研究项目符合《干细胞法》第 5 条的要求；

（3）拟进口或使用的胚胎干细胞的文件，表明符合《干细胞法》第 4 条第 2 款第 1 项的要求；该文件等同于凭证，证明了：

（a）系争胚胎干细胞与在科学公认的、公众可进入的、由国家或州授权机构成立的登记处（Register）所登记的胚胎干细胞是同一的，以及

（b）通过登记，符合《干细胞法》第 4 条第 2 款第 1 项的要件。

57　　除这一行政程序外，《干细胞法》还另外设立了一个中央伦理委员会（Zentrale Ethik-Kommission），该委员会负责审查《干细胞法》第 5 条的实体要件以及研究项目的伦理适当性（ethische

---

① 关于实体要件，参见 *Taupitz*, in: Honnefelder/Streffer, Jahrbuch für Wissenschaft und Ethik, S. 336 ff. 。

Vertretbarkeit)。不过,《干细胞法》并未对伦理适当性的标准加以说明,这让该要素的解释变得相当困难。

(四)《干细胞法》中的可罚性

《干细胞法》的行政规则(Verwaltungsvorschriften)为《干细胞法》第13条所补充,该条规定,未经批准而进口胚胎和使用(在德国的)胚胎,应受到惩罚,法定刑为罚金刑或3年以下有期徒刑。

58

第八章
器官移植

一、导论

1   器官移植（Organtransplantationen）的目的是挽救生命或至少是改善器官接受者的生命质量。从这个视角来看，尽可能地准备器官以供移植，是有必要的。但是，在德国，器官一直非常短缺。目前，德国有大约 1 万人在等待捐赠器官的名单上，其中有 7 500 人正在等待肾脏。① 不过，在 2018 年，仅进行了 2 291 例的肾脏移植（包括活体捐赠）。② 在 2012 年，进行了 2 568 例。多年来，德国的器官捐赠者数量一直在下降：从 2010 年的 1 296 人到 2013 年的 876 人，再到 2017 年的 797 人。在 2018 年，该数字略有上升，增至 955 人（仅死后捐赠）。③

2   通过 1997 年 12 月 1 日生效的《器官移植法》，人们尝试提高

---

① Vgl. Stand 31. 12. 2018：DSO Jahresbericht (2018), S. 11.
② Vgl. DSO Jahresbericht (2018), S. 79.
③ Vgl. DSO Jahresbericht (2018), S. 9.

第八章　器官移植

可供移植的器官的数量。不过，在法律规定中，也必须要考虑到捐赠者的利益。对于器官活体捐赠（Organlebendspende）而言，尤其如此。人们应当确保，器官捐赠者不是出于经济原因而冒着健康风险，或是受到任何因素的影响。

但是，在死者器官捐赠的情形中，也必须要尊重死者的人格权，其仍然具有效力。死者无须承担无限制的社会义务，其人性尊严的回响禁止（他人）随意对其"开膛破肚"。通过《器官移植法》，已经死亡的器官捐赠者的利益可以在很大范围内得到（人们的）尊重。 3

在1997年的版本中，该法遵循的是所谓的"扩张的同意型解决方案"（erweiterte Zustimmungslösung），也就是说，只有在死者生前作出同意或家属表示同意的情形下，才能允许摘取器官。此一规定并非没有争议，并在最近再次成为政治改革讨论的主题，因为它给那些在等待名单上的人带来了负担。在其他的国家中，如奥地利、比利时和西班牙，适用的是（修正的）反对型解决方案〔（modifizierte）Widerspruchslösung〕，根据该解决方案，原则上是允许摘取器官的，除非它曾被反对或正被明显地反对。此一规定导致的结果是，有更多的器官可供支配。 4

不过，对器官的总量而言，其他因素也会起到重要作用。对我们而言，死后如何处理我们的身体仍然是一个禁忌话题。此外，配备重症监护室病床的医院似乎也扮演着重要的角色——如同立法者现在的看法那样①，因为器官紧缺还可以归因于以下的 5

---

① 参见本书第八章边码66a。

情形：医院无法以充分的方式去履行其协助义务（其在目前①既不会受到制裁，也不会得到奖励）。② 在2013年，人们发现有多家德国器官移植中心存在着操纵行为。③ 在那之后，捐赠者的数量就到达最低点。

6　　通过2012年《关于规定〈器官移植法〉中的决定解决方案的法律》（das Gesetz zur Regelung der Entscheidungslösung im Transplantationsgesetz）④，立法者修正了扩张的同意型解决方案（《器官移植法》第2条）。通过定期的协商和信息通知，公民被激励去处理自己的捐赠意愿问题。每一个有健康保险的人（16周岁以上）会收到医疗保险公司的来信，并被要求作出自愿的决定（《器官移植法》第1条、第2条）。因此，器官及组织捐赠的自由原则得到了保留。将来，除器官捐赠卡（Organspendeausweis）外，人们也可以诉诸电子健康卡（elektronische Gesundheitskarte）来存储可能作出的决定。

二、器官移植的历史

7　　器官移植的历史始于20世纪初期对狗的肾脏移植。1954年，首次发生了对人（同卵双胞胎）的肾脏移植；1963年，进行了第一次的肺移植；1967年，克里斯蒂安·巴纳德（Christiaan

---

① 但是，关于有计划地改善器官摘取医院的经济条件，参见本书第八章边码66a。
② Vgl. *König*, in: Schroth/König/Gutmann/Oduncu, TPG, § 11, Rn. 18.
③ 参见本书第八章边码49及以下内容。
④ Vgl. BGBl. 2012 I 1504 ff.

第八章　器官移植

Barnard）在开普敦首次成功地实施了心脏移植。① 如今，肾脏、肝脏和心脏移植已经司空见惯，且可以在不存在巨大风险的情形下实施。2018 年，共有 2 291 个肾脏、877 个肝脏、318 个心脏以及 375 个肺被移植。② 此外，也有其他的器官（如胰腺和小肠）被移植。

三、《器官移植法》的意义

器官移植（活动）受到《器官移植法》的规制。经过极富争议的讨论和漫长的准备，该法于 1997 年 12 月 1 日生效。立法者首先面临的问题是，人们在德国应以反对型解决方案为基础，还是应以同意型解决方案为基础。在反对型解决方案中，通常允许从死者身上摘取器官，除非死者生前明确反对器官摘取或其亲属反对器官移植。③ 与此相反，同意型解决方案要求死者或其家属的明确同意。④

另一个主要争论点则是，可否将死亡等同于人类的脑死（Hirntod），以及法律是否应明确地将脑死作为死亡标准⑤。带着这些问题，立法者踏入了法律的新天地，并为器官移植创设了长期被需要的行为框架。到那时为止所存在的法不安定性——毕竟

8

9

---

① Vgl. *Dettmeyer*, Medizin & Recht, S. 236.
② Vgl. DSO Jahresbericht（2018），S. 75.
③ 扩张的反对型解决方案，参见本书第八章边码 22。
④ 扩张的同意型解决方案，参见本书第八章边码 24。
⑤ 参见本书第八章边码 13 及以下内容。

器官移植已经进行了大约 30 年——被消除了。因此，《器官移植法》是近几十年来最重要的健康政策改革项目之一。

四、《器官移植法》的适用范围

10 　　《器官移植法》区分了活者器官摘取和死者器官摘取。在 2007 年以前，它适用于人类器官、器官部分及组织的捐赠和摘取［《器官移植法》第 1 条第 1 款（旧法）］。随着（立法者）通过 2007 年 8 月 1 日生效的《组织法》（Gewebegesetz）来转化欧盟关于组织的法律指令（即 2004/23/EG），立法者在概念上区分了器官和组织。这导致的结果是，组织仅在特定的前提条件下才会受到《器官移植法》的规制。不过，《药物法》中所作出的新规定（相关部分）更为重要。立法者考虑到组织移植领域的商业化趋势（Kommerzialisierungstendenzen）而将其归入《药物法》中。① 此外，（《器官移植法》的）适用范围也被扩张到胚胎和胎儿的器官和组织（《器官移植法》第 4a 条）、骨髓（《器官移植法》第 8a 条）以及卵细胞和精子细胞（《器官移植法》第 8b 条）。《器官移植法》仍然不适用于对血液和血液组成部分的抽取（《器官移植法》第 1 条第 3 款第 2 项）。除此之外，根据《器官移植法》第 22 条的规定，《胚胎保护法》和《干细胞法》中的特殊规定不受影响。

11 　　在《器官移植法》第 1a 条中，立法者对"器官"和"组织"

---

① Vgl. *Hellweg/Beitz*, in: MAH MedR, § 13, Rn. 3 ff.

概念作出了定义：器官（Organe）是指除皮肤以外的、由不同的组织所形成的人体部分，其在构造、血管供应和生理功能执行能力方面形成一个功能性单元，包括了器官部分和个别的器官组织[它们在使用目的上与人体的整个器官相同（《器官移植法》第1a条第1项）]。器官包括了肾脏、肝脏、心脏和小肠等。

组织（Gewebe）是由细胞形成的所有人体组成部分，其不是《器官移植法》第1a条第1项中的器官，包括了个别的人体细胞（《器官移植法》第1a条第4项）。举例而言，可被移植的组织包括角膜、骨骼和软骨。

五、死后器官捐赠的要件

（一）捐赠者的死亡——脑死作为死亡标准

死后器官捐赠的基本前提首先是器官捐赠者的死亡。在法律上，可以区分为三个问题：第一，何为死亡（关于死亡定义的问题）？第二，人在何时死亡（关于死亡标准的问题）？第三，如何确定死亡（关于确定程序的问题）？①

根据《器官移植法》第3条第1款第1句第2目的规定，死亡必须按照与医学的知识水平相应的规则来确定。在此，根据《器官移植法》第3条第2款第2项，必须确定大脑、小脑和脑干的功能已经终局地、不可修复地丧失了。因此，尽管法律没有明确将脑死作为死亡标准，但将脑死视为从死者身上摘取器官的最

---

① Vgl. *Schroth*, in: Schroth/König/Gutmann/Oduncu, TPG, Vor §§ 3, 4, Rn. 21.

低标准。

15　　这并非没有争议。从医学的角度来看，死亡是一个过程，因为人体的所有部分并非同时死亡，而是会取决于不同的缺氧耐受性（Sauerstoffmangeltoleranz）。在心搏停止之后，才会出现脑死，然后是器官死亡、组织死亡和细胞死亡。因此，不可逆转的心搏停止会不可避免地导致人的死亡。不过，随着医学技术的进步，即便作为中央控制器官的脑已经死亡了，也可以人为地维持血液循环。考虑到脑死和心搏停止之间的时间迟延，人们称之为分离性脑死（dissoziierter Hirntod）。①

16　　问题在于，有机体的其他部分仍然存活。这引发了一个问题，即人的生命是否已经因为脑死而消失。自从1967年将脑死作为死亡标准引入以来，这一直是有争议的，它也是1995年和1996年关于《器官移植法》的讨论中的核心问题。人们普遍认为，整个大脑不可逆转地停止（运作）在医学上可以被毫无疑问地确定下来，以及脑的停止（运作）事实上是终局的。不过，脑死的批评者指出，人们之所以提出将脑死作为死亡标准，仅仅是因为要处理昏迷病患的治疗中止问题（此一问题在20世纪60年代随着重症监护医学的进步而形成）以及满足对供体器官的需求。② 按照医学外行人的理解，已经脑死的病患从表面来看也不是尸体，因为人们通常将尸体与冰冷的、无生命的躯骸关联在一起。

17　　脑死观念主要是通过这种方式证立的，即由于大脑不可逆转

---

① Vgl. *Schroth*, in: Roxin/Schroth, MedStrafR-HdB, S. 448 ff.
② Vgl. *Dettmeyer*, Medizin & Recht, S. 240.

地停止运作，人已经无可挽回地丧失了其核心控制器官。他不再具有那些（能够形成人的）能力，即感知环境和自身的能力以及感受痛苦的能力。他的意识已经不复存在。如果整个大脑遭到了不可修复的破坏，身体就丧失了其核心控制系统，只能通过人工辅助手段来维持身体其余部分的生命。因此，脑死会使人到达一个无法回头的（时）点。根据《器官移植法》第3条第1款第1句第2项，脑死的确定必须根据医学规则进行。根据《器官移植法》第16条第1款第1项，这些医学规则为联邦医生协会的准则所确定。

（二）死后器官捐赠的规制模式

关于死后器官捐赠，人们可以想到不同的规制模式。以下简要概述最为重要的规制模式，因为它们最近再次成为政策改革讨论的重点：

1. 反对型解决方案

（严格的）反对型解决方案（Widerspruchslösung）认为，人们总是会同意器官移植，除非死者生前明确提出反对。因此，生前不反对被解释为对器官摘取的同意，后者可以正当化对死者人格权的干预。反对型解决方案为许多欧洲国家所采用，如卢森堡、奥地利、西班牙、葡萄牙、斯洛伐克、波兰和匈牙利。

这种解决方案的好处在于，它可以提高可供移植的器官的数量，因为那些在其一生中没有考虑过器官捐赠的人都会自动成为捐赠者。此外，国家的宣传措施似乎也扮演着重要角色：在捐赠意愿非常高的西班牙和克罗地亚，人们开展了广泛的器官捐赠宣传活动。2016年，在西班牙每100万居民中就有46.9名器官捐赠者，在比利时则是 33.6 名。① 在德国，每 100 万居民中只有 9.7 名器官捐赠者（2018 年的数据）。但是，不能从国际比较中自动地得出关于（由国家组织的）器官捐赠的效率性的结论。需要注意的是，这些不是调整后的数据，因此，在器官捐赠者数量的说明上，并没有考虑到人口的年龄结构差异等事项。②

21　　不过，反对型解决方案在宪法上是值得商榷的，因为捐赠者消极的自我决定权（Recht auf negative Selbstbestimmung）受到了干预。是否容许此一干预，必须在比例原则的审查框架内加以说明。尽管接受者的"生命"和"身体完整性"法益更为重要，但是，此一干预的必要性是存在疑问的，因为通过限缩的同意型解决方案（这是一种温和得多的手段）也能找到器官捐赠者。③ 此外，反对型解决方案与一般的法律原则（即沉默不等于同意）相冲突。

22　　扩张的反对型解决方案（erweiterte Widerspruch-slösung）则是将反对的可能性扩张到死者的家属，他们同样可以反对器官的摘取。因此，虽然严格的反对型解决方案遭到了弱化，但还是存在一个问题，即严重地干预了仍然有效的死者人格权。

2. 同意型解决方案

23　　（严格的）同意型解决方案（Zustimmungslösung）则是以器官捐赠者生前以书面或口头的形式明确作出的同意为要件。在其他情形下，则不允许摘取器官。通过严格的同意型解决方案，人们

---

① Vgl. DSO Jahresbericht (2018), S. 66.
② Vgl. BT-Drs. 16/12554, S. 12.
③ Vgl. *Weber/Lejeune*, NJW 1994, 2392 (2395).

(一方面)可以尽可能地考虑死者的自我决定权。另一方面,此一规定会导致一个相当低的捐赠量。从德国器官移植基金会(Deutsche Stiftung Organtransplantation,DSO)2018年的统计数据来看,在德国只有14%的器官捐赠者事先以书面的形式来记录其器官捐赠意愿。在27%的事例中,意愿是通过口头的形式来表明的。①

扩张的同意型解决方案考虑到了这一问题。据此,除死者之外,如果死者没有作出书面协议,且(家属的)同意与死者假定的意愿相符,死者的家属在死者死亡之后也可以承诺摘取器官。2018年,在德国的所有器官移植中,17%是基于家属的同意实施的,42%是基于死者的假定意愿实施的。②

通过该规定,死者的自我决定权得以确保,因为亲属在通常情形下会按照死者的意思作出决定。赞成扩张的同意型解决方案的另一个理由是,在德国基本上存在着一股很强烈的捐赠意愿。联邦健康教育中心在2018年实施的一项调查表明③,84%的受访者普遍对器官和组织的捐赠持积极的态度。

3. 说明型解决方案

在(采用)说明型解决方案(Erklärungslösung)的情形下,每一名公民在其一生中都有义务表明,他是否想要捐赠其器官抑或反对摘取器官。此一做法的好处是,在任何情形下,当事人的自我决定权均能得到保障,因为他本人决定了器官捐赠。这

---

① Vgl. DSO Jahresbericht (2018), S. 59.
② Vgl. DSO Jahresbericht (2018), S. 59.
③ Vgl. https://www.organspende-info.de/sites/all/files/files/Infoblatt%20Organspende_180528_Final.pdf (letzter Abruf: 11. 2. 2019).

种困难问题不再像扩张的同意型解决方案那样被转移给近亲属，后者往往无法处理这种情形。但是，此一模式的问题在于，要求作出这样一项声明，可能会干预到消极的信仰自由和良心自由（《德国基本法》第 4 条）。《德国基本法》第 4 条不仅保障信仰自由和良心自由的积极行使，也为自由的消极行使（即无须揭露个人、宗教或意识形态上的确信）提供保护。

4. 通知型解决方案

27 通知型解决方案（Informationslösung）的设计类似于反对型解决方案。在欠缺反对的情形下，原则上认为（死者）有捐赠器官的意愿。但是，必须告知亲属计划中的器官摘取，不过，他们无权提出异议。因此，即便亲属自身不同意摘取，他们也无法加以阻止。在此会出现的问题与反对型解决方案的问题相同。①

5. 紧急避险型解决方案

28 按照紧急避险型解决方案（Notstandslösung），在存在阻却违法的紧急避险（《德国刑法典》第 34 条）要件的情形下，为移植而摘取器官的行为可以被正当化。在这些情形下，器官摘取行为是被容许的，即便供体曾反对摘取行为。《德国刑法典》第 34 条的要件是，器官接受者的身体或生命正遭受着危险，且无法通过其他方式来回避这种风险。此外，《德国刑法典》第 34 条还要求，器官接受者受保护的法益（即其生命或健康）远远超过器官捐赠者的、受干预的法益。如果涉及的是死者器官捐赠，那么，器官接受者的利益在通常情形下"大得多"，尽管死者的人

---

① 参见本书第八章边码 21 及 22。

性尊严仍然具有效力。因此,诉诸紧急避险此一方式"对(器官)移植相当友好"。

概览 16:死后器官捐赠的规制模式

反对型解决方案	**严格的反对型解决方案** 认定(死者)同意捐赠器官,除非他明确作出反对。
	扩张的反对型解决方案 反对可能性扩张至死者的家属。
同意型解决方案	**严格的同意型解决方案** 捐赠的要件是死者生前以书面或口头形式明确作出同意。
	扩张的同意型解决方案 除了死者,死者的家属也能在其死亡之后承诺摘取器官。
说明型解决方案	每一名公民在其一生中都有义务表明,他是否想要捐赠其器官抑或反对摘取器官。
通知型解决方案	在欠缺反对的情形下,认为(死者)有捐赠器官的意愿,但必须将这件事告知亲属。不过,亲属无权提出异议。
紧急避险型解决方案	当存在阻却违法的紧急避险(《德国刑法典》第34条)要件时,为移植而摘取器官可以被正当化,即便存在反对。

(三)《器官移植法》第 3 条、第 4 条的现行规定

《器官移植法》第 3 条、第 4 条会排挤《德国刑法典》第 34 条(的适用)。因此,未经同意的器官摘取行为无法通过《德国刑法典》第 34 条来阻却违法。根据《器官移植法》第 3 条第 1 款第 1 项,只有在器官捐赠者同意的情形下才允许摘取器官。如果不存在书面的承诺或书面的反对,根据《器官移植法》第 4 条第 1 款的规定,首先要询问近亲属,是否知道器官捐赠者的意愿。只有在这些情形之外,亲属才能作出决定,其在决定过程中要注

重死者的假定意愿（《器官移植法》第 4 条第 1 款）。因此，现行法采用了扩张的同意型解决方案。《器官移植法》第 1a 条第 5 项规定了近亲属的位序，即配偶或生活伴侣、成年的孩子、父母、成年的兄弟姐妹及祖父母。《器官移植法》第 4 条第 2 款第 3 句中，规定了同位序亲属之间的关系。如果其中一人根据《器官移植法》第 4 条第 1 款被牵扯进来并作出决定，只要其他人未加以反对，就足够了。明显与死者具有亲密关系的人，等同于亲属（《器官移植法》第 4 条第 2 款第 5 句）。

六、参与方

31 　《器官移植法》在组织和个人上可以分成器官摘取、器官中介以及器官移植三个方面。

（一）器官摘取医院

32 　器官摘取医院（Entnahmekrankenhäuser）的任务是确定潜在的捐赠者。如果确定病患已经脑死，则必须立即向部门协调机构报告（《器官移植法》第 9a 条第 2 款第 1 项）。

（二）器官移植受托人

33 　自《器官移植法》2012 年修订以来，每一家器官摘取医院都必须任命一名器官移植受托人（Transplantationsbeauftragte）。《器官移植法》第 9b 条第 2 款中规定了器官移植受托人的职责。特别是，器官移植受托人对以下内容承担责任，即器官摘取医院根据《器官移植法》第 9a 条第 2 款第 1 项履行其义务，并向部门协调此外，器官移植受托人的工作还包括，以适当的方式陪同家属，以及确保器官摘取医院的职责和行为流程有被规定下来。医生和护理人员应定期被告知器官捐赠的重要性和程序（《器官移植法》第9b条第2款第2项至第4项）。此外，器官移植受托人必须评估所有具有原生性脑损伤或继发性脑损伤的死亡案例（要对违反《器官移植法》第9a条第2款第1项的原因或其他反对器官移植的原因加以特别的考察），必须每年将其调查结果告知器官摘取医院的管理人员。

（三）器官移植中心

根据《器官移植法》第10条第1款第1句的规定，器官移植中心（Transplantationszentren）是指获准实施器官移植的医院。器官的摘取是在器官摘取医院即时进行的（《器官移植法》第9条第1款），而器官的移植只能发生在器官移植中心[①]（《器官移植法》第9条第2款第1句）。器官移植中心还负责等待名单的管理以及入院决定（《器官移植法》第10条第2款第1项、第2项）。除此之外，它的任务还包括了器官移植的完整记录（《器官移植法》第10条第2款第1句第5项）、对器官接受者的心理照料（《器官移植法》第10条第2款第1句第7项）以及执行质量（保障）措施（《器官移植法》第10条第2款第1句第8项）。

（四）部门协调机构

每一次的器官捐赠都必须在部门协调机构（Koordi-

---

① 当前，在德国有46家经核准的器官移植中心，参见DSO Jahresbericht (2018), S. 44。

nierungsstelle）的参与下进行（《器官移植法》第 9 条第 2 款）。通过合同，德国器官移植基金会（作为民法上的基金会）受托实施这项任务。①

37　　部门协调机构组织各方在摘取和移植死者器官上的合作。根据《器官移植法》第 11 条第 1a 款的规定，它必须组织好合作（以从死亡的捐赠者那里摘取器官）以及器官移植过程中除器官协调以外的所有必要措施，从而充分利用器官捐赠的现有可能性以及（通过摘取和提供合适的捐赠器官）尽可能地降低器官接受者的健康风险。

（五）器官协调机构

38　　仅当器官协调机构对其加以协调时，需加以协调的器官［Vermittlungspflichtige Organe，《器官移植法》第 1a 条第 2 项]② 才能被移植。

39　　器官协调机构的任务已经被委托给了荷兰法上的私人基金会"欧洲器官移植"（Eurotransplant）。除了来自德国的器官，它还协调来自奥地利、荷比卢三国、克罗地亚、匈牙利和斯洛文尼亚的器官。通过此一共同联结，病患有更大的机会获得免疫学上合适的器官。③

40　　《器官移植法》第 12 条规定了器官协调机构的职责——应按

---

① 除位于法兰克福的中心外，还有 7 家德国器官移植基金会（地方），参见 DSO Jahresbericht (2018), S. 28。

② 所谓的"需加以协调的器官"是指，根据《器官移植法》第 3 条（经捐赠者承诺的摘取）或第 4 条（经其他人同意的摘取）所摘取的器官，如心脏、肺、肝脏等。——译者注

③ Vgl. DSO Jahresbericht (2018), S. 43.

第八章　器官移植

照确定的标准将器官分配给在等待名单上的病人。这些标准因器官而异。成功前景（Erfolgsaussicht）和紧迫性（Dringlichkeit）居于重要的地位。联邦医生协会为德国发布了器官协调指南。①

（六）联邦医生协会

联邦医生协会（Bundesärztekammer，BÄK）在器官移植领域中最重要的任务是制定指南（医学知识水平在指南中被确定下来）。它们没有直接的法律效力。但如果人们遵守了联邦医生协会的指南，则可以认定其遵循了医学知识水平（《器官移植法》第16条第1款第2句）。

似乎存在问题的一点是，由于立法的节制，绝大多数的决定是在指南中作出的，特别是关于等待名单的列入标准（《器官移植法》第16条第1款第1句第2项）以及器官协调的规定（《器官移植法》第16条第1款第1句第5项）。在此，它不仅描述了医学标准，还分配了生命机会，而生命机会的分配原则上应保留给具有民主正当性的立法者，才能符合《德国基本法》第20条第2款的规定②。③

（七）委员会

不同的委员会负责审查法律条文的遵守（情况）：

监督委员会（Überwachungskommission）根据《器官移植法》第11条第3款的规定负责审查部门协调机构（即DSO）以及器官摘取医院和器官移植中心。这些机构有义务提供信息并转发信息。

---

① Abrufbar unter：http：//www.bundesaerztekammer.de/richtlinien/richtlinien/.
② 《德国基本法》第20条第2款规定："所有国家权力来自人民。通过公民选举和投票以及立法、行政和司法机关行使国家权力。"——译者注
③ Vgl. *Höfling*，JZ 2007，481（483）.

47

概览 17：参与方

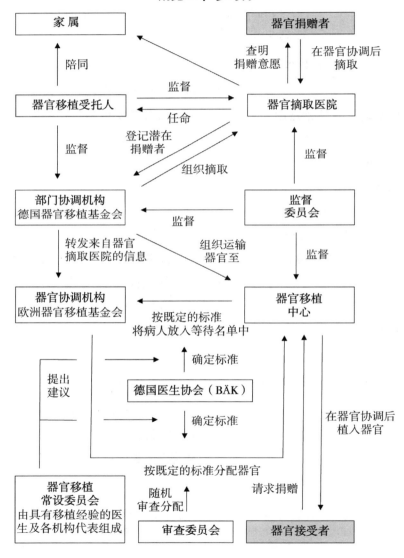

根据《器官移植法》第 12 条第 5 款的规定，审查委员会（Prüfungskommission）会定期随机审查欧洲器官移植基金会是否根据法律和合同条文作出器官协调决定。在此，器官移植中心和欧洲器官移植基金会也有信息提供义务。

器官移植常设委员会（Ständige Kommission Organtransplantation，StäKo），是由具有移植经验的医生以及各器官移植机构的代表所组成的，该委员会针对器官捐赠、协调和移植的原则和指南提出建议。

七、器官捐赠的流程

自 2000 年以来，器官捐赠一直是由德国器官移植基金会协调的。器官移植按照以下步骤进行：

步骤一，医院的重症监护室向德国器官移植基金会报告可能的捐赠者。脑死由两名医生诊断并记录在案。

步骤二，脑死之后，与死者的家属进行对话，通常由主治医生进行。德国器官移植基金会的协调员也经常参与其中。

步骤三，如果满足摘取器官的所有法律要件，将对捐赠者进行详细检查。尤其要查明的是，他是否曾经患有疾病，如传染病或肿瘤疾病，这些疾病会危及器官移植的成功。

步骤四，将所取得的医疗数据转发给位于荷兰莱顿的国际器官协调机构——欧洲器官移植基金会。该基金会开始协调所捐赠的器官。

步骤五，如果找到了合适的器官接受者，且收到（器官）协调决定，则可以在德国器官移植基金会的组织下进行器官摘取。然后，器官会被运到各器官移植中心。器官捐赠者的身体可以被缝合，并下葬。

步骤六，在器官移植中心，将器官植入接受者（体内）。

八、器官移植丑闻

49　　因为对等待名单的操控行为，"器官捐赠"这一议题再次成为公众关注的焦点。特别是在可能后果、预防措施和《器官移植法》的修正上，人们展开了深入的讨论。

（一）案件事实

50　　2012年和2013年，人们发现在德国的一些诊所中（特别是在雷根斯堡、哥廷根、莱比锡和慕尼黑），通过操纵疾病状态和相关值说明，能帮助病患使其在等待名单中处于更好的位置。特别是，假称要实施透析或伪造血液样本。此外，在规定的戒酒期（时长为6个月）届满之前①，病患也被列入等待名单中。② 这导致病患在捐赠者器官等待名单上的排名位次得到提升。

51　　2014年，在收到自首之后，（有关机关）以涉嫌操纵等待名单为由针对柏林的心脏中心展开了调查。在2012年的器官捐赠丑闻（Organspende-Skandal）后成立的审查委员会发现了这些操纵行为。据此，他们假称大约有30名病患正服用高剂量的特定处方

---

① 在进行器官移植（特别是肝脏移植）前，一般需要戒酒6个月。——译者注
② Vgl. *Hellweg/Beitz*, in: MAH MedR, § 13, Rn. 6.

药，这表明（他们的）健康状态非常危险。因此，这些病患在等待名单上的位置非常靠前。①

显然，实施操纵的原因并不是来自病患的经济资助或对私人病患的偏好（相较于具有法定医疗保险的病患）。除利他目的外，各器官移植中心［以目标协议（Zielvereinbarungen）的形式］对负责医生的经济刺激（finanzielle Anreize）也是具有决定性的。②

（二）法院的处理

这些案件在刑法上的处理仍在进行中。它们揭示了现行《器官移植法》中的一些根基性问题和模糊之处。

这些已知的案件并无法被归为《器官移植法》第17条、第18条中的"器官交易"（Organhandel）。德国医生协会审查后认为，没有人因为（病患）在器官分配中受到优待而要求支付或支付金钱。如果篡改医疗记录的目的是取得器官并为具体的器官移植收取特殊奖励（Sonderboni，医院一般会针对每一次的器官移植支付奖励），此时是否存在刑法上重要的器官交易（根据《器官移植法》第17条第1款结合同法第18条），是存在疑问的。③ 毋宁说，只有当医生为器官分配过程中的优待收受额外的报酬（可证明）时，才能说这是可刑罚的器官交易。④

52

53

54

---

① Zitiert nach: *Küpper*, Neuer Transplantationsskandal. Staatsanwaltschaft ermittelt wegen versuchten Totschlags, FAZ vom 22. 8. 2014, abrufbar unter: www.faz.net/-guw-7t0kb (Stand: 6. 2. 2019).
② Vgl. BT-Drs. 17/13897, 1 ff.
③ 否定性见解，参见 *Schroth*, NStZ 2013, 437 (445 f.).
④ Vgl. *Kudlich*, NJW 2013, 917 (919).

55　　该行为同样无法涵摄到《器官移植法》第 19 条的先前规定中，因为立法者并没有考虑到现在的案例类型。自 2013 年 8 月 1 日起才存在的、《器官移植法》第 19 条第 2a 款中的刑罚条款（为"故意不正确地提出、记录和传达器官分配所必要的信息"设置了刑罚）因为回溯禁止而无法适用于系争案件中。① 因此，依据《器官移植法》的可罚性不列入考虑之中。

56　　因此，人们只能考虑《德国刑法典》构成要件的可罚性。该行为给那些在等待名单上居于不利地位的人带来负担，可以考虑成立杀人罪。问题首先出在结果发生（潜在被害人的个别化）、因果关系、故意的可证明性方面以及归责方面。② 因此，在通常情形下，仅会涉及未遂犯罪。

57　　此外，可以考虑《德国刑法典》第 278 条制作不实健康证明罪（Ausstellen unrichtiger Gesundheitszeugnisse）的可罚性。但是，将私人成立的非营利性基金会（根据荷兰法）"欧洲器官移植"归为《德国刑法典》第 278 条意义下的"行政机关"（Behörde），似乎是存在问题的。③ 此种解释会违反《德国基本法》第 103 条第 2 款的类推禁止（Analogieverbot）。无法将《德国刑法典》第 267 条及第 268 条（伪造文书罪及伪造技术性标记罪）的可罚性纳入考量，因为这些构成要件并不保护文书内容的正确性。

---

① Vgl. *Rissing-van Saan*, NStZ 2014, 233 (238).
② Vgl. hierzu insbes. *Schroth*, NStZ 2013, 437 ff.; *Kudlich*, NJW 2013, 917 ff.; *Rissing-van Saan*, NStZ 2014, 233 ff.
③ Vgl. *Schroth*, NStZ 2013, 437 (446 f.).

第八章 器官移植

事件曝光后 3 年多以来，器官移植丑闻中的第一个案件被宣判无罪。2015 年 5 月，哥廷根地方法院（LG Göttingen）针对哥廷根大学附属医院的前器官移植手术科负责人的杀人未遂指控作出了无罪判决。① 按照道德价值观点，与实施肝脏移植相关的操纵是不被容许的，但在当时是不可罚的。② 检察官要求判处 8 年有期徒刑以及终身的职业（作为器官移植科医生）禁止。德国联邦最高法院在 2017 年 6 月确认了被告人的无罪。③ 无罪（判决）的作出是基于以下的案件事实④：

58

> 在登记完供体肝脏之后，欧洲器官移植基金会会为此肝脏创建一个"匹配表"（Match-Liste），表上按照紧急程度列出潜在的接受者。那些正处在生命危险情形中的病人会被优先考虑。此外，紧急程度是通过所谓的"MELD（终末期肝病模型）评分"来确定的，分数是根据三个血液值计算得出的。⑤ 从统计学的角度来看，"MELD 评分"越高，很快死亡的可能性就越大。但是，并非在任何一个案件中都能用"MELD 评分"可靠地算出器官移植的实际紧急程度。在一些案件中，被告人向欧洲器官移植基金会提供了与（实际并未发生）肾脏替代治疗有关的虚假信息，提高了病患的

58a

---

① Vgl. LG Göttingen, Urt. v. 6. 5. 2015 -6 Ks 4/13.
② Vgl. LG Göttingen, Urt. v. 6. 5. 2015 -6 Ks 4/13, Rn. 53.
③ Vgl. BGH, NStZ 2017, 701.
④ Vgl. BGH, NStZ 2017, 701.
⑤ MELD 是英语"Model for Endstage Liver Disease"（终末期肝病模型）的简称，德语为"Modell für Lebererkrankungen im Endstadium"。终末期肝病模型（MELD）是以肌酐、国际标准化比值（INR）、胆红素结合肝硬化病因来评价慢性肝病患者肝功能储备及预后的评分系统。——译者注

"MELD 评分",并最终将所需的供体肝脏植入病患体内 [操纵案(Manipulationsfälle)]。在另外两个案件中,被告人将病患纳入等待名单中并实施了器官移植手术,尽管病人还没有度过长达 6 个月的戒酒期——此为德国医生协会的指南所要求 [等待名单案(Wartelistenfälle)]。考虑到病患的生命危险状态,肝脏移植实际上一直是很紧急的。

58b 德国联邦最高法院对于以下的问题并未作出回答,即定罪之所以失败,是否是因为《器官移植法》的条文仅仅被理解为器官分配过程中客观公正原则的一种表述,而非旨在阻止杀人不法。① 德国联邦最高法院所倾向的见解是那种在未来的程序中具有意义的见解。在具体的案件中,等待名单案是不可罚的,杀人未遂无法成立,因为《器官移植法》并未包含任何充分明确的授权(Ermächtigung)来为酒精病患规定严格的排除要件。② 此外,即便根据"医学知识水平",戒酒期条款也是无法被正当化的,因为在酒精成瘾有可能复发的情形下,肝脏移植也是有成功希望的。③ 在操纵案中,德国联邦最高法院同样对此表示怀疑,即违反确定"MELD 评分"的规定可以证立杀人不法。④ 起到决定性作用的是,被告人不具有杀人故意。杀人故意的前提要件是,被告人认为,对于那些在等待名单上"被越位的"病患而言,几乎可以肯定如果没有供体器官,他们就会死亡,而移植器

---

① Vgl. BGH, NStZ 2017, 701 (702).
② Vgl. BGH, NStZ 2017, 701 (703).
③ Vgl. BGH, NStZ 2017, 701 (703 f.).
④ Vgl. BGH, NStZ 2017, 701 (704 f.).

官能延长生命。① 不过，不能因为被告人知道每一个病人有大约5%至10%的死亡危险（死于器官移植中或在器官移植后立即死亡）就得出其具有杀人故意。② 对于杀人故意的否定，学说主要从教义学上的论证（而非结论方面）提出批评。③ 该判决可能会影响到对器官移植医生所提出的其他未决的指控。

（三）立法者的反应

立法者仅通过零星的新规定来对上述丑闻作出回应。对于（从宪法的视角来看）具有多重不足的规制体系而言，立法者没能实现根本性的新规定，即便人们已经多次提出这种要求。④

通过《消除疾病保险保费欠缴者社会负担法》（Gesetz zur Beseitigung sozialer Überforderung bei Beitragsschulden in der Krankenversicherung）⑤，《器官移植法》第 10 条、第 16 条及第 19 条遭到了修改。《器官移植法》第 10 条第 3 款第 2 句现在禁止不实地提出或记录病人的健康状态（第 1 项）或在报告过程（根据《器官移植法》第 13 条第 3 款第 3 句）中不实地传达病人的健康状态（第 2 项）。根据《器官移植法》第 19 条第 2a 款的规定，蓄意违反《器官移植法》第 10 条第 3 款第 2 句的规定，将被处以 2 年以下有期徒刑或罚金刑。

---

① Vgl. BGH, NStZ 2017, 701 (706).
② Vgl. BGH, NStZ 2017, 701 (706).
③ 关于教义学上的批评，参见 *Hoven*, NStZ 2017, 707；*Kudlich*, NJW 2017, 3255。
④ Vgl. *Lang*, in: Höfling, TPG, § 10, Rn. 58.
⑤ Vgl. BGBl. 2013 I 2423 ff.

61　　该规定所涉及的是抽象危险犯（abstraktes Gefährdungsdelikt），因为所处罚的行为先于法益侵害。① 该罪并不以结果（即法益的实际受损）为要件。根据立法理由，犯罪行为包括了交换血液样本（与检验结果的传达相关）、伪造治疗（如透析）或隐瞒禁忌证。通过此一新规定，可以重建国民对器官捐赠系统纯粹性（Lauterkeit des Systems der Organspende）的信赖，从而稳固国民的捐赠意愿。②

62　　此外，《器官移植法》第 16 条（其建立了德国医生协会的发布指南权限）也遭到了修正。在操纵事件曝光之前，人们多次要求，德国医生协会根据《器官移植法》第 16 条发布的指南必须得到批准（Genehmigung），因为它和基本权利有着极大的关联。从现在开始，《器官移植法》第 16 条第 3 款规定，必须向联邦卫生部提交（根据《器官移植法》第 16 条第 1 款所作出的）指南及其修正，以获得批准。

63　　另外，根据《器官移植法》第 16 条第 2 款第 2 句，必须制定指南。特别是，必须以一种易于理解的方式来确定医学知识水平。该要求旨在提高德国医生协会指南实践的透明度。德国医生协会的指南活动在民主上的正当性欠缺（demokratisches Legitimationsdefizit）至少能在这一举措中得到弥补。不过，立法者所作出的修正努力还是被认为是不充分的。③《器官移植法》的零星修正不会

---

① *Bernsmann/Sickor*, in: Höfling, TPG, § 19, Rn. 111.
② Vgl. *Lang*, in: Höfling, TPG, § 10, Rn. 61.
③ Vgl. *Höfling*, in: Höfling, TPG, § 16, Rn. 54 f.

对国民的捐赠意愿产生持续性的影响。①

（四）社会后果

所谓的"器官捐赠丑闻"所造成的影响不单可以从立法者的活动中看出。在国民那里，丑闻也留下了痕迹。

捐赠者数量的急剧下降是不言自明的，这是由于信赖丧失和国民的不安。② 自 2011 年以来，可以看到所有德国器官移植基金会（地方）的捐赠者数量都在下降。在 2013 年，只有 876 名器官捐赠者。这意味着，比上一年减少了 16.3%。③ 到 2017 年，捐赠者数量已经降到了 797 名。④ 在 2013 年联邦健康教育中心的一项调查中，53%的受访者给出的反对器官捐赠的原因是，他们担心所捐赠的器官会被不公平地分配。⑤

从实际的角度来看，应采取哪些措施以阻止捐赠者数量的减少趋势，仍然有待观察。有人要求，要减少现有的器官移植中心的数量。好处——更高的透明度、更好的审查可能性以及避免有害竞争——是显而易见的。⑥ 不过，更少的器官移植中心就意味着更漫长的道路，可能会危及全方位的供应。其他人则批评出于经济动机的目标协议；主张给医生的奖励应受到审查。在一定的程度上，这一众所周知的不合规性（Unregelmäßigkeiten）可以归

---

① Vgl. *Lang*, in: Höfling, TPG, § 10, Rn. 61.
② Vgl. *Bernsmann/Sickor*, in: Höfling, TPG, § 19, Rn. 109.
③ Vgl. DSO Jahresbericht (2013), S. 48.
④ 参见 DSO Jahresbericht (2017), S. 58。2018 年，数字再次上升，参见 DSO Jahresbericht (2018), S. 8。
⑤ 由 forsa 公司（柏林）执行，访问地址：www.dso.de。
⑥ Vgl. *Hellweg/Beitz*, in: MAH MedR, § 13, Rn. 7.

因于器官移植医生经常能因他们所移植的器官取得额外的报酬。①

66a　　立法者认为，提高器官捐赠意愿的关键在于消除器官摘取医院的结构性缺陷（strukturelle Defizite）。② 在此，向部门协调机构登记可能的器官捐赠者此一任务由于事实上的强制（aufgrund faktischer Zwänge）而经常被挤到次要位置。③ 因此，《关于加强器官捐赠方面的合作和结构的法律》在 2019 年 4 月 1 日生效。它为器官移植受托人的地位强化、（在器官摘取医院实施的）服务的报酬提高以及全方位的报告系统（以识别捐赠者）作出了规定（《器官移植法》第 9b 条第 1 款及第 3 款、第 9a 条第 3 款、第 9a 条第 2 款第 6 项、第 11 条第 1b 款）。④ 此外，为了确保在任何一家器官摘取医院随时都能确定"大脑、小脑和脑干的整体功能已经终局地、无法修复地丧失了"，还应建立神经外科和神经病科咨询医生⑤的待命呼叫服务（《器官移植法》第 9c 条）。⑥

九、活体器官捐赠

67　　为了保护器官捐赠者，活体器官捐赠（Organlebendspende）的要件非常严格。《器官移植法》第 8 条规定了活体器官

---

① Vgl. FD-SozVR 2013, 341969（abrufbar über beck-online）.
② Vgl. BT-Drs. 19/6915, S. 1.
③ Vgl. BT-Drs. 19/6915, S. 1.
④ 参见 BT-Drs. 19/6915；概述，参见 Höfling ZRP 2019, 2。
⑤ 咨询医生（Konsiliararzt）是指在病症不清楚、存疑的时候请第二位医生作咨询。——译者注
⑥ Vgl. BT-Drs. 19/6915, S. 2.

捐赠的容许性。它所规定的活体器官捐赠要件如下：

（1）成年人；

（2）捐赠者具有承诺能力；

（3）捐赠者接受了全面的告知；

（4）承诺摘取器官；

（5）作为器官捐赠者的适格性；

（6）除手术风险外，不会对捐赠者造成危险，以及除器官摘取的直接后果外，不存在严重的健康损害；

（7）通过器官移植，能维持（器官）接受者的生命或治愈严重的疾病、防止疾病的恶化或减缓疼痛；

（8）没有合适的死者器官可供使用（活体器官捐赠的从属性）；

（9）干预行为必须由医生执行；

（10）无法再次形成的器官只能移植给一等亲或二等亲的亲属、配偶、登记的生活伴侣、未婚夫或其他明显与捐赠者具有亲密人身关系的人。

该规定并非没有争议。首先存在问题的是18岁这一严格年龄限制的正确性。17岁的人也可能已经具有相应的精神成熟程度，从而能够作出决定，如向兄弟姐妹捐赠肾脏。另外，该规定可以确保未成年人不会陷入压力情境之中。在此，对未成年人的保护胜过潜在的（器官）接受者的利益。①

必要告知的形式和内容则出自《器官移植法》第8条第2款，其扩张了医生的告知义务（相较于一般的告知义务）。据

---

① Vgl. *Schroth*, in: Roxin/Schroth, MedStrafR-HdB, S. 470 f.

此，器官捐赠者应被告知这些事项，即干预的种类和目的，器官或组织摘取的范围、可能的（包括间接）结果和事后结果，以及器官移植成功的预期前景。此外，告知义务还延伸到（捐赠者认为对器官捐赠而言很重要的）其他情形，如捐赠者与接受者之间关系的结果。① 另外，医生还必须告知保险法方面的内容（《器官移植法》第 8 条第 2 款第 5 句），告知义务在此只延伸至简单的问题。不能期待医生能澄清复杂的法律情形。②

活体捐赠是从属性的（subsidiär），也就是说，只有在没有死者器官可供使用时，才能实施活体捐赠（参见《器官移植法》第 8 条第 1 款第 3 项）。此规定在这一范围内是有问题的，即在很多情形中，活体器官捐赠对接受者而言是一个更好的选项。鉴于等待名单相当长，使用死者的器官这一可能性是很小的。此外，违反器官移植要件对医生而言不会有刑法上的后果。③

十、刑法条文

（一）《德国刑法典》第 168 条第 1 款的可罚性

摘取器官的行为首先会受到《德国刑法典》第 168 条第 1 款［妨害死者安宁罪（Störung der Totenruhe）］的处罚。该罪的可罚性取决于，具有保管权限的人（Gewahrsamsberechtigten）是否作

---

① Vgl. *Gutmann*, in: Schroth/König/Gutmann/Oduncu, TPG, § 8, Rn. 43.
② Vgl. *Augsberg*, in: Höfling, TPG, § 8, Rn. 90.
③ Vgl. *Gutmann*, in: Schroth/König/Gutmann/Oduncu, TPG, § 8, Rn. 23.

出同意。因为尸体及尸体的部分并不是物（Sachen），因此，这里的保管概念（Gewahrsamsbegriff）不能像盗窃罪和侵占罪那样在监护权（Obhutsrecht）意义下加以理解，后者必须以实际的监护关系中的事实成分加以补充。① 基于这个理由，保管（权限）并非总是落在亲属身上。特别是在意外发生以后，亲属经常（甚至）不知道死者位于何处。在这种情形下，只有医院的管理人员才有保管尸体的权限。② 如果其同意摘取器官，就不会破坏死者安宁。

（二）《器官移植法》第 19 条的可罚性

因此产生的可罚性漏洞可以通过《器官移植法》第 19 条加以填补，该条文将部分违反《器官移植法》规定的行为纳入刑罚范围。根据《器官移植法》第 19 条第 1 款第 1 项结合同法第 8 条第 1 款第 1 句第 1a 项的规定，如果医生摘取未成年人或不具承诺能力者的器官，医生的行为是可罚的。如果捐赠者未受到充分的告知或未作出有效的承诺，亦是如此。对此，德国联邦最高法院曾在一个民事案件中裁定，不能针对器官捐赠者的权利主张假设的承诺（hypothetische Einwilligung）。③ 否则，立法者有意严格提出的、用刑法来防护的告知规定将会遭到破坏。无论如何，在捐赠不可再生的器官的情形下（只允许将其捐赠给特定的人），捐赠者会处于一种特殊的冲突情形中，任何风险信息在该情形下都是重要的。此外，如果摘取器官的医生不是经核可的医生（appro-

---

① Vgl. *Fischer*, StGB, § 168, Rn. 8.
② Vgl. *Lenckner/Bosch*, in: Schönke/Schröder-StGB, § 168, Rn. 6.
③ Vgl. BGH, Urt. v. 29. 1. 2019-VIZR 495/16, NJW 2019, 1076.

bierter Arzt），则摘取器官的行为是可刑罚的。在摘取不可再生的器官的情形下，如果捐赠者不在《器官移植法》第8条第1款第2句中所提及的捐赠人范围内，亦是如此。

73 尽管整体脑死还未得到确定，但医生实施了器官摘取行为，根据《器官移植法》第19条第2款结合同法第3条第2款第2项的规定，医生的行为是可刑罚的。不过，如果能够证明，捐赠者还没有死亡，以及器官摘取和死亡之间具有因果关系，那么可以考虑《德国刑法典》第212条第1款故意杀人罪的可罚性。

74 与之相反，对器官移植的成功作出一个违背期待的错误诊断，并不会受到刑罚。因此，如果捐赠者受到告知并作出承诺，即便（医生）根据《器官移植法》实施了一项完全无意义的器官移植，他的行为也是不可罚的。此外，不能以干预违反善良风俗（《德国刑法典》第228条）为由来考虑《德国刑法典》第223条身体伤害罪的可罚性，因为《器官移植法》包含了具有封锁性的（abschließend）、能排除《德国刑法典》第223条适用的规定。如果医生错误地认为器官捐赠者不会面临超出正常程度的风险，则在违反《器官移植法》第8条第1款第1句第1c项的情形下，亦是如此。①

75 如果死者或其家属拒绝摘取器官，那么，不能以（器官）接受者的生命或健康重于死者的自我决定权为由而通过《德国刑法典》第34条来合法化（器官）摘取行为，因为《器官移植法》

---

① Vgl. *Schroth*, in: Roxin/Schroth, MedStrafR-HdB, S. 474 f.

闭锁性地规定了器官摘取的要件。①

（三）器官及组织交易之禁止（《器官移植法》第 17 条、第 18 条）

1. 规定的背景

根据《器官移植法》第 17 条第 1 款的规定，对于那些被指定用于治疗行为的器官和组织，禁止从事器官及组织的交易。根据《器官移植法》第 18 条的规定，违反（同法第 17 条规定的）行为是可刑罚的。器官交易禁止的背景一方面是在第三世界国家（如埃及、印度）实际存在的器官市场（Organmärkte）。在那里，身无分文的人将器官卖给来自德国和其他欧洲国家的购买者，以此方式来确保自己的生存。（器官的）销售是由专业的团体来做中介的，他们以此方式取得高额的收入。②

不过，另一方面，禁止器官交易也会阻止发生在德国的器官交易，因为人们在此同样可以想到这些情形，即人们出于经济困难而出售器官，从而面临健康受损风险。此外，应排除严重犯罪的情形，即以暴力的方式摘取器官。

2. 对器官交易禁止的批评

很多观察者认为，器官交易禁止过于严苛。对于一个立法者原则上给予积极评价的行为，将其一概地入罪化（Kriminalisierung），是令人怀疑的。尽管一方面必须确保人们不会出于经济原因而被迫出售器官，但另一方面，严格的禁令也会

---

① Vgl. *Fischer*, StGB, § 168, Rn. 15.
② Vgl. *König*, in: Roxin/Schroth, MedStrafR-HdB, S. 504 f.

包含轻微的情形（Bagatellfälle）。这些轻微情形的需刑罚性（Strafwürdigkeit）是令人怀疑的，例如，轻微的道谢礼物（geringe Dankbarkeitsgaben）。在这些情形中，捐赠者的人性尊严（其为立法者所援引①）并未受到侵害。②

79　　另外，令人无法理解的是，为何器官交易禁止不包含特定的行为类型，如有利于美容产业的器官及组织交易。通过《器官移植法》在2017年的修正，人们多次批评的法律漏洞（关于胎儿和胚胎组织）③也被堵上了。

80　　此外，人们还批评国家对于器官捐赠者的家父主义态度（paternalistische Haltung）：立法者禁止器官供体交易自己的器官，并对其处以刑罚，其目的在于保护供体免受自我侵害。因此，立法者干预了器官捐赠者的自我决定权。捐赠者被迫免费地献出自己的器官，而接受者及其医疗保险公司和主治医生则从中受益。④

3.《器官移植法》第17条意义下的从事交易

81　　"从事交易"（Handeltreiben）这一概念不仅在《器官移植法》中得到使用。特别是在《麻醉药品法》中，它具有其根本性的意义。⑤司法实务对该概念采取非常广泛的解释，这同样适用于《器官移植法》。因此，从事交易包括了所有谋取私利的行为（eigennützig Bemühungen），其旨在实现或促进被交易客体的销售。

---

① Vgl. BT-Drs. 13/4355, 15 (29).
② Vgl. König, in: Roxin/Schroth, MedStrafR-HdB, S. 506.
③《器官移植法》的适用范围被扩张到胚胎和胎儿的器官和组织（《器官移植法》第4a条）。——译者注
④ Vgl. König, in: Roxin/Schroth, MedStrafR-HdB, S. 514 f.
⑤ 参见《麻醉药品法》第29条第1款第1项。

构成要件要素包括交易、谋取私利和以货物销售为目的（Ziel des Güterumsatzes）。即便只进行了一次性的交易或销售有经过中介，也都构成"从事交易"。①

举例而言，以转售为目的的出卖或购买行为，是"从事交易"。它还包括了所有指向出卖或购买的行为，如在网上发布寻找器官的广告。在核心领域，为了金钱而献出器官这一行为也因此被涵括在内。即便提供的是其他利益，如出于感激而将其指定为继承人或赠与，原则上也是如此。

4. 器官交易禁止的例外

根据《器官移植法》第17条第1款第2句的规定，器官交易禁止不适用于此一情形，即对于器官移植范围内必要的措施，提供或收受合适的报酬（第1项）。如果药物是从器官或组织中取得的②，且药物为《药物法》所容许，则同样不存在器官交易（第2项）。此外，《器官移植法》不适用于血液（参见《器官移植法》第1条第3款第2项）。

5. 问题领域

问题出现在以下的案例群（Fallgruppen）中：

（1）通过保险来确保捐赠者的安全

如果（器官）接受者为捐赠者购买了无职业能力保险（Berufsunfähigkeitsversicherung），立法者认为此处不存在"从事交

---

① Vgl. *Bernsmann/Sickor*, in: Höfling, TPG, § 18, Rn. 13 ff.
② 此处是指，以器官或组织为原料或者利用器官或组织（aus oder unter Verwendung von Organen oder Geweben）制成药物。——译者注

易"。① 尽管捐赠者实际上获得了利益，但由于立法者明确表示出来的意思，此类案件仍是不可罚的。② 补偿捐赠者因器官移植所产生的费用（如交通费、住院费等），亦是如此。在概念上，这里不存在器官交易。③

（2）轻微的道谢礼物

根据《器官移植法》第 17 条的用语，器官接受者提供轻微的道谢礼物，如邀请用餐或资助疗养休假，不会实现器官交易罪的构成要件。在其他"好意施惠"（Gefälligkeiten）④ 的情形下，此类道谢礼物为社会所接受。通常情形下，帮助接受者甚至觉得自己有义务向帮助提供者馈赠薄礼来表达自己的感谢之情。特别是，在器官捐赠之后器官接受者的生命获得挽救或其健康得到显著的改善，更是如此。因此，限制性的法律解释（目的论限缩）是有意义的。由于法律的目的不在于禁止这种为社会所承认的行为，因此这里不存在可刑罚的器官交易。⑤

（3）报酬的适当性

根据《器官移植法》第 17 条第 1 款第 2 句第 1 项的规定，针对为实现治疗目的而实施的必要措施收取适当的费用（angemessenes Entgelt），是不可罚的器官交易。这些必要措施包括器

---

① Vgl. BT-Drs. 13/4355, S. 30.
② Vgl. *König*, in: Roxin/Schroth, MedStrafR-HdB, S. 515.
③ Vgl. BT-Drs. 13/4335, S. 30.
④ 也有民法学者将"Gefälligkeit"译作"情谊行为"，参见王雷：《论情谊行为与民事法律行为的区分》，载《清华法学》2013 年第 6 期，第 157—172 页。——译者注
⑤ Vgl. *König*, in: Roxin/Schroth, MedStrafR-HdB, S. 516 f.

官或组织的摘取、保存、其他处理（包括防止感染措施）、保管以及运输。

此一例外是必要的，否则医生或医务人员在收受报酬的情形下就会该当器官交易罪的构成要件。不过，没有医生是免费工作的。器官移植过程中所产生的其他费用，也必须予以支付。不过，此一例外情形仅适用于报酬适当的情形。①

适当性是一个不确定的法律概念，它需要解释。无论如何，一般性的报酬就是适当的，正如从（和社会保险机构之间的）合同、相应的法律规定中产生的报酬。② 不过，略微超过这些数额仍然是适当的，因为立法者表明了容许采用概算费用法（Pauschalierung）。③

该条文的问题在于，它要求医生审查费用的适当性。如果医生得知其所收到的心脏瓣膜价格过于昂贵④，难道他必须在最后一刻取消这场（对生命而言）必要的手术，以免被论以器官交易罪？⑤ 这似乎是没有道理的。

（4）交叉捐赠

交叉捐赠（Cross-over-Spende）是指以下的情形：《器官移植法》第8条第1款第2句意义下的捐赠者群体中的成员因为医疗

---

① 对于此一"例外的例外"（Ausnahme von der Ausnahme）的批评，参见 König, in: Roxin/Schroth, MedStrafR-HdB, S. 521 f.。
② Vgl. BT-Drs. 13/4335, S. 30.
③ Vgl. BT-Drs. 13/4335, S. 30; König, in: Roxin/Schroth MedStrafR-HdB, S. 524.
④ 只有当医生认识到报酬的不适当性（也就是说，医生的行为是故意的）时，才能考虑器官交易罪。
⑤ Vgl. König, in: Roxin/Schroth MedStrafR-HdB, S. 524.

原因（如血型不匹配）而无法实施活体捐赠。不过，当另一组人也面临类似的情形时，在医学上有可能实施交叉捐赠，从而使接受者获得对方或对方亲属的器官。

91 不过，问题在于，法律是否容许这种行为。首先，它可能违反了器官交易禁令。实际上，这里存在一个"谋取私利"的行为，因为捐赠者作出捐赠是为了让己方也能获得器官。不过，器官交易禁止的目的是保护人性尊严以及阻止器官交易的商业化。法律目的并未及于交叉捐赠中的相互帮助。因此，它不会落入禁止规范之中。①

92 此外，交叉捐赠可能会违反《器官移植法》第 8 条第 1 款第 2 句的规定。根据此一在宪法上不无问题的规定②，无法再次形成的器官只能被移植给一等亲或二等亲的亲属、配偶、登记的生活伴侣、未婚夫或其他明显（offenkundig）与捐赠者具有亲密人身关系的人。此一规定旨在限制器官交易，如果违反该规定的话，会受到刑法的处罚。③ 在交叉捐赠的情形下，器官提供者和接受者之间既没有亲属关系，也没有结婚或订婚，因此这里只能考虑特殊的人身关系。

93 根据普遍性的观点，此一关系的成立要件是相互的归属感和责任感（wechselseitige Zusammengehörigkeits- und Verantwortungsgefühle）以及一种非短期的、反复发生的、紧密的人身互动（eine nicht nur

---

① Vgl. *Schroth*, in: Roxin/Schroth, MedStrafR-HdB, S. 493 f.
② 德国联邦宪法法院认为合宪，参见 BVerfG, NJW 1999, 3399；不同见解，参见 *Gutmann*, in: Schroth/König/Gutmann/Oduncu, TPG, § 8, Rn. 27 ff.；此外，参见 *Esser*, Verfassungsrechtliche Aspekte der Lebendspende, 185 ff.；*Forkel*, JURA 2001, 73 (77 f.)。
③ 参见本书第八章边码 72。

kurzzeitige und immer wiederkehrende enge und persönliche Interaktion)。① 如果医生在工作联系中能够明确地识别出这种关系，它（即此种人身关系）就是明显的（offenkundig）。② 按照另一种更为可取的观点，如果一个共同的紧急情境创造出一个命运共同体（Schicksalsgemeinschaft），且存在着一个预测性决定，即双方将维持一种超出器官移植的关系，就已经足够了。③ 因此，交叉捐赠是被允许的。为了得出相同的结论，持第一种观点的论者对该条文采取了目的论限缩：该条文旨在限制器官交易。但交叉捐赠并不是器官交易。交叉捐赠必须是可能的，因为器官接受者的生命保护以及器官捐赠者对其身体的支配自由决定了这一点。④

十一、异种移植

异种移植（Xenotransplantation）⑤ 是指不同物种之间的器官、组织或细胞移植。20 世纪 60 年代，人们首次尝试移植黑猩猩和狒狒的肾脏和心脏，并以失败告终。这些器官在短时间内遭到排斥。 94

自 20 世纪 90 年代以来，出于器官移植的目的，人们越来越多地使用了猪的细胞和组织（糖尿病患者的胰岛细胞、帕金森病 95

---

① Vgl. LSG NRW, MedR 2003, 469 (474); *Gutmann*, in: Schroth/König/Gutmann/Oduncu, TPG, § 8, Rn. 33; *Augsberger*, in: Höfling, TPG, § 8 Rn. 62 f.
② Vgl. BSG, JZ 2004, 464 (468).
③ Vgl. *Seidenath*, MedR 1998, 253 (255 f.).
④ Vgl. *Schroth*, in: Roxin/Schroth, MedStrafR-HdB, S. 490 f.
⑤ 希腊语 "xénos" = 他人的、其他类型的（*Gemoll*, Griechisch – Deutsches Schul- und Handwörterbuch, 2006）。

患者的脑细胞、肝衰竭患者的肝细胞以及烧伤者的皮肤)。但是，需要供血的器官仍无法实现异种移植。从医学的角度来看，排斥反应特别成问题，感染风险也是如此。①

96 　　从伦理的角度来看，异种移植被认为是"正当的"，甚至是"应当的"，因为捐赠的器官严重短缺以及有大量的人在徒劳等待捐赠器官。② 不过，伦理学上的思考也可以表现为，通过动物器官的移植会形成"奇美拉"（Chimäre）③，即具有两个不同物种的活细胞的个体。

97 　　《器官移植法》并未包含异种移植。人们可以在《动物保护法》（第6条第1款第2句第4项）、《药物法》以及《基因技术法》（在需要进行基因操纵的情形下）中找到个别的规定。总而言之，法律上对异种移植的评价仍具有严重的模糊性；法律上的澄清将会是值得向往的。④

---

① Vgl. *Dettmeyer*, Medizin & Recht, S. 253 f.
② 德国医生协会科学咨询委员会（Wissenschaftlicher Beirat der Bundesärztekammer）关于异种移植的立场，参见 DÄBl., Bd. 96, A-1920, 1924。
③ 奇美拉是希腊神话中狮首、羊身、蛇尾的神兽。该词在近代演变为异种生物部位混合之神话幻想生物的泛称。——译者注
④ Vgl. *Borowy*, Postmortale Organentnahme, S. 46; *Ulsenheimer*, in: Laufs/Kern/Rehborn, ArztR-HdB, § 132, Rn. 53 mwN.

第九章
医生的保密义务

一、导论

医生的保密义务可以追溯至《希波克拉底誓言》①:

> 凡余所见所闻,不论有无业务之牵连,余以为不应泄露者,愿守口如瓶。②

几个世纪以来,这一原则已经成为医疗活动的应有之义,如今也被规定在《德国刑法典》第203条第1款第1项。据此,医生、牙医、兽医、药剂师或其他医务人员无权限地泄露因此等身份而受托付或以他法而知悉的他人秘密,特别是属于私人生活领域的秘密、经营或业务秘密的,将会受到惩罚。

---

① 参见本书第一章边码8及以下内容。
② 参见本书第一章边码9。

二、《德国刑法典》第 203 条的保护法益和意义

3   哪些法益受到医生的保密义务的保护,是有争论的。既可以将当事人的个人利益(即对私人领域的维护),也可以将超个人利益(即运作良好的健康护理制度)纳入考虑之中。对于医生和病患之间的关系构建而言,保密义务是重要的要件。如果没有保密义务,(医生)就不可能实施必要的治疗。

4   部分论者基于体系的视角而主张,《德国刑法典》第 203 条的保护法益是个人利益,即对私人领域的维护(Wahrung seiner Privat- und Intimsphäre),因为该罪名处于"侵害个人生活及秘密领域"(Verletzung des persönlichen Lebensund Geheimbereichs)罪章中。[1] 此外,《德国刑法典》第 205 条规定侵害私人秘密罪属于绝对的告诉乃论之罪(absolutes Antragsdelikt),从中可以得出,病患的权利应得到保护。[2] 另外,保密义务还有助于保护运作良好的健康护理制度。有观点认为,公共利益只是间接性地受到保护。[3] 另一种观点则认为,本罪首先要保护的是对于特定职业的保密性的一般性信赖,且人们是出于公共利益才去从事那些特定行业的。[4] 在(处理)结果上,这两种观点并没有什么不同。

---

[1] Vgl. BGHZ 115, 123; 122, 115; *Lackner/Kühl*, StGB, § 203, Rn. 1.

[2] Vgl. *Schüneman*, in: LK-StGB, § 203, Rn. 14.

[3] Vgl. BayObLG, NJW 1987, 1492 (1493); *Lackner/Kühl*, StGB, § 203, Rn. 1; *Kargl*, in: NK-StGB, § 202, Rn. 2.

[4] Vgl. *Maiwald*, in: Maurach/Schroeder/Maiwald, StrafR BT 1, § 29, Rn. 4.

第九章 医生的保密义务

《德国刑法典》第 203 条在刑事诉讼中的作用并不大：在当前的犯罪统计中它并未被提及，在 20 世纪 80 年代每年约有 4 个案件。有罪判决的数量之所以如此少，是因为故意泄露秘密这一事实在实践中很难得到证明。① 除此之外，本罪属于绝对的告诉乃论之罪。也就是说，只有存在相应的刑事告诉，才能进行追诉（参见《德国刑法典》第 205 条）。不过，很少有人会提起此类告诉，因为存在着这样的风险，即告诉人的秘密会在公开审判中被人讨论，其会处于一种更糟糕的情形中。②

保密义务在民法中更为重要：《德国刑法典》第 203 条是《德国民法典》第 823 条③中的"以保护他人为目的的法律"（Schutzgesetz），因此为赔偿义务创设了一个民法上的请求权基础。另外，也可以将"无权限地披露秘密"视作违约行为（Vertragsverletzung）。举例而言，在出售诊所的过程中，需要考虑医生的保密义务。这里的问题在于，是否可以"一起出售"病患的数据，以及如果可以的话，可以出售到何种程度。④ 此外，保密义务还会涉及医疗结算中心的参与（Einschaltung ärztlicher Abrechnungsstellen）以及医疗数据处理的外包（Outsourcing medizinischer Datenverarbeitung）。最后，保密义务还会影响到医院组织，因为

---

① Vgl. *Ulsenheimer*, ArztStrafR, Rn. 859.
② Vgl. *Schünemann*, ZStW 90 (1978), 11 (45).
③ 《德国民法典》第 823 条规定："（1）因故意或过失，违法地侵害他人的生命、身体、健康、自由、所有权或其他权利的，对于该他人，负赔偿因此所生损害的义务。（2）违反以保护他人为目的的法律的，负相同的义务。根据法律的内容，无可归责事由亦可能违反该法律的，仅在有归责事由的情形下，才负赔偿义务。"——译者注
④ Vgl. *Ulsenheimer*, in: Laufs/Kern/Rehborn, ArztR-HdB, § 145, Rn. 66 ff.

不应在医生与医生或管理机构之间直接传递病患的数据。①

三、《德国刑法典》第 203 条的构成要件

（一）潜在的行为人

1. 身份犯

《德国刑法典》第 203 条是身份犯，即本罪的行为人不能是任何一个（普通）人，而只能是《德国刑法典》第 203 条中穷尽列举的职业成员。根据《德国刑法典》第 203 条第 1 款的规定，医疗领域内的职业成员是指医生、牙医、兽医、药剂师或其他医务人员，他们必须接受国家规定的教育训练，才能从事业务活动或使用职业称谓。按照同条第 4 款的规定，协助第 1 款意义下负有保密义务的人员从事活动的人员，等同之。

2. 第 1 款的行为人范围

保密义务尤其适用于医生，且不仅适用于直接治疗病患的医生，还适用于其他的医生，只要其活动处于治疗的范围内，如实验室医生（Laborarzt）。

有争议的是，如果有人声称自己是医生，其是否负有保密义务。有见解认为，这里会成立主体不能的未遂（Versuch eines untauglichen Subjekts），是不可罚的，因为行为人并不在（本条的）行为人范围之内。② 按照另一种更加可取的观点，行为人是

---

① Vgl. *Ulsenheimer*, in: Laufs/Kern/Rehborn, ArztR-HdB, § 145, Rn. 1.
② Vgl. *Schünemann*, in: LK-StGB, § 203, Rn. 59.

否实际上取得从业许可,并不会影响到本罪的成立。只要病人认为行为人是医生,就已经足够了,因为(两者的)利益情形是相同的。① 由于另类疗法医生(Heilpraktiker)② 并不需要经过国家所规定的教育培训,故而其不具有保密义务。③ 即便从利益情形来看这似乎是有问题的,但从条文的用语来看却又必须如此。

3. 协助人员

根据《德国刑法典》第 203 条第 4 款第 1 句,协助第 1 款意义下负有保密义务的人员从事活动的人员,同样负有保密义务。这首先会涉及《德国刑法典》第 203 条第 3 款第 2 句(旧法,现为同条第 3 款第 1 句)中的"职业助手"(die berufsmäßig tätigen Gehilfen)。助手的特点是受指令的拘束(Weisungsgebundenheit)。其只能从事辅助性工作,如医生助手、医疗技术助手以及实验室助手。此外,职业助手必须在组织上与公司有关联。目前,在所谓的"医疗次要活动外包"(Outsourcing ärztlicher Nebentätigkeiten)中,如将文书工作转交给外部的文书公司(Schreibbüro),这一要件(即组织关联)会导致问题的出现。④

此外,职业助手必须涉及这样一种活动,即助手在此种活动中必然会知悉病患的秘密⑤,或者在医生的活动和助手的活动之

---

① Vgl. *Braun*, in: Roxin/Schroth, MedStrafR-HdB, S. 278.
② 另类疗法医生,又被称作"替代疗法医师",是德国的一种医疗职业。作为另类和补充医学的职业,它受到德国法律的认可。另类疗法医师不需要任何正规教育或培训,但必须由卫生局进行考核。——译者注
③ Vgl. *Fischer*, StGB, § 203, Rn. 19; *Lenckner/Eisele*, in: Schönke/Schröder-StGB, § 203, Rn. 62.
④ 参见本书第九章边码 13a。
⑤ Vgl. *Fischer*, StGB, § 203, Rn. 40.

间必须存在一种内部的关联。① 因此，清洁人员和厨房人员不是医生的助手。对于医院的门卫（Pförtner）而言，区分会比较困难：因为其并未参与医生的治疗活动，因此，有观点认为其不是医生的助手。② 但也有不同的观点认为，其在原则上是助手，因为其和病患的数据也有关联，在紧急情形下会向值班医生提供信息。③

12　　如果助手是为了谋生才实施活动的，他就是职业助手。劳动合同并非必要的，只要助手在事实上实施了活动，就已经足够了。④ 与之相反，偶然的或自愿的活动是否也满足（要求），如诊所中医生的妻子所提供的帮助，则存在争论。支持将医生的妻子视作助手的理由在于，从病患的视角来看，此一利益情形相较于（雇佣关系固定的）医生助手情形并没有任何的差异。如果助手在组织上与医院存在关联，则在任何情形下都可以将其认定为"职业助手"。⑤

13　　除职业助手外，为职业准备（zur Vorbereitung auf den Beruf）而实施活动者同样负有保密义务。这里主要是指实习生（Auszubildende）。由于条文要求"为职业准备而实施活动"，因此，如果医学院学生在课堂中知道病人的信息，他们也不会受到

---

① Vgl. *Cierniak/Niehaus*, in: MüKoStGB, § 203, Rn. 123.
② Vgl. *Fischer*, StGB, § 203, Rn. 40; *Schünemann*, in: LK‐StGB, § 203, Rn. 79; *Braun*, in: Roxin/Schroth, MedStrafR‐HdB, S. 280.
③ Vgl. *Ulsenheimer*, in: Laufs/Kern/Rehborn, ArztR‐HdB, § 143, Rn. 2.
④ Vgl. *Cierniak/Niehaus*, in: MüKoStGB, § 203, Rn. 123.
⑤ Vgl. *Fischer*, StGB, § 203, Rn. 40; *Schünemann*, in: LK‐StGB, § 203, Rn. 82; 不同见解，参见 *Cierniak/Niehaus*, in: MüKoStGB, § 203, Rn. 123; *Schmitz*, JA 1996, 772 (773); *Braun*, in: Roxin/Schroth, MedStrafR‐HdB, S. 278。

第九章 医生的保密义务

本条文的规制。①

2017 年 10 月 30 日通过的《关于在第三人协助负有保密义务之人实施业务的情形下重新规制秘密保护的法律》（Gesetz zur Neuregelung des Schutzes von Geheimnissen bei der Mitwirkung Dritter an der Berufsausübung schweigepflichtiger Personen）② 将负有保密义务的人从上述人员扩张到所有协助医生实施业务的人员［参见《德国刑法典》第 203 条第 4 款第 1 句（新法），同时通过《德国刑法典》第 203 条第 3 款（新法）来限缩可罚性③］。现在，除职业助手以及为职业准备而实施活动者以外，"其他的协助人员"（die sonstigen mitwirkenden Personen）这一概念还包括这类人员：他们为负有保密义务之人的职业或业务活动提供协助，即以某种方式与此种活动产生关联，并对此作出贡献，不过，他们并没有被归到职业秘密持有者（Berufsgeheimnisträger）的范围中。④ 按照立法理由，文书工作、会计、电话接听、文件归档与销毁都被归入协助活动（die mitwirkenden Tätigkeiten）中。设立、运作和管理各种种类的信息技术设备、应用和系统，例如为其相应地配置医学设备，或者提供用于数据外部存储的信息技术设备和系统，亦是如此。⑤ 在此，对于这些未被归为职业秘密持有者的人而言，其他协助的基础是（同时也是多层次的）合同关系。⑥ 举例

13a

---

① Vgl. *Schünemann*, in: LK-StGB, § 203, Rn. 83.
② Vgl. BGBl. 2017 I 3618.
③ 参见本书第九章边码 31。
④ Vgl. BT-Drs. 18/11936, 22.
⑤ Vgl. BT-Drs. 18/11936, 22.
⑥ Vgl. BT-Drs. 18/11936, 22.

而言，结算服务外包在目前是一种存在争议的情形，日后可以将它归为"其他协助"。①

(二) 行为客体：秘密

14 《德国刑法典》第 203 条的行为客体是秘密（Geheimnis）。按照通说见解②，如果某一事实满足以下三个要件，它就构成秘密：

- 秘密性（Geheimsein）：只有当事人或特定范围的人才知道该事实。
- 保密意思（Geheimhaltungswille）：受秘密保护的人不愿公开该事实。
- 保密利益（Geheimhaltungsinteresse）：受秘密保护的人根据其具体的生活状况对秘密保护具有客观的利益。

15 按照这个定义，虚假事实或价值判断不是秘密。不过，何人在传达或传播此类虚假事实或价值判断，却可能成为一种有保密义务的事实。③

16 只有当事人或特定范围的人才知道该事实，它才能成为秘密。人群的特定范围并不取决于是否只有特定数量的人知道该事实。起到决定性作用的因素是，能否按照特定的标准将此类人群与其他人群区分开，例如当事人的朋友圈（即便人数很多）。④ 相反，任何人都知道或注意到的事实，就不是秘密，例如截肢者身

---

① Vgl. *Eisele*, in：Schönke/Schröder-StGB，§ 203，Rn. 26.
② Vgl. BGHZ 64, 325（329）；*Cierniak/Niehaus*，in：MüKoStGB，§ 203，Rn. 11 ff.；*Schünemann*，in：LK-StGB，§ 203，Rn. 20.
③ Vgl. *Schünemann*，in：LK-StGB，§ 203，Rn. 20.
④ Vgl. *Schünemann*，in：LK-StGB，§ 203，Rn. 22.

第九章 医生的保密义务

体部分的欠缺。① 公然发生的事实，亦是如此。另外，法院公开审理过程中所讨论的事实，同样不是秘密，即便事实上没有旁听人员参与法院的审理。②

在个案中，秘密与非秘密的界限划分是很难的。以下的公式可以起到辅助作用：如果已经有很多人知道了某一事实，乃至于对秘密持有人而言，其他人是否了解这一事实已经不再重要，那么，该事实就不是秘密。③

病患不必向医生表明保密意思，无论是明示还是暗示。有论者认为，要求医生保密的意思应当在人际主体间（intersubjektiv）得到确定。④ 但按照条文用语，这并不是必要的。负有保密义务者的主观视角与客观构成要件无关，而是一个故意问题。⑤ 对于小孩和精神障碍人士而言，法定代表人的意思具有决定性的作用。

与前述的"保密性"和"保密意思"要素一样，只有秘密持有者才能决定，何种事实为保密义务所涉及。通说还额外要求保密利益的存在（Vorliegen eines Geheimhaltungsinteresses），从而为其添加一个客观标准。起到决定性作用的是，基于受秘密保护的人的利益，保密在客观上是否必要。因此，医生不应遵从自己的意见，而要以病患的客观利益为基础。举例而言，对于平常的事

---

① Vgl. *Braun*, in: Roxin/Schroth, MedStrafR-HdB, S. 283.
② Vgl. BGHZ 122, 115 (118).
③ Vgl. *Bockelmann*, in: Ponsold, Lehrbuch der gerichtlichen Medizin, S. 176.
④ Vgl. *Kargl*, in: NK-StGB, § 203, Rn. 8; *Dannecker*, BB 1987, 1614 (1615).
⑤ Vgl. *Cierniak/Niehaus*, in: MüKoStGB, § 203, Rn. 21 ff.

实（banale Tatsachen），如"最喜欢的食物"或病患在上次看医生时所穿的衣服的颜色，则欠缺保密利益。①

（三）医生保密义务的范围

20　　就内容而言，医生的保密义务延伸至医生在治疗过程中所知悉的所有事实。所有涉及具体病患的秘密都被包含在内，首先是病患接受治疗这一事实，也包括了病史、诊断、治疗措施、医疗预测以及所有的医疗文件，还包括了医生在治疗过程中所知悉的、关于病患的其他事实。

（四）受保护之人

21　　通过医生的保密义务，首先是病患得到了保护。此外，如果是医生知悉了第三人的秘密且该秘密与治疗病患相关，其同样负有保密义务。

22　　与未出生的人类生命相关的秘密，在通常情形下也是接受医生治疗的母亲的秘密，故而，胎儿（Nasciturus）能够通过其母亲而得到（共同的）保护，即便他自身不能成为秘密的持有人。②与之相反，死者仍然受到保密义务的直接保护。因此，在病患死亡之后，负责治疗的医生仍然负有保密义务。

23　　不过，保密义务的范围在这种情形下是有争议的。有见解认为③，秘密只有具备以下的情形，才存在保密利益，即泄露秘密会导致死者受到诋毁或者会损害到死者的社会声誉。在论证

---

① Vgl. *Schünemann*, in: LK-StGB, § 203, Rn. 27.
② Vgl. *Cierniak/Niehaus*, in: MüKoStGB, § 203, Rn. 28.
③ Vgl. OLG Düsseldorf, NJW 1959, 821；AG Augsburg, NJW 1964, 1186.

上，这些论者援引《德国刑法典》第189条。与之相反，按照现在的实务见解，需要探查死者的保密意思或假定的保密意思，故而在这方面上限制并不存在。① 由于保密利益总是随着时间而不断减少，因此，医生的保密义务最终也会消亡。②

（五）特定职业关联

《德国刑法典》第203条仅保护这样的秘密，即医生所知悉的秘密与其执业存在关联。因此，必须存在特定职业关联（berufsspezifischer Konnex）。保密义务仅涉及这些事实，即医生在其执业活动中认知的事实。③ 如果医生只是在出诊过程中偶然地知悉事实，这种内部关联同样存在。

反之，如果医生以一种非常私人的方式（rein privat）知悉某个秘密，即便他是基于其医学知识才能知道这个秘密，该秘密也不会受到保护。在个案中，这种区分可能会存在困难，因为《德国刑法典》第203条并不要求"在医生与病患之间订立医疗合同"这一要件。这意味着，如果有人在私人的领域内向医生询问医疗意见，（该法）所要求的、与医生执业活动之间的内部关联同样是存在的。事实是否在医生保密的情形下被托付给医生，必须根据个案的情形来认定。

此种联系的表征是医疗合同的缔结（Abschluss eines Behandlungsvertrags）或事实与医疗活动之间的直接关联（direkte Bezug

---

① Vgl. BGHZ 91, 392 (398); BGH, NJW 1983, 2627.
② Vgl. *Schünemann*, in: LK-StGB, § 203, Rn. 55.
③ Vgl. *Cierniak/Niehaus*, in: MüKoStGB, § 203, Rn. 42.

der Tatsachen zur ärztlichen Tätigkeit)。① 如果医生"趁其执业活动之便"而获得某种认知，因为他想要滥用这种情形来达成私人的目的，那么，内部关联并不存在。例如，医生滥用出诊机会，搜遍病患的工作室，从而认知到特定的事实。②

27　　此外，事实必须被托付给医生，或者以某种方式令其知悉。如果当事人向医生告知某项事实，且明显期待医生会予以保密的，那么，事实就被托付给（anvertraut）医生。在此，医生与病患之间必须存在一种个人的信赖关系（eine persönliche Vertrauensbeziehung）。③

28　　"以他法知悉"（sonst bekannt geworden）要素是"事实"这一要件的截堵构成要件（Auffangtatbestand），医生在没有被托付事实的情形下认知到这些事实。在医生与秘密持有人之间是否必须存在一种基于信赖的特殊关系（与受托付情形相同），是存在争论的。有论者认为，从条文的意义和目的来看，在第二种类型中信赖关系也是必要的。④ 但是，此种见解与条文用语相对立⑤，因为从日常用语来看，"以他法知悉"并不必然与特定的信赖关系相关。此外，从《德国刑法典》第 203 条的意义来看，它还包括了这类案件，医生的行动并未得到受秘密保护之人的同意，例如法医违背秘密持有人的意思而知悉事实。⑥

---

① Vgl. *Braun*, in: Roxin/Schroth, MedStrafR-HdB, S. 288.
② Vgl. *Lenckner/Eisele*, in: Schönke/Schröder-StGB, § 203, Rn. 15.
③ Vgl. RGSt 13, 60 (62); OLG Köln, NJW 2000, 3656.
④ Vgl. *Schünemann*, in: LK-StGB, § 203, Rn. 39.
⑤ Vgl. *Cierniak/Niehaus*, in: MüKoStGB, § 203, Rn. 49.
⑥ Vgl. *Braun*, in: Roxin/Schroth, MedStrafR-HdB, S. 289.

如果医生可以取得文件,那么他就已经知悉了文件的内容。因此,事实上的认知取得(Kenntnisnahme)不是必要的。①

(六)行为:公开秘密;不履行保密义务

违反医生保密义务的行为首先是公开秘密(Offenbaren eines Geheimnisses)。对于医生而言,这出自《德国刑法典》第 203 条第 1 款,对于其他的协助者来说,则出自《德国刑法典》第 203 条第 4 款第 1 句。"公开",是指向不属于"知情圈"且不知道所传达事实的人员揭露秘密。②

从现在起,《德国刑法典》第 203 条第 3 款第 1 句明确规定了,将秘密传达给内部人员,并不该当本罪的构成要件。据此,如果《德国刑法典》第 203 条第 1 款所列的人员向职业助手或为职业准备而实施活动者③提供秘密,并不存在本条意义下的公开。这些人员负责病患的治疗与护理,如诊所中的医生助手或医院中的护理人员。对于其他部门的人员而言,只要病患在该处同样接受了治疗,亦是如此。与之相反,其他诊所的医生并不属于"知情圈"的一员。④ 这一事实并不会因为其他诊所的医生同样负有保密义务而有所改变。

除负责治疗的员工外,诊所或医院中的其他员工也属于"知情圈"的一员,即出于组织和行政技术原因而处理病患数据的人员,如负责与病患打交道的文书人员或行政人员。不

---

① Vgl. *Lenckner/Eisele*, in: Schönke/Schröder-StGB, § 203, Rn. 17.
② Vgl. BGH, NJW 1995, 2915.
③ 参见本书第九章边码 10 及以下内容。
④ Vgl. *Braun*, in: Roxin/Schroth, MedStrafR-HdB, S. 291.

过，仅当其是为了完成各自的工作而必须了解病患的数据时，才是如此。①

33 到目前为止，所谓的"行政活动外包"已经带来了特别的问题。出于成本原因以及行政组织简化的考虑，"行政活动外包"越来越频繁地发生。例如，医生将其文书工作转交给外部的文书公司，文书公司可以专门处理医生的函件，相较于诊所雇佣的文书人员，它的成本更低且能更有效率地完成这项工作。在此，医生会公开病人的秘密，并实现本罪的构成要件。将结算工作转交给私人医生结算机构（privatärztliche Verrechnungsstelle），亦是如此。② 不过，2017年，立法者在《德国刑法典》第203条第3款第2句中为这些情形规定了一个违法阻却事由。③

33a 通过《德国刑法典》第203条第3款，在第三人协助的情形下，秘密保护受到了限制。对于该限制的保障，一方面是，按照《德国刑法典》第203条第4款第1句，"协助"人员本身也被禁止公开（秘密）；另一方面，《德国刑法典》第203条第4款第2句第1目及第2目确保此类人员有保密义务。使协助人员能够取得秘密的人必须注意使协助人员遵守保密义务。对于职业秘密持有人（第1目）或协助人员（第2目）而言，如果他们又使用了其他的协助人员，亦是如此。如果不具有保密义务的人公开秘密，则违反此一义务④的行为将会受到惩罚。公开是所谓的"客

---

① Vgl. *Braun*, in: Roxin/Schroth, MedStrafR – HdB, S. 291; *Bockelmann*, in: Ponsold, Lehrbuch der gerichtlichen Medizin, S. 14.
② Vgl. *Braun*, in: Roxin/Schroth, MedStrafR – HdB, S. 240.
③ 参见本书第九章边码50a。
④ 即确保此类人员遵守保密义务的注意义务。——译者注

观处罚条件"（objektive Strafbarkeitsbedingung），因此，不履行保密义务之人的故意不必与它存在关联。①

（七）主观构成要件

除了上述的客观构成要件要素，《德国刑法典》第 203 条的构成要件还包括了医生或协助人员在主观上的故意。任何人知道他的行为满足了所有的构成要件要素，且想要这样做，他的行为就是故意的。在此，按照一般性的基本原则，只要有未必故意（bedingter Vorsatz），就足够了。因此，如果医生认为有可能违反保密义务且予以容忍的，就足以满足要求。

故意必须涉及所有构成要件的存在，即在公开这一构成要件类型上，必须涉及（被公开的）事实的秘密性、关联性，以及向不属于"知情圈"的人员公开秘密。如果医生在此范围内存在错误（认识），需要进行如下的区分：

如果错误涉及的是构成要件要素，如秘密性，则医生的行为并无故意，因为他存在的是构成要件错误（《德国刑法典》第 16 条）。

相反，如果医生错误地以为自己可以向其他诊所的医生告知（秘密），此时则存在禁止错误。因为他认为，其他诊所的医生属于"知情圈"的一员。此种错误并不排除故意，如果错误对医生而言是不可避免的，医生的行为就欠缺罪责（《德国刑法典》第 17 条）。司法实务对不可避免性提出了很高的要求；通常情形

---

① Vgl. BT-Drs. 18/11936, S. 29.

下，医生必须事先接受法律咨询。① 对于《德国刑法典》第 203 条第 4 款第 2 句而言，故意与第三人的公开无关。

《德国刑法典》第 203 条审查框架

1. 构成要件
   (a)《德国刑法典》第 203 条第 1 款、第 4 款第 1 句的客观构成要件
      (aa) 适格行为人
      (bb) 秘密
         (1) 秘密性
         (2) 保密意思
         (3) 保密利益
      (cc) 公开秘密（非属《德国刑法典》第 203 条第 3 款第 1 句之情形）
   (b)《德国刑法典》第 203 条第 4 款第 2 句第 1 目、第 2 目的客观构成要件
      (aa) 适格行为人
      (bb) 秘密
      (cc) 未尽到注意义务，使协助人员（第三人）遵守保密义务
      (dd) 促使第三人遵守义务的实际可能性
2. 违法性
   (a) 使协助人员知悉秘密的必要性（《德国刑法典》第 203 条第 3 款第 2 句）
   (b) 承诺
   (c) 推测的承诺
   (d) 基于特定法律的公开义务
   (e) 基于其他法律规定［《德国社会法典》（第 5 卷）］的公开权限
   (f) 根据《德国刑法典》第 34 条的公开权限
   (g) 保护合法利益
3. 有责性

---

① Vgl. *Hilgendorf/Valerius*, StrafR AT, § 8, Rn. 35 f.

第九章 医生的保密义务

四、违法阻却事由

(一) 相关的违法阻却事由概览

即便公开病患的秘密该当侵害医生的保密义务罪的（客观和主观的）构成要件，也不一定意味着，医生会受到惩罚。只有当行为也具有违法性时，即行为无法通过其他的违法阻却事由来阻却违法，医生才会受到惩罚。首先要考虑的是以下的违法阻却事由：承诺、推测的承诺、阻却违法的紧急避险、保护合法利益以及法定的公开义务或公开权利。此外，《德国刑法典》第203条第3款第2句还包含了一项特殊的违法阻却事由，其针对的是协助人员的使用。

如果医生错误地认为存在可以阻却公开（秘密）的违法的事实，例如行为人认为病人已经对公开作出了承诺，那么就不能以故意行为来指控他，因为他处在一种容许构成要件错误之中。①

(二) 承诺

在公开病患秘密的情形中，最为重要的违法阻却事由就是各病患的承诺。②

承诺③的作出必须发生在行为时，即公开时。事后的承诺并

---

① 关于容许构成要件错误及对其所提出的观点，参见 *Wessels/Beulke/Satzger*, StrafR AT, Rn. 697 ff.; *Hilgendorf/Valerius*, StrafR AT, § 8, Rn. 40 ff.。
② 按照另一种观点，同意公开（作为所谓的"同意"）可以排除构成要件，参见 *Cierniak/Niehaus*, in: MüKoStGB, § 203, Rn. 58。
③ 关于承诺的一般性要件，参见本书第二章"医生的医疗干预"。

不会消除违法性（不过，在通常情形下，病患不会提出告诉）。承诺必须是外部可识别的，但不要求明示。

43　　只要（承诺人）以相应的行为方式默示地作出承诺，就已经足够了。但是，先决条件是，从此一行为中可以明确地得出承诺。典型的例子是在开始雇佣关系之前由公司医生（Betriebsarzt）所进行的检查。① 在此，同意让医生检查这一意愿包含了一种默示的声明，即员工同意（医生）向雇主披露检查结果，只要这些信息对雇佣关系至关重要。不要求以书面的形式作出承诺，但对医生而言，书面形式可以作为一种证明承诺存在的证据。

44　　此外，有效的承诺还以承诺人能够支配法益作为要件。秘密所涉及之人，对此具有支配权限；因此，如果秘密仅涉及病患，那么只有相关的病患才能对秘密的公开作出承诺。

45　　在所谓的"第三方秘密"（Drittgeheimnissen）情形中，则存在问题。所谓的第三方秘密是指，与病患无关但与第三方相关的秘密，这些秘密是医生在治疗过程中从病患那里或以其他方式知悉的。例如，如果医生询问病史时问到家庭遗传疾病，就可能发生这种情形。

46　　在这类情形中，会出现一个问题，即病患能否对秘密的公开作出承诺，抑或只有秘密涉及人（即第三方）才能作出承诺。② 从《德国刑法典》第 203 条的保护目的来看，病患也能作出承诺：有部分的证立是以这种方式进行的，即在这种情形中对

---

① Vgl. *Braun*, in: Roxin/Schroth, MedStrafR-HdB, S. 296.
② 赞同后者的观点，参见 *Cierniak/Niehaus*, in: MüKoStGB, § 203, Rn. 81 ff.。

医生保密的一般性信赖不受动摇。① 另一种证立方式则是，当秘密持有人将秘密告诉给病患时，秘密持有人就不值得被保护。②

未成年人同样具有承诺能力。起到决定性作用的不是他们民法上的行为能力（Geschäftsfähigkeit，18 周岁后行为能力才不受限制），而是他们自然的认识能力和判断能力（natürliche Einsichts- und Urteilsfähigkeit）。③ 47

（三）推测的承诺

如果无法获得病患的承诺（例如，因为病患已经处于无意识的状态或者病患身患疾病，使其不具备决定能力，进而无能力作出承诺），则总是要考虑推测的承诺这一违法阻却事由。 48

相反，如果可以获得病患的承诺，则只有在例外的情形下才能诉诸推测的承诺，即当向特定人员（如家属）保密对病患而言不具有任何的利益时④，或者当出于治疗原因而无法取得同意时。举例而言，如果（医生）出于治疗原因而无法向病患全面地告知诊断信息，但可以推测他会承诺让他的家属了解他的健康状况的话，就是这样的情形。⑤ 不过，如果行为人仅能在困难的条件下取得承诺或者承诺的取得必须付出高昂的代价的话，就还不足以这样做（诉诸推测的承诺）。⑥ 49

---

① Vgl. *Lenckner/Eisele*, in: Schönke/Schröder-StGB, § 203, Rn. 30 f.
② Vgl. *Kargl*, in: NK-StGB, § 203, Rn. 55.
③ 参见本书第二章边码 26 及以下内容。
④ Vgl. BGHZ 122, 115 (120).
⑤ Vgl. *Cierniak/Niehaus*, in: MüKoStGB, § 203, Rn. 86; *Kargl*, in: NK-StGB, § 203, Rn. 61.
⑥ Vgl. *Cierniak/Niehaus*, in: MüKoStGB, § 203, Rn. 86.

50　　在推测的承诺这一情形中,必须对以下内容加以审查,即如果病患具有承诺能力,他是否会对秘密的公开作出承诺。在此,决定性要素不是病患的客观利益,毋宁说,应基于所有的相关情形来探查病患的实际意愿。推测的承诺经常被用来阻却向家属公开(秘密)行为的违法性。不过,在此还应注意的是,应首先对病患进行询问,只有在上述的情形中,才能诉诸推测的承诺。

(四)向协助人员公开的必要性(第3款第2句)

50a　　《德国刑法典》第203条第3款第1句仅适用于内部人员,并排除构成要件。与之不同的是,《德国刑法典》第203条第3款第2句规定了向外部人员公开秘密以及外部人员公开秘密(当他自己使用第三人时)的违法阻却事由。① 因此,如果是让外部的结算机构取得秘密或是其他的"外包"情形,则容许(披露秘密)。② 不过,这仅适用于此一范围,即秘密的公开③对于协助人员的活动要求而言是必要的。

(五)阻却违法的紧急避险

51　　此外,《德国刑法典》第34条阻却违法的紧急避险可以阻却公开秘密的违法性。它首先以紧急危难情状为要件,即可以紧急避险的法益现在正面临着危险。根据《德国刑法典》第34条,可以紧急避险的法益首先是身体或生命、健康、自由或名誉。此外,避险行为必须是必要的,即公开秘密的行为必须能够防止危

---

① Vgl. BT-Drs. 18/11936, S. 19.
② Vgl. *Fischer*, StGB, § 203, Rn. 46.
③ Vgl. *Eisele*, in: Schönke/Schröder-StGB, § 203, Rn. 51.

险，并且对于有效避开危险而言，它必须是一种最温和的手段。另外，必须对保密的利益与（紧急避险）所要保护的利益进行权衡，且所要保护的利益必须远远超过保密的利益。

对于侵害医生保密义务的违法阻却而言，这意味着更高位阶的法益受到危害，且只能通过公开秘密来避免这种危害的产生。举例而言，正如医生所知道的那样，一名酒精上瘾的病患每天都会在醉酒状态下开车去上班。他会给其他的交通参与者带来危险。另一个例子是艾滋病患者给自己的生活伴侣所带来的风险，他没有向其生活伴侣告知自己患有艾滋病，并容忍生活伴侣的感染。① 在这两种情形中，各自所要保护的法益原则上都超过了病患要求对其疾病保密的权利。在此，个案中的权衡始终是必要的。

52

此外，医生必须审查，相较于公开秘密（如将疾病告知主管当局或生活伴侣）是否存在更为温和的手段。特别是对于病患的影响，首先要加以特别的考虑。只有当病患的行为无法令人理解且存在以下风险时，即病患会继续实施这种行为，并因此危及法益，医生才可以披露秘密。不过，《德国刑法典》第 34 条中仅存在公开权，不存在公开义务。

53

（六）合法权益的实现

在特定的情形下，如果医生公开秘密能够实现合法的权益，那么，他可以公开秘密，并打破其保密义务。被承认的两种情形是：之一，为了避免对他所提出的损害赔偿请求，医生必须

54

---

① Vgl. OLG Frankfurt a. M., NJW 2000, 875.

提供事实①；之二，为了完成医生的结算请求，医生必须提供此类事实。② 不过，（这一事由）在教义学上的根基是存在疑问的。虽然从《德国刑法典》第 193 条中可以得出一个一般性的原则，即实现合法权益者可以阻却违法，但在当前的情形下不能诉诸该原则，因为《德国刑法典》第 193 条以利益权衡为要件，而此种利益权衡的结果在相关的情形下不会存在有利于医生的财产性利益。③

（七）法定的公开义务及权利

55　　许多法律条文规定医生有向特定机构公开事实（该事实受到《德国刑法典》第 203 条的保护）的义务。背后的原因是，相较于病患的保密利益，立法者在这些情形中更加看重公共利益。不过，这些信息只能提供给特定的机构。尤其是，当涉及医疗服务的结算时，《德国社会法典》规定了不同的披露义务。④ 根据《德国刑法典》第 138 条、第 139 条第 3 款，医生具有告发特定（犯罪）事实的义务。在此，如果有人将秘密托付给医生，医生具有选择权。《德国传染病防治法》（Infektionsschutzgesetz）第 6 条至第 15 条以及《德国联邦登记法》第 32 条包含了进一步的公开义务。

---

① Vgl. *Cierniak/Niehaus*, in: MüKoStGB, § 203, Rn. 89; *Eisele*, in: Schönke/Schröder-StGB, § 203, Rn. 60.
② Vgl. BGH, NJW 1991, 2955.
③ Vgl. *Kargl*, in: NK-StGB, § 203, Rn. 70.
④ 参见《德国社会法典》（第 5 卷）第 294 条及以下条文。

(八) 医学中的电子化——电子健康

所谓的"电子化"(Digitalisierung)是指,将任何信息表示为"0"和"1"的序列。通过这种方式,计算机可以读取信息,在某种程度上可以实时地保存、传输和处理(信息)。对医学而言,这是一个巨大的机会,但也带来了问题。① 机会包括了这一可能性,即将病患的所有相关信息存储在便携式的数据载体[如健保卡(Gesundheitskarte)②]或云端(cloud)上,从而在需要时可以快速且方便地调阅数据。此外,电子化还为远程医疗(Telemedizin)开启了新的可能性,从远程咨询到远程诊断再到远程治疗。通过这种方式,对行动不便的老年病患的医学照料将变得相当容易,即便医生与病患之间的直接交流仍然是至关重要的。所谓的"可佩戴设备"(手环、手表)会提取佩戴者的健康数据,并将它储存在其使用者的手机上或网上。通过这种方式,可以监控(使用者)自身的健康状况,并可能使其得到优化。此外,远程医疗领域还包括网上医疗论坛(社会健康网络)的运营,病患在此可以分享病情,并从他人的经验中受益。③

当然,上述的所有技术都会带来数据保护法上的问题。④ 总的来说,医疗数据属于最私密的信息;因此,必须防止医疗信息

---

① Vgl. *Hilgendorf*, medstra 2017, S. 257;进一步说明,参见 *Jörg*, Digitalisierung in der Medizin, 2018。

② 另请参阅于 2016 年 1 月 1 日生效的《加强健保电子信息流通与使用法》[Gesetz für sichere digitale Kommunikation und Anwendungen im Gesundheitswesen,即"电子健康法"(e-Health-Gesetz),于 2015 年 12 月 21 日通过(BGBl. I 2408)]。第二部"电子健康法"目前正在制定中。

③ 进一步说明,参见 Müller-Mielitz/Lux, E-Health-Ökonomie, S. 9 ff. 。

④ *Stiftung Datenschutz*, Big Data und E-Health.

的滥用(如为了使人丢脸、损人声誉或勒索)。在此,数据保护法[《德国联邦数据保护法》(BDSG)以及《欧盟数据保护基本条例》(EU DSGVO)]和刑法必须共同发挥作用,《德国刑法典》第203条在此扮演着关键角色。责任问题在法律上仍未得到解决,例如,当医疗服务可以通过互联网而被任意使用,由于信息不正确或用户的错误行为而导致损害时,就会有责任问题。因为很多传统的医疗法律法规仅针对医生,如果是非医疗人员通过互联网来传播医疗服务,并因此给人们带来损害,就会面临责任漏洞(Haftungs- und Verantwortungslücken)。电子化给医疗领域带来了问题,这些问题在(刑)法上的处理是当今医疗刑法中最为重要的任务之一。①

---

① 参见本书第十一章边码1及以下内容。

第十章
贪污与结算诈骗

一、收受利益与受贿

在医学上，第三方资金的筹集（Drittmitteleinwerbung）是重要的经济因素。没有第三方资金筹集的话，我们的医疗体系将不复存在。通过来自制药公司的第三方资金，人们可以在大学附属医院中创设医生职位，并资助大部分的医学研究。因此，《大学框架法》（Hochschulrahmengesetz）第 25 条明确规定了第三方资金的取得。在个别的联邦州，大学甚至有义务募集第三方资金来为其任务提供资助，例如《巴伐利亚大学法》（Bayerischen Hochschulgesetzes）第 5 条第 1 款第 2 句。制药公司还会支持医务人员参加会议，否则的话，很多医生会因为机票费、住宿费以及会议费过于高昂而无法参加会议。另一方面，存在制药公司影响医生并诱使他们仅使用自己的药物的风险。刑法中，第三方资金的筹集可能会落入收受利益罪（《德国刑法典》第 331 条）及受贿罪（《德国刑法典》第 332 条）、医疗行业中的受贿罪与行贿罪（《德国刑法典》第 299a 条、第 299b 条）的构成要件中。

（一）收受利益罪

公务员、欧洲公务员或对公共职务负有特殊义务者对其职务执行为自己或第三人要求、期约或收受利益者，构成收受利益罪，可以根据《德国刑法典》第 331 条第 1 款对其进行处罚。

1. 医生作为公务员

并非任何人均可以成为本罪的行为人。本罪的行为人只能是（欧洲）公务员或对公共职务负有特殊义务者。因此，在私人诊所或私人医院工作的医生不会被论以收受利益罪或受贿罪。如果医院的发起人是教会机构，即便根据《德国基本法》第 140 条①、《魏玛宪法》（WRV）第 137 条它属于公法上的团体（Körperschaft des Öffentlichen Rechts），对于医院的主治医师（Belegärzte）和医生而言，亦是如此。② 不过，可以根据《德国刑法典》第 299 条及以下条文对其进行处罚。③

对于在公立医院工作的医生（或其他医务人员）而言，情形则有所不同。在此，除被任命的官员之外，受雇的医生也能成为公务员。根据《德国刑法典》第 11 条第 1 款第 2 项第 c 目，公务员的概念涵盖了所有的人员，他们受聘于公共机构或受公共机构的委托，并因此执行公共行政任务。④ 只要生存照顾（Daseinsvor-

---

① 《德国基本法》第 140 条："1919 年 8 月 11 日的德国宪法第 136 条、第 137 条、第 138 条、第 139 条和第 141 条的规定为本基本法的组成部分。"——译者注
② Vgl. *Ulsenheimer*, ArztStrafR, Rn. 994 f.
③ 参见本书第十章边码 22 及以下内容。
④ Vgl. *Hilgendorf*, in: LK-StGB, § 11, Rn. 33, 53.

sorge）行业的公共行政（机构）将医院当作公共任务来运营，就足够了，组织形式是无关紧要的。无论医院的形式是独立的有限责任公司（GmbH）还是不独立的市镇自营企业（Eigenbetrieb einer Gemeinde），医生都是公务员。①

相反，开业的合同医生（Vertragsarzt）是否会因为被许可从事法定医疗照料（活动）而成为公务员，则存在争论。部分论者持肯定见解，其理由是合同医生在得到许可之后就可参与法定健康保险公共任务的履行，因此，在开处药方上其是作为国家手足的延伸（als verlängerter Arm des Staates）。② 不过，绝大多数的观点认为，其不会因此成为公务员，因为其和健康保险欠缺组织上的关联，以及医生的开药行为并非高权行为（hoheitliche Tätigkeit）。③ 德国联邦最高法院同样拒绝将合同医生认定为公务员，因为合同医生与病患之间的关系是非常重要的，乃至于执行公共任务的高权性格必须退到它的后面。④ 与此相关联的是，开业的合同医生的贪腐行为是不可罚的⑤，而这也是（立法者）创设医疗行业中的受贿罪与行贿罪构成要件（《德国刑法典》第299a 条、第299b 条）的主要原因。⑥

2.《德国刑法典》第331 条意义下的利益

行为必须指向利益（Vorteil），医生想要为自己或第三人取得

---

① Vgl. *Ulsenheimer*, ArztStrafR, Rn. 990.
② Vgl. *Neupert*, NJW 2006, 2811（2813）.
③ Vgl. *Kötzer*, NStZ 2008, 12（16）；*Fischer*, StGB, § 11, Rn. 22d.
④ Vgl. BGH, NJW 2012, 2530（2532）.
⑤ 参见本书第十章边码 25。
⑥ 参见本书第十章边码 28 及以下内容。

利益。利益无须是财产性利益（Vermögensvorteil）。只要给予者所提供的所有的物质性或非物质性给付（alle materiellen oder immateriellen Leistungen）在客观上能够改善医生的经济、法律或人身地位，且医生对此无权请求，它们就会落入利益的概念之中。①

其中，在给予金钱的情形中，就存在着物质性利益。至于医生是让这笔钱流入自己的口袋，还是让第三人取得，则在所不论。除向医生提供的金钱给付之外，向医院、病人或其他医生提供的金钱给付同样是利益。除金钱给付外，物质性利益还包括这些情形：为医生的会议旅行、酒店住宿以及航班买单，为其提供免费的体育/音乐会活动门票，为医院提供技术设备以及其他的实物。此外，介绍兼职或提供贷款也被纳入考量范围之中。

如果非物质性利益一方面具有客观上可衡量的内容，另一方面可以实际地改善医生的地位，则可以将它认定为《德国刑法典》第331条意义下的利益。② 这一公式需要被批判性地看待，因为如果改善不具有客观可衡量性的话，利益就根本不会存在。③ 举例而言，公认的非物质性利益是工作前景的改善。如果职业机会的增加能使医生在客观上处于一个更好的位置，它也属于非物质性利益。④ 早期的实务见解认为，野心或虚荣心的满足

---

① Vgl. BGHSt 47, 295 (304); *Fischer*, StGB, § 331, Rn. 11.
② Vgl. BGHSt 47, 295 (304).
③ Vgl. *Fischer*, StGB, § 331, Rn. 11e.
④ Vgl. *Heine/Eisele*, in: Schönke/Schröder - StGB, § 331, Rn. 18; *Fischer*, StGB, § 331, Rn. 11e.

同样是非物质性利益。① 不过,此一实务见解已被放弃。②

存在争论的一个问题是,如果医生在合同上有权请求给付,且该给付就是医生行为的适当报酬,此种情形下是否还存在利益。部分论者持肯定看法③,即便是在缔结合同的情形中(合同缔结导致对医生的给付),利益也是可以存在的。否则的话,(行为人)通过缔结相应的合同就总是能够将收受利益罪排除在外。相反,按照其他的见解,则认为不存在利益。④

3. 医生的职务执行

利益必须与医生的职务执行(Dienstausübung)相关。和《德国刑法典》第331条(旧法)不同的是,本罪不再要求利益的提供是为了职务行为(Diensthandlung)。毋宁说,只要其与职务执行存在关联,就足够了。只要任务的执行被分配给医生,或者任务的执行是医生基于其职务身份实施的,它就被职务执行所涵盖。只要医生具有抽象的管辖(权限)就足够了,不要求对各自的任务具有具体的管辖(权限)。⑤ 举例来说,医生的职务可以是治疗病人、开处和订购药物、作报告以及参加会议。相反,纯粹的私人行为则不是职务执行。兼职活动(Nebentätigkeit)范围内做出的行为,即便运用了职务上的知识,也不是职务执行。⑥

---

① Vgl. BGHSt 14, 123 (128).
② Vgl. BGHSt 47, 295 (304).
③ Vgl. BGHSt 31, 264 (279 f.); BGH, NStZ 2008, 216 (217); OLG Celle, NJW 2008, 164 f.; *Kuhlen*, in: NK-StGB, § 331, Rn. 52 f.; *Korte*, in: MüKoStGB, § 331, Rn. 93 ff.
④ BGH, NJW 2006, 225 (Zivilsenat).
⑤ Vgl. *Fischer*, StGB, § 331, Rn. 6.
⑥ Vgl. *Fischer*, StGB, § 331, Rn. 7.

和《德国刑法典》第332条受贿罪的构成要件不同的是,《德国刑法典》第331条第1款范围内的职务执行也可以是一种被容许的、被许可的行为。

4. 不法协议

贿赂犯罪的一个不成文却又非常核心的构成要件要素是所谓的"不法协议"(Unrechtsvereinbarung)。① 它通过"对于"(für)职务执行这一用语表现出来。不法协议的背后是贿赂犯罪的保护目的:确保对公务员的给付与其职务执行之间没有建立关联,以及不会让人产生这种印象,即职务是否执行取决于公务员从第三人那里所取得的利益。因此,不应形成一种"互为对价给付"(do ut des)的印象。

就内容而言,不法协议由公务员与(利益)提供者之间的协议组成,即在利益与职务执行之间建立关联。当事人至少要以默示的形式达成协议。在此,医生必须认识到,存在着一种对价关系,以及行为人是为了职务执行才向他提供利益的。

通过用"职务执行"概念来取代"职务行为"概念,可以看到不法协议的范围被放宽了。② 此后,特定的职务行为不再与利益存在关联。仅被用来"打好关系"[Klimapflege,为给付提供者创造"一般性的好感"(allgemeines Wohlwollen)]的非特定给付,也被涵盖在内。③ 不过,这种见解会导致在与不可罚的捐赠

---

① Vgl. *Heine/Eisele*, in: Schönke/Schröder - StGB, § 331, Rn. 35; *Lackner/Kühl*, StGB, § 331, Rn. 10a; *Korte*, in: MüKoStGB, § 331, Rn. 116.

② Vgl. *Heinrieh*, in: Arzt/Weber/Heinrich/Hilgendorf, StrafR BT, § 49, Rn. 26; *Heine/Eisele*, in: Schönke/Schröder-StGB, § 331, Rn. 30.

③ Vgl. *Fischer*, StGB, § 331, Rn. 24.

的区分上存在相当大的困难。一般性的区分是不可能的，起到决定性作用的是个案中的各种情形，必须以整体评价（Gesamtwürdigung）的方式来相互权衡。① 在此，以下的要素可以发挥重要的作用：给付的数额、给付提供者的动机和主观的目的指向，以及各业务关系的种类和期限。②

如果医生由于组织上的原因而不对药物的订购产生影响，因为药物清单是由药物委员会（Arzneimittelkommission）决定的，而医生并不属于该委员会，则可以排除不法协议。③ 此外，如果在医生指示下所使用的、来自捐赠公司的药物在数量上没有增加，就可以表明医生没有让自己的职务执行依赖于给付。④

另外，如果给付具有社会相当性，也可以排除不法关联。这种给付符合礼节（或基于礼节而被提供）、具有社会普遍性、为一般人所承认，如圣诞节前赠送的、价值低微的小礼物以及价值低于 50 欧元的赠品、任何情形下价值低于 30 欧元的物品。⑤

5. 行为：要求、期约或收受

本罪的行为是要求、期约或收受利益。如果医生以明示或默示的方式表示他对于职务执行想要取得利益的话，医生就是在要求利益。⑥ 询问和请求还不足以达到要求，只有当这种行为实施与压力（施加）相关，或存在不利益时，才存在要求。

---

① Vgl. *Heine/Eisele*, in: Schönke/Schröder-StGB, § 331, Rn. 28.
② Vgl. *Ulsenheimer*, ArztStrafR, Rn. 1012.
③ Vgl. *Ulsenheimer*, ArztStrafR, Rn. 1014.
④ Vgl. *Ulsenheimer*, ArztStrafR, Rn. 1014.
⑤ Vgl. *Fischer*, StGB, § 331, Rn. 26a.
⑥ Vgl. *Fischer*, StGB, § 331, Rn. 18.

18　如果医生以明示或默示的方式接受未来的给付，则医生的行为构成期约利益。反之，如果医生接受了利益，无论他谋取的是自己的利益还是第三人的利益，其行为构成收受利益。

19
《德国刑法典》第 331 条的审查框架

> 1. 构成要件
>   （a）客观构成要件
>   （aa）适格行为人
>   （bb）医生职务执行范围内的利益
>   （cc）要求、期约或收受
>   （dd）不法协议
>   （b）主观构成要件
> 2. 违法性
> 3. 有责性

（二）受贿罪（《德国刑法典》第 332 条）

20　《德国刑法典》第 332 条受贿罪是收受利益罪的加重构成要件（Qualifikationstatbestand），其成立条件是，利益提供是作为特定的、已经实施的/日后将实施的、违背义务的职务行为（Diensthandlung）的对价，或者利益会造成不当的裁量决定。举例而言，这种裁量决定可以是药物的选择和订购。至于所允诺的、未来的职务给付或裁量决定实际上是否发生，是无关紧要的。起到决定性作用的是，医生给人留下这种印象，即他在未来的决定中将会受到（他人）所提供的利益的影响。根据《德国刑法典》第 332 条第 3 款的规定，他必须显示出，他已经受到了利益的影响。

> **《德国刑法典》第 332 条、第 331 条的审查框架**
>
> 1. 构成要件
>   （a）客观构成要件
>   （aa）适格行为人
>   （bb）医生职务执行范围内的利益
>   （cc）要求、期约或收受
>   （dd）不法协议
>   （ee）相较于《德国刑法典》第 331 条还额外要求：利益提供是作为特定的、已经实施/尚未实施的、违背义务的职务行为
>   （b）主观构成要件
> 2. 违法性
> 3. 有责性

21

（三）商业受贿罪（《德国刑法典》第 299 条）

《德国刑法典》第 299 条是通过 1997 年 8 月 13 日《贪腐抗制法》而被引入《德国刑法典》中的。和贿赂犯罪不同的是，本罪所要保护的不是公众对于公共职务纯粹性的信赖，而是自由和公平的竞争。

22

根据《德国刑法典》第 299 条，公司职员或受托人在商业交易中实施以下行为的，是可罚的：

23

（1）就商品或服务方面，以其在内国或外国竞争中不公平地优惠他人为对价，为自己或第三人要求、期约或收受利益；

（2）在欠缺公司承诺的情形下，就商品或服务方面，以导致其对公司义务之违背的作为或不作为为对价，为自己或第三人要求、期约或收受利益。

和收受利益罪一样，《德国刑法典》第 299 条是身份犯。只有公司的职员（Angestellte）或受托人（Beauftragter）才会受到惩

24

罚。如果医院是一家公司的话，那么，医院和诊所所雇佣的医生就被涵括在内。

25　　相反，本罪的行为人范围是否及于合同医生（作为医疗保险公司的受托人），是存在争论的。迄今，这一问题具有重大的实务意义，因为它决定了开业的合同医生是否会因为接受制药公司的给付而受到刑罚。有观点指出，合同医生是《德国刑法典》第299条第1款意义下的受托人。医疗保险公司是一家公司。由于医疗保险公司授权合同医生以医疗保险公司的名义去缔结药物买卖合同或其他治疗物品买卖合同，故而合同医生是受托人。① 不过，这种观点与以下内容相反，即开业的合同医生是自由职业者，其对于医疗保险公司并未承担任何义务。特别是，合同医生和医疗保险公司之间并不存在一种能够授权合同医生去签约的法律业务关系（rechtsgeschäftliche Beziehung）②，因为健保医生协会（Kassenärztliche Vereinigung）介于两者之间。③ 德国联邦最高法院同样认为，开业的合同医生不是《德国刑法典》第299条意义下的受托人。④ 在合同医生收受利益上，存在着可罚性漏洞。对此一漏洞的反应是创设《德国刑法典》第299a条、第299b条。

26　　《德国刑法典》第299条的行为和其他的贿赂犯罪一样。通过"不公平地"（in unlauterer Weise）这一要素所提及的内容与《德国刑法典》第331条、第332条中的不法协议相同。

---

① Vgl. *Pragal*, NStZ 2005, 133 (134 f.).
② Vgl. *Geis*, wistra 2005, 369 (370); *Ulsenheimer*, ArztStrafR, Rn. 1048 f.
③ Vgl. *Geis*, wistra 2007, 361 (362); *Klötzer*, NStZ 2008, 12 (14).
④ Vgl. BGH, NJW 2012, 2530.

第十章　贪污与结算诈骗

《德国刑法典》第 299 条的审查框架

1. 构成要件
   （a）客观构成要件
      （aa）适格行为人
      （bb）商业交易中的行为
      （cc）要求、期约或收受利益
      （dd）不法协议
   （b）主观构成要件
2. 违法性
3. 有责性

（四）《医疗行业中的贪腐抗制法》

2016 年 6 月 4 日，德国通过了《医疗行业中的贪腐抗制法》（Gesetz zur Bekämpfung von Korruption im Gesundheitswesen）。随着该法的生效，德国立法者在《德国刑法典》第 299a 条、第 299b 条增订了医疗行业中的受贿罪和行贿罪的构成要件。① 《德国刑法典》第 299a 条、第 299b 条保护的是医疗行业中的公平竞争、病人对医疗从业人员决定的完整性的信赖，同时也间接保护到医疗行业中竞争者、病人以及法定健康保险公司的财产性利益。② 这两条规定都是抽象危险犯（abstrakte Gefährdungsdelikte）。立法者将医疗行业中的受贿罪（《德国刑法典》第 299a 条）设计为身份犯，只有从事医疗行业的人员才可能实现本罪。与之相反，《德国刑法典》第 299b 条则是一般犯，任何人均可以构成本罪。

《德国刑法典》第 299a 条的规定如下：

---

① 参见 BGBl. 2016 I 1254；有启发性的文献，参见 *Krüger*, NZWiSt 2017, S. 129。

② Vgl. BT-Drs. 18/6446, S. 12 f.

从事医疗行业的人员（其业务执行或职业称谓的使用以国家规定的训练为必要前提）在执行业务时，以在下列情形中于本国或外国的竞争中不公平地优惠他人作为对价，为自己或第三人要求、期约或收受利益者，处三年以下有期徒刑或罚金刑：

（1）在开处药物、医疗方式、辅助器材或医疗产品时；

（2）在订购指定由医疗从业人员或其业务辅助人员直接使用的药物、辅助器材或医疗产品时；

（3）在分派病人和检测材料时。

29   之所以引入该规定，主要是因为德国联邦最高法院的判决①，其认为开业的合同医生既不是公务员也不是法定医疗保险公司的受托人，故而无法对其适用《德国刑法典》第229条以及第331条。② 因此，相较于《德国刑法典》第299条以及第331条、第332条，《德国刑法典》第299a条规定的行为人范围更为广泛。在（利益）接受方上，它包括了"从事医疗行业"的所有人员，只要"其业务执行或职业称谓的使用以国家规定的训练为必要前提"。举例而言，它涉及了医生、药剂师，还有所谓的"健康专业职业人员"，如护士或物理治疗师。③ 但是，它不包括所谓的"另类疗法医生"，因为这类医生并不需要经过国家规定的教育培训。④

---

① Vgl. BGH, NJW 2012, 2530.
② Vgl. BT-Drs. 18/6446, 1 (11).
③ Vgl. BT-Drs. 18/6446, S. 17.
④ Vgl. *Kraatz*, ArztStrafR, S. 251; *Stebner*, PharmR 2017, S. 178.

和《德国刑法典》第 299 条、第 331 条和第 332 条一样，本罪的行为是要求、期约或收受利益，系争行为必须与医疗业务的执行相关联。利益概念超过了《德国执业医生的（模范）职业规范》（MBO-Ä）第 32 条的规定，它还包括了非物质性的给予，例如表彰或授予荣誉职位。①

不法协议是贪腐行为所特有的（构成要件要素），其涉及以下情形中的不公平优惠：在开处药物、医疗方式、辅助器材或医疗产品时（第 1 目），在订购指定由医疗从业人员或其业务辅助人员直接使用的药物、辅助器材或医疗产品时（第 2 目），以及在分派病人和检测材料时，举例来说②，对病患施加影响，其目的是影响他们对于医生或其他服务提供者的选择（第 3 目）。本条采用穷尽列举的方式，药剂师的出售决定（Abgabeentscheidung）被排除在本条的适用范围之外，这并非毫无疑问。③ 如果优惠不是建立在事实考量之上，而是出于获取利益这一动机，那么它就是不公平的（unlauter）。④ 具有社会相当性的给予（在整体观察下，它们的价值不超过 50 欧元），通常不会对医疗从业人员的具体决定造成影响［同时参见《德国执业医生的（模范）职业规范》第 32 条第 1 款］。⑤

---

① Vgl. BT-Drs. 18/6446, S. 17.
② Vgl. BT-Drs. 18/6446, S. 20.
③ 批判性的文献，参见 *Dannecker/Schröder*, in: NK-StGB, § 299a, Rn. 161。
④ Vgl. *Eisele*, in: Schönke/Schröder-StGB, § 299a, Rn. 39; *Krüger*, NZWiSt 2017, 129 (133).
⑤ 参见 BT-Drs. 18/6446, S. 17 f.；赞成通过职业法（Berufsrecht）来填补社会相当性的概念，也可参见 *Krüger*, NZWiSt 2017, 129 (132)。

29c　　与《德国刑法典》第 299a 条相对应的是，《德国刑法典》第 299b 条规定了向从事医疗行业的人员的积极行贿（通过行求、期约或交付利益）。①

《德国刑法典》第 299a 条的审查框架

1. 构成要件 　（a）客观构成要件 　　（aa）适格行为人（从事医疗行业的人员，其业务执行或职业称谓的使用以国家规定的训练为必要前提） 　　（bb）与医疗业务的执行相关的行为 　　（cc）要求、期约或收受利益 　　（dd）不法协议（利益系作为第 1 目至第 3 目意义下的不公平优惠的对价） 　（b）主观构成要件 2. 违法性 3. 有责性

（五）第三方资助的筹集

30　　在第三方资助的筹集上，贿赂犯罪也是可以适用的。不过，如果没有来自制药公司一方的经济资助，医学研究实际上是不可能的。医生和大学没有资金去从事昂贵的研究、参加国外的会议以及（在会议、研讨会等场合）与国外同行交流。因此，第三方资助本身并非不被容许。毋宁说，如果当事人能够遵守《第三方资助法》（Drittmittelrecht）所规定的程序，实务会认定第三方资助的容许性。②

31　　值得特别一提的是，根据德国联邦最高法院 2002 年 5 月 23

---

① Vgl. *Kraatz*, ArztStrafR, S. 257.
② Vgl. BGHSt 47, 295 (306).

第十章　贪污与结算诈骗

日的判决，必须确保现金流的透明性（Transparenz des Geldflusses），即必须"最大程度地确保透明度"。同样重要的是控制可能性（Kontrollmöglichkeit），一方面要通过全面的文件记录来实现，另一方面通过（当事人）向监管机构的（申请）许可和申告义务（Genehmigungs- und Anzeigepflichten）来落实。① 因此，德国联邦最高法院强调，在第三方资助的情形中必须遵守以下原则：透明性原则（Transparenzprinzip）、文件记录原则（Dokumentationsprinzip）以及（申请）许可和申告原则（Genehmigungs- bzw. Anzeigeprinzip）。只要遵守这些原则，就不会存在《德国刑法典》第331条意义上的不法协议。②

此外，在不同的行为准则中，会额外将分离原则（Trennungsprinzip）当作一个重要的基本前提（对于第三方资助而言）。分离原则是指对第三方资金的取得具有责任的一方与支出（即购买、订购等）的一方之间必须泾渭分明。从制药公司取得捐赠的人不应负责采购药品、医疗技术设备等。③ 因此，就不会创造出一种给付与对价给付的印象。

其他的原则还包括无现金原则（Grundsatz der Bargeldlosigkeit）、账户间隔原则（Grundsatz der Kontendistanz）、利他性原则（Grundsatz der Fremdnützigkeit）以及比例原则（Grundsatz

32

33

---

① Vgl. BGHSt 47, 295 (307 f.).
② 对于（将此一见解）转用至《德国刑法典》第299a条、第299b条，持怀疑的态度，参见 *Dannecker/Schröder*, in: NK-StGB, § 299a, Rn. 178。另可参见本书第十章边码12及以下内容。
③ Vgl. *Ulsenheimer*, ArztStrafR, Rn. 1061.

der Verhältnismäßigkeit)。① 金钱的给付不应以现金的方式进行。从分离原则中可以推导出账户间隔原则，即作为收受方的医生无权查阅支出方的账户。此外，金钱的使用必须是利他的，即它们必须使医院、研究和/或病患受益，医生的私人利益则不在考量范围内。② 如果第三方资助涉及对价给付，它必须是合乎比例的。

34　即便考虑了德国联邦最高法院的要求，对于医生而言，还是存在着这样一种危险，即让自己的行为具有收受利益罪的外观。由于只要存在初始嫌疑（Anfangsverdacht），检察官就应当开始侦查，因此，文献上强烈地建议，为了不让自己陷入嫌疑之中，在产业和医学的共同工作中要严格地遵守上述所有的原则，包括分离原则。③ 特别是，当事人不应为了自己的利益而对这些原则的解释有所限缩，而必须客观地按照最高司法机构的裁决来解释。④

二、结算诈骗

（一）导论

35　结算诈骗（Abrechnungsbetrug）在实践中起着很大的作用，因为它每年都会造成巨大的经济损失。⑤ 在此，必须区分合

---

① Vgl. *Ulsenheimer*, ArztStrafR, Rn. 1064 ff.
② Vgl. *Ulsenheimer*, ArztStrafR, Rn. 1066.
③ Vgl. *Ulsenheimer*, ArztStrafR, Rn. 1060; *Satzger*, ZStW 2003, 469（497 f.）; *Laufs*, NJW 2002, 1770.
④ Vgl. *Ulsenheimer*, ArztStrafR Rn. 1060.
⑤ 不同的（论述），参见 *Ulsenheimer*, ArztStrafR, Rn. 1075。

同医生对健保医生协会(其接收医疗保险公司的所有结算)的结算诈骗,以及私人医生(Privatarzt)的结算诈骗。在这两者上,都存在典型的案例类型,下文将对其展开探讨。① 不过,它们的共同点是,它们均为《德国刑法典》第 263 条第 1 款诈骗罪(Betrug)的构成要件所涵盖。

(二) 结算诈骗的要件

诈骗罪的客观构成要件是行为人的欺骗行为、因此所产生的错误、财产处分行为以及财产损害。在主观上,行为人必须具有故意以及获利意图(Bereicherungsabsicht)。故意必须涉及所追求的获利的客观违法性。

1. 诈骗行为

根据《德国刑法典》第 263 条第 1 款,结算诈骗首先以诈骗行为(Täuschung)为要件。如果行为人弄虚作假、扭曲或隐瞒事实的话,就存在诈骗行为。在医生的结算领域中,有很多的方法可以用来欺骗医疗保险公司及病人。由于人们很难去审查医生,这种情形会因此变本加厉:病患对医生的结算毫无认知,健保医生协会也只能根据医疗文件去审查结算单据,但它无法审查(医生)是否确实提供了服务。

为医疗保险机构所认可的合同医生实施弄虚作假行为的情形有:对事实上未作出的或未完全作出的服务作出结算,以及对本人违背义务而未自己作出的服务作出结算。诈骗的另一种可能性是有认识地在收费法上(gebührenrechtlich)作错误评价或是有认

---

① Vgl. *Hilgendorf*, in: Wabnitz/Janovsky, WirtschaftsStrafR-HdB, § 13, Rn. 12 ff.

识地对服务作错误归类。①

39　　私人也可能在未作出的服务上欺骗（他人）。此外，如果主任医师在其私人的费用结算单中声称他有为病人提供服务，但该服务实际上是由其助手完成的，那么，也存在诈骗。

40　　不过，在这两种情形中，必须是在事实上予以欺骗。② 根据通说，如果仅仅是报酬请求的主张，它就不会包含对事实的欺骗。③ 毋宁说，医生是在表达法律意见。按照这种观点，医生只能针对结算所根据的事实进行诈骗。按照另一种更为可取的见解，与诈骗罪相关的虚假事实主张也可能存在于不充分的权利主张（unzutreffende Rechtsbehauptung）之中。④ 不过，德国联邦最高法院最近在以下情形中附限制地否认诈骗行为的存在：被告医生在费用结算单中向其（私人）病人明确指明，由他所主张的服务可收费性在法律上存在着争议。⑤ 杜塞尔多夫高等法院（OLG Düsseldorf）认为，除此之外，只有当医生针对服务完成所提出的主张与实际所提供的服务不存在关联时，才算是通过此一与结算的解释相关的主张（在私人医生领域）虚构事实，因为该主张意

---

① 其他的例子，参见 *Schroth/Joost*, in: Roxin/Schroth, MedStrafR-HdB, S. 187 ff.。
② 《德国刑法典》第 263 条提到的是捏造虚假的事实（Vorspiegelung einer falschen Tatsache）；不过，严格说来，只有事实主张才可能是"虚假的"，事实本身不可能是"虚假的"。
③ Vgl. *Fischer*, StGB, § 263, Rn. 11, 36a.
④ Vgl. *Hilgendorf*, Tatsachenaussagen und Werturteile, S. 205 ff.；*Schroth/Joost*, in: Roxin/Schroth, MedStrafR-HdB, S. 192.
⑤ 参见 BGH, medstra 2018, 42（44）。此外，在这些情形中，诈骗故意的成立是有问题的；Gaede 同意德国联邦最高法院的见解，参见 *Gaede*, medstra 2018, 1（2）。

味着对系争规范的明确核心领域的无视。① 相反，当系争规定在其边缘范围内并不明确，结算也因此要诉诸合理的解释时，就不存在虚构事实，而只是一种不可罚的权利主张。②

有问题的是此一情形，即合同医生在其结算中并未公开其从生产商那里所取得的折扣或回扣。在教义学上，这里似乎可以考虑不作为的诈骗，但其可罚性是以公开的法律义务作为前提的。行为人是否具有此等义务，是存在争论的。③ 最近，德国联邦最高法院——基于《德国社会法典》（第5卷）第128条第2款第1句、第6款的明确禁止规定——将提交处方及相应的账单（此处是X射线造影剂）看作一种默示的说明［因此是一种通过积极行为实施的默示诈骗（konkludente Täuschung durch aktives Tun）］，其终局性地累积成请求金额，且不会因为开处方的医生所收受的回扣而有所减少。④ 41

2. 引起错误

诈骗罪的另一个构成要件要素是引起错误（Erregung eines Irrtums）。健保医生协会的负责职员因为（行为人）实施了欺骗行为而陷入错误认识。在此并不要求职员必须对个别的结算进行审查或抽样检查。只要对此存在一般性的信赖，即合同医生仅对实际 42

---

① 参见 OLG Düsseldorf, medstra 2017, 361 以及 Dann 的肯定性意见；同样赞同的还有 *Gaede*, medstra 2018, 1 (2)。
② Vgl. OLG Düsseldorf, medstra 2017, 361.
③ Dazu *Ulsenheimer*, ArztStrafR, Rn. 1114 ff.; *Schroth/Joost*, in: Roxin/Schroth, MedStrafR-HdB, S. 192 f.
④ Vgl. BGH, NStZ-RR 2017, 313.

提供的服务和所产生的费用进行结算，就足够了。①

43　如果病人签署了医生选择协议（Wahlarztvereinbarung，在医院中非常常见），而从该协议中可以得知，由主任医师个人所提供的服务等同于主任医师的下属在其技术监督与指示下所提供的服务，那么，当主任医师进行私人医疗结算时，病人并没有陷入错误认识。② 在这种情形下，可以排除结算诈骗（的成立），此时，基于有效的报酬请求，也没有产生任何的财产损害。

3. 财产处分与财产损害

44　受害人必须因为陷入错误认识而作出财产处分（Vermögensverfügung），例如，在自己的财产中将一定数量的金钱转给行为人。一般而言，财产处分是会对财产直接产生影响的作为、容忍或不作为。③ 财产处分行为必须由陷入错误认识者作出。

45　在合同医生诈骗的情形下，作出财产处分以及遭受财产损害的并非医疗保险公司。尽管医疗保险公司的职员［健保医生协会将整体医疗报酬（Gesamtvergütung）④ 记在医疗保险公司职员的账上］实施了财产处分行为，但该行为并非建立在职员（陷入）错误认识的基础之上。财产处分行为是由健保医生协会自身做出的：通过确定整体医疗报酬，健保医生协会可以处分其合同医生们的

---

① Vgl. BGH, MedR 2006, 721（724）.
② Vgl. *Ulsenheimer*, ArztStrafR, Rn. 1118.
③ Vgl. *Heinrich*, in: Arzt/Weber/Heinrich/Hilgendorf, StrafR BT, § 20, Rn. 69.
④ 关于诊疗报酬支付方式，系由各州健保保险人以整体诊疗报酬（Gesamtvergütung）之支付方式向健保医生协会给付，并依后者制定之诊疗报酬分配标准分配于个别健保医生。参见张道义：《德国健康保险法支付制度法律关系的分析》，载《台大法学论丛》2011 年第 6 期，第 231 页。——译者注

财产，合同医生们因此而遭受财产损害。① 对于《德国刑法典》第 263 条诈骗罪的成立而言，这就已经足够了，因为处分人和受害人不必是同一个人。

在私人医生结算的情形中，财产处分行为则由病患作出。损害则是发生在病患身上，或者在报销的情形下发生在病患的私人保险公司或援助机构（Beihilfestelle）身上。 46

如果合同医生仅仅在形式条款的遵守上有所欺瞒，如雇用未得到许可的助理或表见合伙人（Scheingesellschaftern），那么，（是否存在）财产损害就存在着问题。司法实务在此认定，即便医生实际上有提供服务，也要肯定财产损害（的存在），因为在社会保险法中适用的是严格形式的观察方式。② 在私人病患的情形中，结算的进行是基于《医生费用规定》（Gebührenordnung für Ärzte，GOÄ）③，其规定了可计费的私人医疗服务的内容及其纳税奖励，它也是德国联邦最高法院在私人医生领域中采用形式的损害观察法（formale Schadensbetrachtung）的连结点。④ 在文献中，人们正确地对这一观点展开批评。诈骗罪的财产损害概念不是一种形式的概念，而是一种经济的（wirtschaftlich）概念。⑤ 如果医生合乎规定地治疗病患，并合乎规定地对这一事实（即治疗 47

---

① Vgl. *Ulsenheimer*, ArztStrafR, Rn. 1105 ff.
② Vgl. BGH, NStZ 1995, 85 f.; OLG Koblenz, MedR 2001, 144 (145).
③ 《医生费用规定》于 1996 年 2 月 9 日发布（BGBl. 1996 I 210），最近为 2017 年 6 月 27 日通过的一部法律（即 BGBl. 2017 I 1966）的第 7 条所修正。
④ 参见 BGHSt 57, 95 (115 f.)；对于将形式的观察法转用到私人医生情形这一做法持批判态度的文献，参见 *Hefendehl*, in: MüKoStGB, § 263, Rn. 687; *Kraatz*, ArztStrafR, S. 231 f.
⑤ Vgl. *Heinrich*, in: Arzt/Weber/Heinrich/Hilgendorf, StrafR BT, § 20, Rn. 69.

病患）进行结算，那么，在经济上就没有产生任何的损害。因此，仅是违反形式的规定并无法证立财产损害。①

47a 由于结算体系的复杂性，损害数额的计算是相当困难的，并且人们只有花费大量的精力，才能完成这项工作。通常情形下，需要封存大量的文件，对这些文件的评估已经超出了调查机关与法院的能力（范围）。在这种情形下，司法实务允许通过随机抽样和概率计算来确定损害数额。② 不过，当且仅当涉及的是典型的行为方式（即医生实施了一系列同样的错误结算行为）时，才可以考虑推算（Hochrechnung）。因为根据《德国刑事诉讼法典》第244条以及第261条，法院必须针对所有能够证立刑罚的情形达成确信，故而在确定结算行为的同样性上必须提出很高的要求。如果出现明显的偏差，则不能考虑损害的推算。③

4. 故意与获利意图

48 医生在行为时必须至少具有未必故意（bedingter Vorsatz），也就是说，他必须至少认识到诈骗行为、错误、财产处分以及财产损害的可能性，并予以容忍。在个案中，很难将未必故意和有认识的过失区分开。当案件涉及的不是服务的实际提供而是费用法

---

① Vgl. *Volk*, NJW 2000, 3385 (3388); *Ulsenheimer*, ArztStrafR, Rn. 1121 ff.; *Perron*, in: Schönke/Schröder-StGB, § 263, Rn. 12a ff.

② Vgl. BGHSt 36, 320 ff. =NStZ 1990, 197; BGH, wistra 1990, 227; 1993, 300; GesR 2007, 77 (81).

③ *Schroth/Joost*, in: Roxin/Schroth, MedStrafR-HdB, S. 199; Kraatz 原则上对通过推算来计算损害的做法持批判态度，参见 *Kraatz*, ArztStrafR 232，因为德国联邦宪法法院已经将其在背信罪的范围内对财产不利益的计算必要性考量转移到诈骗罪的构成要件上（BVerfG, NStZ 2012, 496）；进一步的讨论，参见 *Ruckdeschel/Franke/Erlwein-Sayer/Massini*, medstra 2017, 67; *Tsambikakis*, medstra 2017, 65; *Schmidt*, medstra 2017, 79。

上的问题或程序问题时,尤其如此。如果医生认为他的结算是正确的,则他在实施行为时不具有故意。①

此外,医生必须想要取得与财产损害"材质同一的"(stoffgleich)、违法的财产性利益。这意味着,行为人设法取得的利益必须如同是被害人所遭受的财产损害的"反面"(Kehrseite)。如果健保医生为病患提供了不必要的服务,那么,医疗保险公司就没有遭受相同材质的财产损害。在此,病患享受到了更多的服务,而医疗保险公司因没有向医生提出追偿(Regressforderung)而遭受到损害。②

(结算)诈骗罪的审查框架

```
1. 构成要件
   (a) 客观构成要件
      (aa) 诈骗
      (bb) 错误
      (cc) 财产处分
      (dd) 财产损害
   (b) 主观构成要件
      (aa) 故意
      (bb) 获利意图
2. 违法性
3. 有责性
```

---

① 在对服务序号(Leistungsziffern)的解释有争议的情形下,德国联邦最高法院对诈骗故意的存在持怀疑的态度,参见 BGH, medstra 2018, 42 (44)。
② Vgl. BGH, NJW 2004, 454 (455); *Fischer*, StGB, § 263, Rn. 189.

第十一章
新的挑战

1　　医学技术的进步总是给医生、研究人员、病患和社会带来新的问题。① 医疗刑法同样必须面对这些新挑战。

一、人类的自我优化：强化

（一）自我优化的趋势

2　　这几年来，医学领域出现了新的发展：医学不仅被用于治疗病患，还被用于改善健康人士的状态。整容手术、兴奋剂（Doping）、基因技术仅仅是这种变化的个别例子。除外观的美化之外，运动能力或职业能力也得到了提高（例如通过服用药物）。在不远的将来，甚至有可能通过基因技术方法或多或少地对下一代进行"客制化"优化（optimieren）。

3　　到目前为止，此一发展在法律上的讨论仅集中在个别的方

---

① Dazu *Böttinger/zu Putlitz*, Die Zukunft der Medizin.

面，如运动中的兴奋剂、整容手术的费用、通过基因技术来操纵胚胎的容许性等。在盎格鲁—撒克逊语言区，人们通常将整体现象描述成"人类的强化"（Human Enhancement）。① 因此，"所有对人体的矫正性干预"（alle korrigierenden Eingriffe in den menschlichen Körper，人们并不是要通过这些措施来治疗病人，或者说，这些措施不具有医学表征）② 都会被指涉到。人们也可以把它称作"人类的自我优化"（menschliche Selbstoptimierung）。

追求自我优化并不是什么新鲜的事物。各种形式的智力教育、运动训练，甚至是化妆都是"强化"。但是，所使用的手段已经发生了巨大的改变，乃至于人们有必要重新去观察此一现象及其各个方面。新的技术扩张了优化可能性的范围，使其超过了迄今为止可以想象出来的边界。特别是不断增高的进化可控性（Beherrschbarkeit der Evolution）具备从根本上改变社会的潜能。③ 了解这些发展趋势有助于对当前在医学和医疗刑法领域的许多辩论作出更清晰的分类，以及更好地去理解该问题情形。

（二）当前的发展

1. 整容手术

整容手术目前具有显著的增长率。2013 年，在德国发生了约 344 000 次的整容手术，如隆胸。此外，还有约 311 000 次的非手

---

① Vgl. *Lenk*, Therapie und Enhancement; *FLHRBS*, Enhancement.
② Vgl. *Fuchs*, Enhancement, in: Korff/Beck/Mikat, Lexikon der Bioethik, S. 604.
③ So schon *Flämig*, APuZ, 1985, B3, S. 3 ff.

术措施，如注射肉毒杆菌毒素（Botox）。①

6　　　这种"人类美容产业"正越来越多地影响着我们对外观的要求以及对人类体质"天然性"的态度。个体差异和衰老似乎总是被当作破坏性因素，而非人类生命的一部分。同样或者甚至在新兴国家中，整容手术是当前的趋势。在亚洲，除激光视力矫正（其同样具有整容性质）外，眼睛形状的改变或"更女性化的"身体形塑也越来越受欢迎。在美国，种族特征的改变是一种长期以来受到关注的行动，其在自身个体性和来源的认同上似乎也存在着问题。②

2. 作用于生理与心理的兴奋剂；特别是《德国反兴奋剂法》

7　　　自古希腊罗马时期以来，就存在着兴奋剂。但就兴奋剂目前的规模来看以及由于医生当下的参与，它同样是一个医学问题。③ 使用药物来提高运动领域的成绩是众所周知的事情。④ 除提高运动成绩以外，兴奋剂还旨在优化外观，例如，为了获得肌肉增长而服用合成代谢类固醇（Anabolika），或出于纯粹审美的原因而服用"减肥药"（Schlankheitspillen）。

8　　　兴奋剂也蔓延到生活的其他领域。例如，人们在网上可以订购到能提高记忆、集中能力或应对考试压力的药物。即便它们的

---

① Vgl. *Kaufmann*, Deutsche spritzen immer häufiger Botox, Handelsblatt vom 24. 9. 2014, abrufbar unter: http://www.handelsblatt.com/technologie/forschung-medizin/medizin/trend-bei-schoenheitsoperationen-deutsche-spritzen-immer-haeufiger-botox/10746612.html（Stand: 17. 5. 2015）.

② Vgl. *Brock*, in: Parens Enhancing Human Traits, S. 63 f.

③ Vgl. *Linck*, NJW 1987, 2545（2546）.

④ Doping, FAZ online, abrufbar unter: http://www.faz.net/aktuell/sport/Thema/doping/（Stand: 17. 5. 2015）.

第十一章　新的挑战

副作用小于长期使用安非他命（Amphetamin）或其他非法药物的副作用，但它们同样存在着严重的健康危险。此外，服用兴奋剂也违反了（公平）竞争原则，不利于那些拒绝服用的人。

新的《德国反兴奋剂法》（Anti-Doping-Gesetz, Anti-DopG）①再次使该话题成为媒体关注的焦点。该法遵循两个目的：一方面，它起到防止危害健康的作用，这些危害虽然不一定与兴奋剂相关，但经常与之有关。例如，合成代谢类固醇会严重地损害心脏血液循环系统或肝脏。在将来可以想象的还有基因兴奋剂措施（Gendoping-Maßnahmen），通过它可以调节造血。因此，《德国反兴奋剂法》第2条、第4条第1款第1项至第3项处罚的是对兴奋剂药物或方法的处理（Umgang）②和扩散。《德国反兴奋剂法》第2条第2款还专门规定禁止体育医生或医疗护理人员基于提高运动成绩的目的而对他人施用兴奋剂。由于该禁令旨在保护健康，因此，《德国反兴奋剂法》第2条是该法中具有医疗刑法特征的一部分。

9

《德国反兴奋剂法》第3条、第4条第1款第4项至第5项以及第2款的禁令针对的是运动员自身。其目的不是保护健康，而是"体育的完整性"（Integrität des Sports）。③《德国反兴奋剂法》第3条所包含的禁令是，任何人不得在体育比赛（第2款）及

9a

---

① Vgl. BGBl. 2015 I 2210 ff.；深入的说明，参见 *Kusche*, Die Strafbarkeit des Selbstdopings, 2019。
② 对兴奋剂药物的不当处理（unerlaubte Umgang mit Dopingmitteln）主要是指：①制造；②交易；③（非属交易行为的）转让、提供或其他使其流通的行为；④开处方。——译者注
③ Vgl. BT-Drs. 18/4898, S. 26.

其准备阶段（第 1 款、第 4 款）中使用兴奋剂。作为兴奋剂检测系统范围内检测池成员而接受训练检测的运动员或者通过运动取得"可观收入"的运动员（《德国反兴奋剂法》第 4 条第 7 款）违反规定的，处 3 年以下有期徒刑。据此，业余运动员不在兴奋剂刑事禁令的适用范围内。如果外国运动员在德国违反了该法律，也可能遭到起诉。值得注意的是，出于提供兴奋剂的目的而为上述的行为人取得或占有违禁物品的行为，会不受限制（即没有任何数量限制）地受到刑罚（《德国反兴奋剂法》第 3 条第 4 款）。

9b 　《德国反兴奋剂法》的创设受到了公众的广泛关注，它说明了社会所认可的（在体育中甚至是令人赞叹的）自我优化和不被容许的自我优化之间的界限是流动的，此界限的确定不仅是一个医学问题，还是一个伦理问题。从这个例子中就能看出这一点，人们一方面讨论将咖啡因列入体育法上的禁止物质清单中，另一方面为了维持集中能力而使用咖啡因在其他生命领域却是完全可以被接受的。此外，除了在职业运动中，人们在业余运动中也可以看到止痛药的大量使用。最后，无论如何，只有那些成功的运动员（他们所取得的成绩似乎是无法通过自然的方式实现的），才能获得持续性的社会认可。以上所有的内容表明了，除国家的禁令之外，富有成效的兴奋剂抗制还要求我们的社会能够批评性地省思成就与自然性的地位价值（Stellenwert von Leistung und Natürlichkeit）。

3. 对下一代的改善——体外受精、PID、基因技术

10 　在将来，人们可以通过生殖医学和遗传学而使（对下一代

的）改善（Verbesserung）达到一个新水平。在人工授精的过程中筛除具有遗传疾病的胚胎这一做法在其他国家中已经很普遍了。这在理论上至少可以扩展到其他的特征，即根据性别、外部特征或者（甚至是在特定的情形下）性格特征来选择。通过人工授精与遗传物质的改变（例如通过 CRISPR／Cas 技术）的结合，将来人们不仅可以选择，甚至还可能操纵下一代，即生育"理想婴儿"（Wunschbabys）。

4. 整体评判

本文所勾勒的发展具有共同性，这些共同性在道德和法律的评判中是至关重要的。例如，它们几乎都与对身体状况的、相对深入的干预相关，其副作用部分是相当大的，部分则是未被完全揭露的。同样值得注意的是，绝大多数的新干预措施都需要第三方的参与。许多传统的"改善"或多或少是仅由想要强化某一特征的人的行为来实现的。与之相反，在整容手术、服用性能增强药物或基因技术操纵情形中，研究人员、医生或药剂师的参与是必不可少的。

此外，很多新的方法是很昂贵的。谁来为这些方法的实施买单，就经常成为问题。在整容手术中，哪些是医疗保险公司要支付的类别，哪些不是医疗保险公司要支付的类别，这一问题为人们所熟知。[①] 不过，人们可以进一步地去思考这个问题：谁应当为具有遗传疾病的胚胎的筛选、学生的兴奋剂药物、外观缺陷修复买单？最初，答案似乎是非常明显的：那些想要改善的人。但

---

① Vgl. *Lanzerath*, Krankheit und ärztliches Handeln, S. 327.

是，另一方面也会出现一个问题，即经济上较为富裕的人可能会继续扩大其社会优势，而穷人却被挡在现代的强化（技术）的门外，而这是否公平？①

13 　　外表、人为提高的智力以及基因的改善随着其优化的可能性及需求而变得越来越重要。② 采取此类措施以"跟上脚步"（mithalten）的压力也在增加，因此，人们在考虑这些措施的容许性时也要将这种压力纳入考量。

二、预测性基因诊断

14 　　未来在基因与药物研究方面的一个有趣领域是预测性基因诊断（prädiktive Gendiagnostik）。通过对人类基因组的研究和（至少部分）解码，这是有可能实现的。人们不再需要研究病患家属的疾病史，而是希望能够利用病患的基因特征来确定其患有特定疾病的可能性。不过，预测性基因诊断也会面临一些道德和法律上的问题。

15 　　首先可以提出的问题有：可以对谁实施此一检查？特别的告知是否必要？在何种程度上建议后续护理或将护理扩张到亲属？此外，如何处理所获得的基因信息，尤其是在何种程度上限制医疗人员的使用，也是存在问题的。③

---

① So schon *Lanzerath*, Krankheit und ärztliches Handeln, 328.
② Vgl. *Brock*, in: Parens, Enhancing Human Traits, 62 f.
③ 关于对基因技术发展的社会反应，参见 *Stockter*, Verbot genetischer Diskriminierung, S. 37 ff. 。

第十一章 新的挑战

即便是实施"正常的"检查和治疗，医生有时也会面临这个问题，即医生的告知要进行到何种程度，以及哪些检查会对病患造成不利的影响。① 基因检测使情形变得更加复杂。相较于普通的诊断，（基因诊断）结果对病人及其环境的影响要广泛得多。仅举一个例子来说明，身体完全健康的人可能会被诊断出患有亨廷顿舞蹈症（Chorea Huntington，Veitstanz）并因此而死亡。② 如果这种基因缺陷得到确认，它就意味着百分之百的生病可能性，但是病患的父母、孩子或兄弟姐妹也可能在不知情的情形下患上此病。

如果病患被怀疑具有这种特殊的基因缺陷，那么在检查之前应该先考虑不同方面的问题。问题在于，如果诊断结果是病患在之后的几年内会不可避免地死于极端痛苦的疾病，那么，病患要如何应对这一诊断。医生应当事先说明，并在建议中指明，在特定的情形下，不知道病情是否可能会对病患更好，以及他可能会对这些信息作出何种反应。③ 在任何情形下，都必须确保不让病患孤身一人去面对基因检测的结果。

此外，还有对亲属的影响的问题。尤其是在出现亨廷顿舞蹈症这样的病情时，这种疾病肯定会致人死亡，且亲属也极有可能罹患该疾病，因此，他们的利益也应当被纳入考量。

德国联邦最高法院最近的一项判决④在这一方面引起了瞩目：

---

① 参见本书第二章边码 66。
② Dazu schon *Kovács*, Prädiktive genetische Beratung in Deutschland, eine empirische Studie, 2008, abrufbar unter: www.ssoar.info/ssoar/handle/document/21613.
③ *Meincke/Kosinski/Zerres/Maio*, Der Nervenarzt, 2003, S. 413 ff.
④ BGH, NJW 2014, 2190.

原告对被告医生的指控不是医生提供错误的说明或没有提供说明。毋宁说，原告试图向被告请求物质性和精神性的损害赔偿，因为被告指明原告的前夫患有亨廷顿舞蹈症。由于缺乏基因上的亲缘关系，原告（其本身不是被告医生的病人）尽管未受到疾病确诊的直接影响，但其与前夫共同的小孩则受到波及。[①] 自病情被揭露以来，原告患上了反应性抑郁症，该病导致了长时间的病假以及与此相关的无工作能力。

20　　不过，德国联邦最高法院根据《德国民法典》第 823 条第 1 款和第 2 款驳回了原告的损害赔偿请求。一方面，受到干预的法益是原告的健康。但是，由于（医生的）告知和健康损害之间欠缺归责关联，因此，损害赔偿请求无法成立。知道父母一方患有一种（可能会影响到共同的孩子的健康的）重病，并将其传达给另一方，是一种随时可能降临到父母身上的命运，因此，它是一般生活风险（allgemeines Lebensrisiko）。此一风险并不属于《德国民法典》第 823 条第 1 款所要防免的危险。另一方面，一般人格权可能会以不知情权（Recht auf Nichtwissen）的形式受到侵害。不过，德国联邦最高法院拒绝损害赔偿请求，理由是，由于原告缺乏与病人基因上的亲缘关系，不会涉及她的不知情权。[②]

21　　基因检查还会面临其他的个人保护问题。在涉及对基因检查中所获得的数据的处理以及其他人员（雇主、保险公司）对这些数据的可能的支配性时尤其如此。那些通过基因检测而被其他人

---

① Vgl. *Schneider*, NJW 2014, 3133.
② Dazu auch *Schneider*, NJW 2014, 3133 f.

知道其患有严重遗传疾病的人面临着不再被雇用和/或不再被纳入（私人）保险的危险。因此，如何预防这样的危险［即那些目前尚未知道自己的疾病基因诊断的人会面临"不受重视"（的局面）］，是需要加以讨论的。

在这种情形下，会出现一个问题，即国家有无义务来阻止这种歧视。这种国家保护义务可能来自《德国基本法》第 3 条第 1 款（平等原则）或第 2 条第 1 款结合第 1 条第 1 款（一般人格权），这也是 2006 年《一般平等对待法》（Allgemeines Gleichbehandlungsgesetz）的基础。①

三、成像程序

另一个对医学和法律构成严峻挑战的领域是现代成像程序（moderne bildgebende Verfahren），例如正电子发射计算机断层扫描（Positronen-Emissions-Tomographie，PET）以及磁共振成像（MRT，fMRT）。通过这些技术，近几十年来，人们可以深入地观察到中枢神经系统的结构和运作方式。这些非侵入性程序的使用也可能导致新的心理过程说明方法，其对于人类的自我理解至关重要。认识、记忆、感觉、意思自由和道德只是一些口号，这些口号的特征是关于人类图像（Menschenbild）的争议性讨论，而新的成像程序能够引起这种讨论。②

---

① Vgl. BGBl. 2006 I 1897 ff.
② Vgl. *Hillenkamp*, JZ 2005, 313 ff. ; *Fischer*, StGB, Vor § 13, Rn. 9 ff.

24　　　　这些程序记录了特定情形下测试对象的大脑活动。美国大脑研究人员李贝特（Libet）所做的实验非常惊人，在实验中他检查了大脑活动的时间顺序和对有意识决定的感知。在此，人们发现，在受试者认为自己作出决定之前，大脑已经处于活跃状态。由此可以部分地得出结论，即我们认为拥有自由意志这一信念是一种幻觉（Illusion），因为我们的大脑事先就已经作出决定了。从那时起，大脑研究人员实施了更多的实验，这些实验可能会影响到（刑）法及其解释。特别是，当某人不说实话时，通过大脑特定区域的活动就能够得到证明。通过这种方式，关于测谎仪（Lügendetektor）的讨论就会在一个新的水平上继续进行下去。①

四、医疗机器人与人机结合

25　　　　在当代的医学中，越来越多的机器被投入使用。一方面，这与不断增加的、作为"辅助工具"的机器［如手术机器人（OP-Roboter）］的使用相关；另一方面，它涉及越来越紧密的人机结合（Verbindung von Mensch und Maschine）。此一发展对医学的现实性及其在社会上和法律上的归类以及人类图像产生了重大影响。

26　　　　机器人的使用还会导致与民事和刑事责任相关的新问题。② 因为，与外科医生单独实施治疗（然后独自对其行为的后

---

① Vgl. *Hilgendorf*, FS Yenisey, 2014, S. 913 ff.
② Vgl. *Hilgendorf*, FS Fischer, 2018, S. 99 ff.

第十一章 新的挑战

果承担责任）的情形不同，在机器人"参与分工"的情形中会形成新的责任分配。举例而言，如果机器人的编程不正确，因而导致损害的发生，那么，显然不应由实施治疗行为的外科医生独自承担责任。因此，在这种情形下，准确地追究结果的原因行为（Kausalitäten），具有重要的意义。

当机器人能自我"学习"（即将新经验纳入其旧经验范围中，并从中得出新结论）时，这一点尤其重要。在此涉及一个问题，即应由设置条件的程序员，抑或负责教（机器人）的操作者，抑或甚至是机器人本身来承担责任。① 这最终仍是一个个案问题，但有必要准确遵循这一发展，并确立责任的框架条件。

在未来，人机结合同样具有重大的意义：通过技术的人造零件或限定意义上的"机器"来替代人体的部分并不是新鲜事物——人造关节或假牙已经属于日常的医疗实践，这已有相当长的一段时间。从某种意义上来说，轮椅的使用也是一种人机结合。到目前为止，这些方法对于医疗方法的评价或对于人类图像而言，并不是一个新的挑战。不过，如果人们考虑到人工呼吸（künstliche Beatmung）这一可能性——最终用机器来取代肺——在死亡帮助、病人自主以及医学治疗限度上所造成的影响，那么，可以看到刚刚开始的人机融合对于观察方式和与人的相处而言有着重大的意义。② 假以时日，人们可以发展出一种可能

27

28

---

① 讨论情形的概述，参见 Schulz, Verantwortlichkeit bei autonom agierenden Systemen。
② Dazu die Beiträge von Beck und Hilgendorf, in: Menschenwürde und Medizin, S. 997 ff. und 1047 ff.

性，即对于那些患有"闭锁综合征"（Locked-In-Syndrom）① 的人，通过将其大脑与机器相连结，人们就可以和其大脑进行直接的沟通。对于当中的部分病患而言，他们的每块肌肉几乎都瘫痪了，只有连结到机器上，身体才有可能运作。

29　　另一个相关的发展是使用所谓的"大脑起搏器"（Hirn-Schrittmacher）②。最初开发这些设备是为了让患有帕金森病的人能够尽可能无症状地生活。但是，这带来了相当重大的法律和道德问题：如果技术设备对人脑电流有影响，该设备的使用本身就已经意味着对人类图像和法律规定构成了挑战。如果帕金森病患者的特定行动不是由自身的意志（形成）努力而是由机器所引起的，那么，该行动是否仍然是"他的"行动，以及他是否应对可能的后果负责，将会是有疑问的。

30　　可以顺带一提的是，每种新的医疗方法还会面临一些普遍性的问题：存在哪些健康风险？人体试验可以进行到何种程度？在何种程度上才能保护病人的自主？大规模的使用会产生何种影响？以及最后一个问题——如何为此类程序提供资金？

31　　无论如何，这种做法是有问题的，即等到技术现实赶超社会之后再去回答这些问题。人机的融合已经全面性地展开了。即便是尚未被完全预见到的全新可能性，这种发展给社会所带来的改

---

① 闭锁综合征是指患者虽然意识清醒，但却由于全身随意肌（除眼睛外）全部瘫痪，导致患者不能活动、不能自主说话的一种综合征。如果患者眼睛也瘫痪，则被称为完全性闭锁综合征，它是闭锁综合征的一种特殊形式。——译者注

② 大脑起搏器，又被称作脑深部电刺激术（DBS），在脑内特定的神经核团植入电极，释放高频电刺激，抑制了这些因多巴胺能神经元减少而过度兴奋的神经元的电冲动，降低了其过度兴奋的状态，从而减轻帕金森病症状。——译者注

变相较于有问题的技术（如克隆、人类基因操纵和胚胎选择等）可能更为持久。

五、治疗与改善的差异

（一）医学及伦理上的区分

在所有的这些主题上，第一个问题是：我们如何区分治疗和改善（Verbesserung）？原则上，治疗旨在使病人痊愈，除此之外就是健康人的改善。因此，起到决定性作用的是，从哪一个时点开始，人们才能将某种身体或精神上的状态称作"生病"（krank）。

世界卫生组织（WHO）对健康的定义是非常宽泛的："健康是指生理、心理与社会功能的良好状态。"① 显然，这种状态的达成是很罕见的，因此，对于伦理和法律讨论而言，它不适合作为可用的区分标准。故而，先去处理人们对于"生病"的定义，显得更有意义。

原则上，"生病"意味着与正常水平的负偏差（negative Abweichung）。但是，问题在于，这是基于何种标准，以及在何种前提下人们可以将一种偏差评价为相当重大的偏差，从而使它落入疾病的范畴之中。对此，人们提出了不同的观点。通过疾病与健康

---

① "健康是指生理、心理与社会功能的良好状态，而不仅仅指没有疾病或衰弱。"世界卫生组织对健康的定义，参见 https://www.who.int/about/mission/en/，访问日期：2019 年 2 月 9 日。

之间的区分角度，它们可以区分为：客观的、主观的和社会的。①

35 　　根据客观的疾病概念（objektiver Krankheitsbegriff），人们会将病人的状态与"正常的状态"（即身体的正常运作）作比较，并在出现偏差的情形下将其称作"生病"。在此，"正常性"的确定一般会参考平均值。许多血液检查（Blutuntersuchung）都以这个概念作为基础，例如关于血液中白细胞数量是否增加这一问题（对此，存在一个特定的、平均取得的范围，它被视作正常的，是没有生病的）。偏离这个范围（即数量更高或更低），就意味着身体的功能有偏离，因此是生病的。

36 　　主观的疾病概念（subjektiver Krankheitsbegriff）是基于当事人的感知。因此，如果当事人感到自己生病了，他就是生病的。主观的感受可能会与客观的状态相偏离，或是在客观的检测中没有被他人察觉到。例如，某人可能处于痛苦之中，但没有明显的原因导致其偏离身体的正常功能，或是对一种客观上正常的状态感到有负担。特别是在心理疾病方面，当事人是否体会到自身的负担感受这一问题发挥着重要的作用。

37 　　社会的疾病概念（sozialer Krankheitsbegriff）则是基于社会的认知或特定状况的社会影响。如果当事人的远近周遭都将其归为"生病的"，那就存在着疾病。举例而言，在所谓的"倦怠"（Burn-Out）受害者身上，人们就可以想象到它（即社会的疾病），不要求他们的身体状态与正常性相偏离，且他们也没有感受到自己是生病的，但是他们既无法从事工作，也无法融入社会生

---

① Vgl. *Lenk*, Therapie und Enhancement, S. 27 f.

第十一章 新的挑战

活中并被（社会）接纳，因此，周遭将他们视作有病的。

（二）法律（特别是医疗刑法）上的重要性

疾病与健康这两个概念在不同的部门法中扮演着重要的角色。在《德国基本法》（第2条第2款第2句）中，"身体的完整性"（körperliche Unversehrtheit）受到了保护，除了生物物理意义上的人类健康，它还包括了心理意义上的人类健康（而不是社会的舒适感）。① 此外，法律中的概念也在个别领域（或与特定的案例类型相关）中得到讨论，尤其是因为人们认为，基于各个问题的特殊性，统一的定义是不可能的。② 实际上，有可能甚至有必要的做法是，根据规范的目的，在不同的部门法中也以不同的内容来填充特定的概念。③

在《药品法》中，"疾病"这一概念在决定某种物质能否被归类为药品的情形中（《药品法》第2条第1款第1项）起着重要的作用。在《麻醉品法》中，此种区分也是至关重要的。④ 在这一领域，德国联邦最高法院将疾病认定为"任何一种，即对身体的正常性质或正常活动造成的紊乱是不严重的或短暂的，这种紊乱可以被治愈"。此一定义的问题在于，它没有针对"正常的"标准提出有意义的参考值。

为了确定民法或行业上的医生义务，需要确定疾病与健康之

38

39

40

---

① 参见 *KP*, StaatsR II, Rn. 420；德国联邦宪法法院还没有决定是否将保护范围扩张到生理意义以外，参见 BVerfGE 56, 54 (73)。
② 关于疾病概念，参见 *Rieger*, Lexikon ArztR, 502, Rn. 1113。
③ Vgl. BGH, NJW 1981, 1316 (1317); BGHSt 11, 304 (309).
④ Vgl. BGH, NJW 1991, 2359.

间的区分。根据职业规定，医生的义务涉及的是健康，其与美容、智力或运动成绩无关［《德国执业医生的（模范）职业规范》（2018 年在爱尔福特举行的德国医生大会通过的决议版本）第 1 条］。

41 在健康保险领域，人们要基于"医疗行为"这一概念来决定费用的承担。即便多年以来这一概念得到了扩张，但那些仅仅旨在改善的措施不应由公众来承担（费用）。① 与它相符的是一种限缩的疾病概念，该概念指的是身心不正常的状态，这种状态需要得到治疗或者明显地表现为无工作能力。因此，它涉及的是客观的标准以及治疗措施的必要性。

42 在劳动法中，疾病与健康的区分对继续支付工资（Entgeltfortzahlung）和解雇起着重要的作用。原则上，如同在社会法中，会参照疾病的医学定义，此外还总是会要求无工作能力（Arbeitsunfähigkeit）的存在。有时，心理痛苦也会落入劳动法上的疾病概念中。② 不过，此处存在的问题是，自何时或何种严重程度开始，应通过强化来抗制的自卑感（Minderwertigkeit）可以被评价为心理紊乱。

43 在税法中，从医生所享受到的优待（Privilegien）中可以导出区分的必要性，因为治疗疾病的人员不必缴纳营业税和增值税（参见《营业法》第 14 条、《增值税法》第 4 条第 14 款）。当医生实施的不是治疗活动而是"改善"活动时，则必须重新讨

---

① Brock 持怀疑态度，参见 *Brock*, in: Parens, Enhancing Human Traits, S. 64 ff.。
② Vgl. BAG, Urt. v. 5. 4. 1976, AP Nr. 40 zu § 1 LohnFG.

论。① 在此，当人们在评价某一手术是否旨在"对疾病或其他健康紊乱状态实施医学治疗"②，从而保护人类的健康时，会诉诸医学的表征以及社会保险机构承担费用的表征。③

在国际层面，例如在基因技术中，也有必要区分治疗措施和改善措施。根据欧洲理事会《生物伦理公约》④ 第 13 条，仅出于预防、诊断或治疗目的，才允许实施旨在改变人类基因组的干预行为。

44

在不同的法律问题中，健康与疾病之间的区分起着重要的作用。关于不同法律问题的介绍表明了，概念之间的差异并非没有问题。在生病状态（及医疗行为）归类上的差异不仅会导致与应用相关联的困难，还会造成评价矛盾（Wertungswidersprüche）。

45

如果人们将整体的发展拉入视野之中，就能看到显著的社会变化。总是有越来越多的不适、虚弱、不满等形式被视作疾病。⑤ 另外，人们认为，发展出一个放诸四海而皆准的疾病概念是不现实的。⑥ 通过新概念的体系化制定，或许可以解决这个问题。人们可以在劳动法［除疾病外，《假期期间和疾病情形下的

46

---

① BFH, Urt. v. 15. 7. 2004 -V R 27/03; *Linck*, NJW 1987, 2545 (2547).
② BFH, Urt. v. 15. 7. 2004 -V R 27/03.
③ 在 BFH-Urt. v. 15. 7. 2004 -V R 27/03 中，社会法上的概念的使用并没有得到证立，其和 BGH NJW 1958, 916（917）相违背，后者指出不加思考地在不同的法律之间进行概念的转用会违反法律的目的。
④ Abrufbar unter http：//conventions. coe. int/Treaty/en/Treaties/Html/164. html (Stand：9. 2. 2019).
⑤ Vgl. *Kern/Rehborn*, in：Laufs/Kern/Rehborn, ArztK-HdB, § 1, Rn. 28.
⑥ Vgl. *Schipperges*, in：Schipperges/Seidler/Unschuld, Krankheit, Heilkunst Heilung, S. 485.

工资支付法》（EFZG）第 3 条第 1 款还提出无工作能力作为要求］和社会法［其涉及治疗的需求性（Behandlungsbedürftigkeit）］中找到例子。① 因此，人们有可能找到并讨论疾病与健康、治疗与强化的统一性定义要素，这些要素在各自的情况下可以通过特殊性来加以补充或限缩。只有在至少有若干标准来区分治疗与改善、疾病与健康的情形下，人们才能对以下的核心问题作出回答（无论如何，回答必须以当今的医学理解为基础）：是否容许改善？容许改善的前提条件为何？以及容许改善的范围为何？

---

① Vgl. *Kern/Rehborn*, in: Laufs/Kern/Rehborn, § 1, Rn. 29.

参考文献

Andreas/Debong/Bruns ArztR-HdB/*Bearbeiter* ············	Andreas/Debong/Bruns, Handbuch Arztrecht in der Praxis, 2007
AWHH StrafR BT *Bearbeiter* ···	Arzt/Weber/Heinrich/Hilgendorf, Strafrecht Besonderer Teil, 3. Aufl. 2015
Badura-Lotter Forschung an embryonalen Stammzellen ········	Badura-Lotter, Forschung an embryonalen Stammzellen, Zwischen biomedizinischer Ambition und ethischer Reflexion, 2005
Baier Medizin im Sozialstaat ················	Baier, Medizin im Sozialstaat, Medizinsoziologische und medizinpolitische Aufsätze, 1978
Beck Stammzellforschung ······	Beck, Stammzellforschung und Strafrecht, Zugleich eine Bewertung der Verwendung von Strafrecht in der Biotechnologie, 2006
Becker/Schipperges Krankheitsbegriff ························	Becker/Schipperges (Hrsg.), Krankheitsbegriff, Krankheitsforschung, Krankheitswesen, 1995
Below Der Arzt im römischen Recht ·························	Below, Der Arzt im römischen Recht, 1953

Benda/Maihofer/Vogel VerfassungsR–HdB	Benda/Maihofer/Vogel, Handbuch des Verfassungsrechts der Bundesrepublik Deutschland, 2. Aufl. 1994
Binding/Hoche Freigabe der Vernichtung lebensunwerten Lebens	Binding/Hoche, Die Freigabe der Vernichtung lebensunwerten Lebens. Ihr Maß und ihre Form, 1920; neu hrsg. und mit einer Einführung versehen von Naucke, 2006
BJTW Selbstbestimmung im Sterben	Borasio/Jox/Taupitz/Wiesing, Selbstbestimmung im Sterben–Fürsorge zum Leben: Ein Gesetzesvorschlag zur Regelung des assistierten Suizids, 2014
Bockelmann Strafrecht des Arztes	Bockelmann, Strafrecht des Arztes, 1968
Böttinger/zu Putlitz Die Zukunft der Medizin	Böttinger/zu Putlitz(Hrsg.), Die Zukunft der Medizin. Disruptive Innovationen revolutionieren Medizin und Gesundheit, 2019
Borowy Postmortale Organentnahme	Borowy, Die postmortale Organentnahme und ihre zivilrechtlichen Folgen, 2000
Byrd/Hruschka/Joerden Jahrbuch für Recht und Ethik ...	Byrd/Hruschka/Joerden (Hrsg.), Jahrbuch für Recht und Ethik/Annual Review of Law and Ethics, Bd. 15, 2007
Czeguhn/Hilgendorf/Weitzel Eugenik und Euthanasie	Czeguhn/Hilgendorf/Weitzel (Hrsg.), Eugenik und Euthanasie 1850–1945. Frühformen, Ursachen, Entwicklungen, Folgen, 2009

参考文献

Czerner Euthanasie-Tabu ······	Czerner, Das Euthanasie-Tabu: Vom Sterbehilfe-Diskurs zur Novellierung des § 216 StGB, 2004
Dabrock/Ried Therapeutisches Klonen als Herausforderung ···	Dabrock/Ried (Hrsg.), Therapeutisches Klonen als Herausforderung für die Statusbestimmung des menschlichen Embryos, 2005
Damschen/Schönecker Moralischer Status menschlicher Embryonen ······················	Damschen/Schönecker (Hrsg.), Der moralische Status menschlicher Embryonen. Pro und contra Spezies-, Kontinuums-, Identitäts-und Potentialitätsargument, 2002
Darwin Die Entstehung der Arten ······················	Darwin, Die Entstehung der Arten durch natürliche Zuchtwahl, übersetzt von Neumann, 1963
Decher Signatur der Freiheit ···	Decher, Die Signatur der Freiheit: Ethik des Selbstmords in der abendländischen Philosophie, 1999
Dettmeyer Medizin & Recht ······	Dettmeyer, Medizin & Recht, Rechtliche Sicherheit für den Arzt, 2. Aufl. 2006
Dierks/Wienke/Eisenmenger Rechtsfragen der Präimplantationsdiagnostik ······················	Dierks/Wienke/Eisenmenger (Hrsg.), Rechtsfragen der Präimplantationsdiagnostik, 2007
Dreier/Bearbeiter ············	Dreier (Hrsg.), Grundgesetz-Kommentar, Bd. 1, 3. Aufl. 2013
Duttge/Lenk Das sogenannte Recht auf Nicht-Wissen ······	Duttge/Lenk (Hrsg.), Das sogenannte Recht auf Nicht-Wissen. Normatives Fundament und anwendungspraktische Geltungskraft, 2019
Eser Recht und Medizin ······	Eser, Recht und Medizin, 1990
Eser/Lutterotti/Sporken Lexikon Medizin, Ethik, Recht ·········	Eser/Lutterotti/Sporken (Hrsg.), Lexikon Medizin, Ethik, Recht, 1992

Esser Verfassungsrechtliche Aspekte der Lebendspende ……	Esser, Verfassungsrechtliche Aspekte der Lebendspende von Organen zu Transplantationszwecken, 2000
Fabrizy ……………………	Fabrizy, Strafgesetzbuch und ausgewählte Nebengesetze (Kurzkommentar), 13. Aufl. 2018
Fischer ……………………	Fischer, Strafgesetzbuch und Nebengesetze, 67. Aufl. 2019
FLHRBS Enhancement ………	Fuchs/Lanzerath/Hillebrand/Runkel/Balcerak/Schmitz, Enhancement. Die ethische Diskussion über biomedizinische Verbesserungen des Menschen, 2002
Frister StrafR AT ……………	Frister, Strafrecht Allgemeiner Teil, 8. Aufl. 2018
FS Brohm ……………………	Der Wandel des Staates vor den Herausforderungen der Gegenwart. Festschrift für Winfried Brohm zum 70. Geburtstag, hrsg. von Eberle/Ibler/Lorenz, 2002
FS Horn ……………………	Zivil-und Wirtschaftsrecht im Europäischen und Globalen Kontext. Private and Commercial Law in a European and Global Context. Festschrift für Norbert Horn zum 70. Geburtstag, hrsg. von Berger/Borges/Herrmann (ua), 2006
FS Kühl ……………………	Festschrift für Kristian Kühl zum 70. Geburtstag, hrsg. von Heger/Kelker/Schramm, 2014
FS Lenckner …………………	Festschrift für Theodor Lenckner zum 70. Geburtstag, hrsg. von Eser/Schittenhelm/Schumann, 1998
FS Miyazawa …………………	Festschrift für Koichi Miyazawa: Dem Wegbereiter des japanisch-deutschen Strafrechtsdiskurses, hrsg. von Kühne, 1995
FS Roxin ……………………	Strafrecht als Scientia Universalis. Festschrift für Claus Roxin zum 80. Geburtstag, hrsg. von Heinrich/Jäger/Achenbach/Amelung/Bottke/Haffke/Schünemann/Wolter, 2011

FS Schreiber	Strafrecht – Biorecht – Rechtsphilosophie. Festschrift für Hans – Ludwig Schreiber zum 70. Geburtstag, hrsg. von Amelung/Beulke/Lilie/Rüping/Rosenau/Wolfslast, 2005
FS Schwartländer	Würde und Recht des Menschen. Festschrift für Johannes Schwartländer zum 70. Geburtstag, hrsg. von Heiner/Brugger/Dicke, 1992
FS Sootak	Nullum ius sine scientia. Festschrift für Jaan Sootak, hrsg. von Parmas/Pruks, 2008
FS Tröndle	Festschrift für Herbert Tröndle zum 70. Geburtstag, hrsg. von Jescheck/Vogler, 1989
FS Tübinger Juristenfakultät	Tradition und Fortschritt im Recht. Festschrift gewidmet der Tübinger Juristenfakultät zu ihrem 500 jährigen Bestehen 1977 von ihren gegenwärtigen Mitgliedern und in deren Auftrag, hrsg. von Gernhuber, 1977
FS Yenisey	Festschrift für Feridun Yenisey zum 70. Geburtstag, hrsg. von Nuholu, 2014
Gesang Perfektionierung des Menschen	Gesang, Perfektionierung des Menschen, 2007
Gethmann–Siefers/Huster Präimplantationsdiagnostik	Gethmann – Siefers/Huster (Hrsg.), Recht und Ethik in der Präimplantationsdiagnostik, 2005
GS Schröder	Gedächtnisschrift für Horst Schröder, hrsg. v. Stree/Lenckner/Cramer/Eser, 1978
Günther/Taupitz/Kaiser/*Bearbeiter*	Günther/Taupitz/Kaiser, Embryonenschutzgesetz, Juristischer Kommentar mit medizinisch – naturwissenschaftlichen Grundlagen, 2. Aufl. 2014

Hilgendorf Tatsachenaussagen und Werturteile	Hilgendorf, Tatsachenaussagen und Werturteile im Strafrecht entwickelt am Beispiel des Betruges und der Beleidigung, 1998
Hilgendorf/Valerius StrafR AT	Hilgendorf/Valerius, Strafrecht Allgemeiner Teil, 2. Aufl. 2015
Hippokrates Ausgewählte Schriften	Hippokrates. Ausgewählte Schriften. Aus dem Griechischen übersetzt und herausgegeben von Hans Diller, 1994
Höfling/Bearbeiter	Höfling (Hrsg.), Transplantationsgesetz, Kommentar, 2. Aufl. 2013
Hörnle, Gutachten C zum DJT 2014	Hörnle, Kultur, Religion, Strafrecht–Neue Herausforderungen in einer pluralistischen Gesellschaft, Gutachten C zum 70. Deutschen Juristentag, 2014
Hoerster, Sterbehilfe im säkularen Staat	Hoerster, Sterbehilfe im säkularen Staat, 1998
Honnefelder/Streffer Jahrbuch für Wissenschaft und Ethik	Honnefelder/Streffer (Hrsg.), Jahrbuch für Wissenschaft und Ethik, Bd. 8, 2003
Isensee/Kirchhof StaatsR-HdB	Isensee/Kirchhof, Handbuch des Staatsrechts. Bd. V: Rechtsquellen, Organisation, Finanzen, 3. Aufl. 2007
Jäger StrafR AT	Jäger, Examens-Repetitorium Strafrecht Allgemeiner Teil, 7. Aufl. 2019
Jakobs Tötung auf Verlangen	Jakobs, Tötung auf Verlangen, Euthanasie und Strafrechtssystem. Öffentlicher Vortrag vom 2. Februar 1998

Joerden/Hilgendorf/Thiele Menschenwürde und Medizin	Joerden/Hilgendorf/Thiele (Hrsg.), Mensch-enwürde und Medizin. Ein interdisziplinäres Handbuch, 2013
Joerden/Szwarc Europäisierung des Strafrechts	Joerden/Szwarc (Hrsg.), Europäisierung des Strafrechts in Polen und Deutschland, 2007
Korff/Beck/Mikat Lexikon der Bioethik	Korff/Beck/Mikat (Hrsg.), Lexikon der Bioethik, 3 Bände, 2000
Kraatz ArztStrafR	Kraatz, Arztstrafrecht, 2. Aufl. 2018
Kress Ethik der Rechtsordnung	Kress, Ethik der Rechtsordnung. Staat, Grundrechte und Religionen im Licht der Rechtsethik, 2012
Kress Medizinische Ethik	Kress, Medizinische Ethik. Gesundheitsschutz, Selbstbestimmungsrechte, heutige Wertkonflikte. 2. Aufl., 2009
Krey/Heinrich/Hellmann StrafR BT 1	Krey/Heinrich/Hellmann, Strafrecht Besonderer Teil, Band 1, 16. Aufl., 2015
Kühl StrafR AT	Kühl, Strafrecht Allgemeiner Teil, 8. Aufl. 2017
Lackner/Kühl	Lackner/Kühl, Strafgesetzbuch mit Erläuterungen, 29. Aufl. 2018
Lanzerath Krankheit und ärztliches Handeln	Lanzerath, Krankheit und ärztliches Handeln, Zur Funktion des Krankheitsbegriffs in der medizinischen Ethik, 2000
Laufs ArztR-HdB/*Bearbeiter*	Laufs, Handbuch des Arztrechts, 2. Aufl. 1999
Laufs/Katzenmeier/Lipp ArztR	Laufs/Katzenmeier/Lipp, Arztrecht, 7. Aufl. 2015

Laufs/Kern Rehborn ArztR-HdB/ *Bearbeiter*	Laufs/Kern, Handbuch des Arztrechts, 5. Aufl. 2019
Laufs/Uhlenbruck ArztR-HdB/ *Bearbeiter*	Laufs/Uhlenbruck, Handbuch des Arztrechts, 3. Aufl. 2002
Lenk Therapie und Enhancement	Lenk, Therapie und Enhancement. Ziele und Grenzen der modernen Medizin, Münsteraner Bioethik-Studien, Bd. 2, 2002
Lifton Ärzte im Dritten Reich	Lifton, Ärzte im Dritten Reich, 1988
LK-StGB/*Bearbeiter*	Leipziger Kommentar: Strafgesetzbuch, hrsg. v. Laufhütte/Rissing-van Saan/Tiedemann, 12. Aufl. 2006 ff.
MAH MedR/*Bearbeiter*	Münchener Anwaltshandbuch Medizinrecht, hrsg. von Terbille/Clausen/Schroeder - Printzen, 2. Aufl. 2013
Maio Ethik in der Medizin	Maio, Mittelpunkt Mensch: Ethik in der Medizin, 2011
Maio/Just Forschung an embryonalen Stammzellen	Maio/Just, Die Forschung an embryonalen Stammzellen in ethischer und rechtlicher Perspektive, 2003
Mann, Biologismus im 19. Jahrhundert	Mann, Biologismus im 19. Jahrhundert, Vorträge eines Symposiums vom 30. bis 31. Oktober 1970 in Frankfurt am Main, 1973
Maurach/Schroeder/Maiwald StrafR BT 1	Maurach/Schroeder/Maiwald, Strafrecht Besonderer Teil. Teilband 1: Straftaten gegen Persönlichkeits- und Vermögenswerte, 10. Aufl. 2010

Meltzer Das Problem der Abkürzung „lebensunwerten Lebens" ······	Meltzer, Das Problem der Abkürzung „lebensunwerten Lebens", 1925
Mitscherlich/Mielke Medizin ohne Menschlichkeit ········	Mitscherlich/Mielke (Hrsg.), Medizin ohne Menschlichkeit. Dokumente des Nürnberger Ärzteprozesses, 1989
Morus Utopia ················	Morus, Der utopische Staat: Utopia. Sonnenstaat. Neu-Atlantis, hrsg. v. Heinisch, 1960
MüKoStGB/*Bearbeiter* ········	Münchener Kommentar zum Strafgesetzbuch, hrsg. von Joecks/Miebach, 3. Aufl. 2017-2019
Müller-Mielitz/Lux E-Health-Ökonomie ················	Müller-mielitz/Lux(Hrsg.), E-Health-Ökonomie, 2017
NK-MedR/*Bearbeiter* ········	Nomos Kommentar zum gesamten Medizinrecht, hrsg. v. Bergmann/Pauge/Steinmeyer, 3. Aufl. 2018
NK-StGB/*Bearbeiter* ········	Nomos Kommentar zum Strafgesetzbuch, hrsg. v. Kindhäuser/Neumann/Paeffgen, 5. Aufl. 2017
Oduncu/Schroth/Vossenkuhl Stammzellenforschung und therapeutisches Klonen ··········	Oduncu/Schroth/Vossenkuhl (Hrsg.), Stammzellenforschung und therapeutisches Klonen, 2002
Osterlow Biostrafrecht ········	Osterlow, Biostrafrecht. Eine neue wissenschaftliche Teildisziplin (Das Strafrecht vor neuen Herausforderungen, Bd. 6), 2004
Parens Enhancing Human Traits ················	Parens (Hrsg.), Enhancing Human Traits: Ethical and Social Implications, 2000
Ponsold Lehrbuch der gerichtlichen Medizin ··············	Ponsold (Hrsg.), Lehrbuch der gerichtlichen Medizin, 3. Aufl. 1967
KP StaatsR II ·············	Kingreen/Poscher, Grundrechte Staatsrecht II, 34. Aufl. 2018

Putz/Steldinger
Patientenrechte ················   Putz/Steldinger, Patientenrechte, 6. Aufl. 2016

Ratzel/Luxenburger
MedR-HbB ····················   Ratzel/Luxenburger Handbuch Medizinrecht, 3. Aufl. 2015

Rieger Lexikon ArztR ·········
 Rieger, Lexikon des Arztrechts, 1984

Roxin/Schroth
MedStrafR-HdB ···············   Roxin/Schroth (Hrsg.), Handbuch des Medizinstrafrechts, 4. Aufl. 2010

Saliger Selbstbestimmung bis
zuletzt ·························   Saliger, Selbstbestimmung bis zuletzt. Rechtsgutachten zum Verbot organisierter Sterbehilfe, 2015

Schipperges/Seidler/Unschuld
Krankheit, Heilkunst,
Heilung ·······················   Schipperges/Seidler/Unschuld, Krankheit, Heilkunst, Heilung, 1991

Schönke/Schröder/
Bearbeiter ····················   Schönke/Schröder, Strafgesetzbuch, 30. Aufl. 2019

Schulz Verantwortlichkeit bei autonom agierenden Systemen ···   Schulz, Verantwortlichkeit bei autonom agierenden Systemen. Fortentwicklung des Rechts und Gestaltung der Technik, 2015

Singer Praktische Ethik ······   Singer, Praktische Ethik, 2013

SKGO/*Bearbeiter* ···············   Schroth/König/Gutmann/Oduncu, Transplantationsgesetz, Kommentar, 2005

Sternberg-Lieben Die objektiven Schranken der Einwilligung ···   Sternberg-Lieben, Die objektiven Schranken der Einwilligung, 1997

Stiftung Datenschutz Big data und E-Health ···············   Stiftung Datenschutz (Hrsg.), Big data und E-Health, 2017

Stockter Verbot genetischer Diskriminierung …………	Stockter, Das Verbot genetischer Diskriminierung und das Recht auf Achtung der Individualität, 2008
Ulsenheimer ArztStrafR ………	Ulsenheimer, Arztstrafrecht in der Praxis, 5. Aufl. 2015
Verrel Patientenautonomie und Strafrecht bei der Sterbebegleitung …………………	Verrel, Patientenautonomie und Strafrecht bei der Sterbebegleitung. Gutachten C für den 66. Deutschen Juristentag, 2006
Wabnitz/Janovsky Wirtschafts-StrafR-HdB ……	Wabnitz/Janovsky (Hrsg.), Handbuch des Wirtschafts- und Steuerstrafrechts, 4. Aufl. 2014
Wessels/Beulke/Satzger StrafR AT ……………	Wessels/Beulke/Satzger, Strafrecht Allgemeiner Teil, 48. Aufl. 2018
Wessels/Hettinger/Engländer StrafR BT 1 ……………	Wessels/Hettinger/Engländer, Strafrecht Besonderer Teil 1, Straftaten gegen Persönlichkeits- und Gemeinschaftswerte, 42. Aufl. 2018
Wiesing Ethik in der Medizin ……………	Wiesing (Hrsg.), Ethik in der Medizin, Ein Studienbuch, 4. Aufl. 2012
v. Zezschwitz Ärztliche Suizidbeihilfe im Straf- und Standesrecht …………	v. Zezschwitz, Ärztliche Suizidbeihilfe im Straf- und Standesrecht, 2016

关键词索引[*]

Ärztliche Schweigepflicht 医生的保密义务 **9** 1 ff.
—Geheimnis 秘密 **9** 14 ff.
—geschützte Person 受保护之人 **9** 21 ff.
—Offenbaren des Geheimnisses 公开秘密 **9** 30 ff.
—Rechtfertigung 违法阻却事由 **9** 39 ff.
—Schutzgut 保护法益 **9** 3 f.
—subjektiver Tatbestand 主观构成要件 **9** 34 ff.
—Täterkreis 行为人范围 **9** 8
—Umfang 范围 **9** 20
—Abrechnungsbetrug 结算诈骗 **10** 35 ff.
—Bereicherungsabsicht 获利意图 **10** 48
—Irrtum 错误 **10** 41 f.
—Täuschung 欺骗 **10** 37 ff.
—Vermögensschaden 财产损害 **10** 44 ff.
—Vermögensverfügung 财产处分 **10** 44 ff.
—Vorsatz 故意 **10** 48
AIDS 艾滋 **9** 52
Allgemeines Persönlichkeitsrecht 一般人格权 **2** 2, **4** 50a, **7** 22, **8** 3, **8** 19, **11** 20, **11** 22
Akute Lebensgefahr 急迫的生命危险 **2** 59, **2** 79
Amtsträger 公务员 **10** 3 ff.
Analogieverbot 类推禁止 **7** 24, **8** 57

---

[*] 关键词索引中的加粗数字为本书章节序号,未加粗数字为边码。

Antike　古希腊罗马(时期)　1 4, 3 3 f., 11 7
Arztstrafrecht　医生刑法　1 20 f., 2 17
Aufklärung　告知　2 1 f., 2 22, 2 39 ff.
—Arten　种类　2 41 ff.
—Form　形式　2 50 ff.
—Pflicht　义务　2 1 f., 2 22, 2 39 f., 2 53 ff.
—praktische Probleme　实际问题　2 65 f.
—Reichweite　射程　2 54 ff.
—Verzicht　放弃　2 61 f.
—Zeitpunkt　时点　2 47 ff.
Autonomie　自主　2 9, 2 16, 2 18, 2 29, 2 66, 5 20, 11 28

Beginn der Geburt　出生的开始　6 30 ff.
Behandlungsabbruch, s. auch Sterbehilfe, passiv　治疗中止,另见消极的死亡帮助　4 12 ff., 4 35, 4 42 f., 4 54 ff., 6 14, 8 16
Beihilfe zur Selbsttötung　帮助自杀　4 44 ff.
Beschneidung　割礼　2 28 ff.
Bestechlichkeit　受贿　10 20 ff.
Bildgebende Verfahren　成像程序　11 23 ff.
Biostrafrecht　生物刑法　1 21

CRISPR/CAS　CRISPR/CAS 技术　7 44, 11 10
Cross-over-Spende　交叉捐赠　8 90 ff.

Dignitas　Dignitas 公司　5 1 ff.
Doping　兴奋剂　2 19, 11 7 ff.
Drittmitteleinwerbung　第三方资助的筹集　10 30 ff.

E-Health　电子健康　9 56 f.
Einwilligung　承诺　2 6, 2 21 ff., 6 16, 9 41 ff.
—hypothetisch　假设的(承诺)　2 71 f., 8 72
—konkludent　默示　9 43
—mutmaßlich　推测的(承诺)　2 59, 2 63 f., 2 67 ff., 2 78 ff., 4

关键词索引

7, 9 48 ff.
—Sittenwidrigkeit 伦理违反性 2 35 ff.
—Willensmängel 意思瑕疵 2 24 f.
Eizelle 卵细胞 6 9 f., 6 11 f., 7 3 ff.
Embryo 胚胎 6 10 ff., 7 1 ff., 7 26 ff., 7 53 f., 11 10 ff.
Embryonenschutzgesetz 胚胎保护法 1 18, 6 9 f., 7 24 ff.,
—Befruchtung ohne Einwilligung 未经承诺的受精 7 42
—Embryonenbegriff 胚胎概念 7 26 f.
—Geschlechterselektion 性别筛选 7 41
—Herstellung genetisch veränderter Nachkommen （基因被修正的）后代的产生 7 43 f.
—Klonierung 克隆 7 45 f.
—missbräuchliche Anwendung von Fortpflanzungstechniken 滥用生殖科技罪 7 29
—Präimplantationsdiagnostik 胚胎植入前遗传诊断 7 35 ff.
—Umgang mit Embryonen 对胚胎的处理 7 33 f.
—Vermischung von DNA DNA 混合 7 47
Enhancement 强化 2 19, 11 2 ff.
Erklärungslösung 说明型解决方案 8 26
Erlanger Fall 埃尔朗根（怀孕）案 1 6, 6 15
Eugenik 优生学 3 12 ff.
Euthanasie 安乐死 3 1 ff., 4 5, 4 15, 4 44

Forschungsfreiheit 研究自由 7 22
Fristenregelung 期限规定 6 1 f., 6 5 f., 6 20
Früheuthanasie 早期安乐死 4 54 ff.
Fuldaer Fall 富尔达案 4 39 ff.

Garantenstellung 保证人地位 4 30, 6 16
Geburt 出生 6 30
Gefährliches Werkzeug 危险的工具 2 17
Geheimnis 秘密 9 1 f., 9 14 ff.
Genfer Gelöbnis 《日内瓦宣言》 1 15 ff.

Genitalverstümmelung　损害女性外阴　2 32 f.
Geschäftsmäßige Förderung zur Selbsttötung　业务性促进自杀　5 11 ff.
—geschäftsmäßiges Handeln　业务行为　5 14
—Kritik　批评　5 17 f.
Gesetzesvorschlag　立法建议　4 23, 4 71, 5 1
Gesetzliche Grundlagen　法律基础　1 18 f., 1 24
Gesundheitsbegriff　健康概念　11 33, 11 38 ff.
Gesundheitsschädigung　健康损害　2 5, 2 8, 2 10, 2 14 f.
Gewebe　组织　8 12

Handeltreiben　从事交易　8 81 f.
Heileingriff　医疗干预　2 1 ff.
Herzkreislaufstillstand　心搏停止　8 15
Hippokratischer Eid　《希波克拉底誓言》　1 8 ff., 1 17
Hirntod　脑死　6 15, 8 9, 8 13 ff.

Indikationsregelung　事由规定　6 1, 6 4 f., 6 24 ff.
—kriminologisch　犯罪(事由)　6 25
—medizinisch-sozial　医学—社会(事由)　6 26 f.
Indizierte Eingriffe　具有(医学)表征的干预行为　2 3, 2 18
Informationslösung　通知型解决方案　8 27
In-vitro　体外　6 9, 7 1, 7 24, 7 35 ff.

Kemptener Fall　肯普滕案　4 34 f.
Klonen　克隆　7 4, 7 7, 7 10, 7 43 ff., 11 31
Körperliche Misshandlung　身体凌虐　2 5, 2 8, 2 10, 2 14
Körperverletzung　身体伤害　2 3 ff., 4 26, 6 8, 8 74
—fahrlässig　过失的(身体伤害)　2 45
—durch Unterlassen　通过不作为　4 10
Kosmetische Operationen　整容手术　2 3, 2 19, 2 58, 11 2 f., 11 5 f., 11 12
Krankheitsbegriff　疾病概念　11 34, 11 38 ff.
—objektiv　客观的　11 35

关键词索引

—sozial 社会的 11 37
—subjektiv 主观的 11 36
Künstliche Ernährung 人工喂养 4 37, 4 60

Lebenserhaltende Maßnahmen 生命维持措施 4 16 f., 4 33, 4 37, 4 82
Lebensrecht, s. auch Recht auf Leben 生命权, 另见对生命的权利 3 36, 6 15, 7 7 f., 7 30, 7 46
Lege artis 技术常规 2 8, 2 10 f., 2 17 f., 4 56

Medizinrobotik 医疗机器人 11 25 ff.
Menschenwürde 人性尊严 1 18, 4 73, 4 82, 6 2 f., 7 7 f., 7 30, 7 46, 8 3, 8 28, 8 78, 8 91
Minderjährige 未成年人 2 26 f., 4 67 f., 6 21, 8 68, 9 47
Mutmaßlicher Wille 假定的意愿 2 78, 4 5 ff., 4 35, 4 55, 6 16, 8 24, 8 30, 9 23

Nationalsozialismus 国家社会主义 3 20 ff.
Neugeborene 新生儿 4 54 ff.
Nicht indizierte Eingriffe 不具有(医学)表征的干预行为 2 3, 2 19 ff., 2 29 ff., 2 54, 2 58
Nidation 着床 6 7 ff., 7 8
NS-Euthanasie 纳粹安乐死 3 24 ff.

Offenbaren des Geheimnisses 公开秘密 9 30 ff., 9 55
Operationserweiterung 扩张性手术 2 76 ff.
Organ 器官 8 10 f.
Organhandel 器官交易 8 54, 8 76 ff.
Organspende 器官捐赠 8 1 ff., 8 48
—Ablauf 流程 8 48
—Akteure 参与方 8 31 ff.
—Erklärungslösung 说明型解决方案 8 26
—Informationslösung 通知型解决方案 8 27

—Lebendspende 活体捐赠 8 67 ff.
—Notstandslösung 紧急避险型解决方案 8 28
—postmortal 死后 8 13 ff.
—Störung der Totenruhe 妨害死者安宁罪 8 71
—Strafvorschriften gemäß TPG 根据《器官移植法》的条文 8 72 ff.
—Verbot des Organ- und Gewebehandels 器官及组织交易之禁止 8 76 ff.
—Widerspruchslösung 反对型解决方案 8 19 ff.
—Zustimmungslösung 同意型解决方案 8 23 ff.
Organspendeausweis 器官捐赠卡 8 6
Organspende-Skandal, s. auch Transplantations-Skandal 器官捐赠丑闻，另见器官移植丑闻 8 49 ff.
—Aufarbeitung durch Gerichte 法院的处理 8 53 ff.
—Neuregelungen 新规定 8 59 ff.
—Sachverhalt 案件事实 8 50 ff.
Organtransplantation 器官移植 2 83, 8 1 ff., 8 48
—Geschichte 历史 8 7

Palliativmedizin 临终关怀医疗 5 18 ff.
Patientenverfügung 病患预立医疗决定 2 69, 4 9, 4 20 ff., 5 19
Patientenwille 病患的意思 2 68 f., 2 78, 4 22, 4 25 ff., 4 41 ff., 4 82, 5 19
Postmortaler Persönlichkeitsschutz 死后的人格保护 6 15
Prädiktive Gendiagnostik 预测性基因诊断 11 14 ff.
Präimplantationsdiagnostik 胚胎植入前遗传诊断 7 35 ff., 11 10

Rassenhygiene 种族卫生学 3 15 ff.
Recht auf Leben, s. auch Lebensrecht 对生命的权利，另见生命权 1 18, 4 82, 5 15, 5 20, 6 2, 7 8
Recht auf „Nichtwissen" "不知情"权 7 17 ff., 11 20
Rechtfertigender Notstand 阻却违法的紧急避险 2 6, 2 73 ff., 2 81, 4 14, 4 40 f., 4 55, 8 28, 9 51 ff.

关键词索引

Rechtfertigungsgründe 违法阻却事由
—Einwilligung 承诺 2 6, 2 21 ff., 6 16, 9 41 ff.
—konkludente Einwilligung 默示的承诺 9 43
—medizinisch-soziale Indikation 医学—社会事由 6 26 f.
—mutmaßliche Einwilligung 推测的承诺 2 59, 2 63 f., 2 67 ff., 2 78 ff., 4 7, 9 48 ff.
—Nothilfe 紧急救助 4 40 f.
—Offenbarungsbefugnis 公开权限 9 55
—rechtfertigender Notstand 阻却违法的紧急避险 2 6, 2 73 ff., 2 81, 4 14, 4 40 f., 4 55, 8 28, 9 51 ff.
—Wahrnehmung berechtigter Interessen 合法权益的实现 9 54
Rechtsquellen 法源 1 19
Rechtsunsicherheit 法不安定性 1 25, 8 9
Religion 宗教 2 29 ff., 4 7, 4 80, 5 7, 7 3, 8 26

Sachbeschädigung 毁损罪 4 41, 6 8
Säuglinge 婴儿 2 28 ff.
Schmerzlinderung 缓解疼痛 1 12, 4 10, 4 12
Schwangerschaftsabbruch 堕胎 6 1 ff.
—ärztliche Sonderdelikte 针对医生的身份犯 6 29
—Fahrlässigkeit 过失 6 31 f.
—Fristenregelung 期限规定 6 1 f., 6 5 f., 6 20
—Indikationsregelung 事由规定 6 1, 6 4 f., 6 24 ff.
—kriminologische Indikation 犯罪事由 6 25
—medizinisch-soziale Indikation 医学—社会事由 6 26 f.
—Schutzgut 保护利益 6 12
—Straflosigkeit 不可罚性 6 20 ff.
—Strafmaß 刑期 6 18
—Werbung 宣传 6 29a ff.
Selbstbestimmungsrecht 自我决定权 1 13, 2 2, 2 13 ff., 2 42, 2 45 f., 2 61, 2 63, 2 72 ff., 2 81, 3 26, 3 28, 4 18, 4 31 f., 4 35, 4 37, 4 41, 4 55, 4 73, 6 2, 6 6, 7 31, 7 42, 8 23 ff., 8 26, 8 75, 8 80

Selbst-Optimierung　自我优化　11 2 ff.
Sittenwidrigkeit　伦理违反性　2 35 ff.
SKIP-Argumentation　SKIP 论证　7 7
Sozialdarwinismus　社会达尔文主义　3 8 ff.
Spätabtreibungen　延迟堕胎　6 28
Stammzellgesetz　《干细胞法》　1 18, 7 50 ff.
—Embryonenbegriff　胚胎概念　7 53 f.
—Genehmigung eines Stammzellimports　批准进口干细胞　7 55 ff.
Status des Embryos　胚胎的地位　7 6 ff., 7 21
Sterbebegleitung　死亡陪同　4 10, 4 57 f., 5 3
Sterbehilfe　死亡帮助　1 12, 3 1 ff., 4 1 ff.
—aktiv　积极的　4 4, 4 12, 4 15, 4 44, 4 54, 4 62 ff.
—direkt　直接的　4 15
—indirekt　间接的　4 12 ff.
—passiv, s. auch Behandlungsabbruch　消极的，另见治疗中止　4 12 ff., 4 16 f., 4 54
Sterbehilfegesellschaften　安乐死组织　4 52, 5 1 ff.
Stufentheorie　阶层理论　7 9
Suizid　自杀　3 2 f., 3 25, 4 26 ff., 4 47 ff., 5 4 ff.

Tatbestand　构成要件　2 5 f.
—Abrechnungsbetrug　结算诈骗　10 35 ff.
—Bestechlichkeit　受贿(罪)　10 20 ff.
—geschäftsmäßige Förderung der Selbsttötung　业务性促进自杀(罪)　5 11 ff.
—Körperverletzung　身体伤害罪　2 3, 2 8 ff.
—Organ- und Gewerbehandel　器官及组织交易　8 76 ff.
—Schwangerschaftsabbruch　堕胎罪　6 11 ff., 6 22 f.
—Vorteilsannahme　收受利益罪　10 2 ff.
Tötung auf Verlangen　受嘱托杀人罪　3 26, 4 15, 4 47, 4 68, 4 72, 5 6
Transplantationsbeauftragte　器官移植受托人　8 33 f.
Transplantationsgesetz　《器官移植法》　1 18, 2 83, 8 2 ff., 8 30

关键词索引

ff., 8 67 ff., 8 72 ff.
—Anwendungsbereich 适用范围 8 10 ff.
—Bedeutung 意义 8 8 f.
Transplantations-Skandal, s. auch Organspende-Skandal 器官移植丑闻,另见器官捐赠丑闻 8 49 ff.
—Aufarbeitung durch Gerichte 法院的处理 8 53 ff.
—Neuregelungen 新规定 8 59 ff.
—Sachverhalt 案件事实 8 50 ff.
Transplantationszentren 器官移植中心 8 35, 8 52

Unrechtsvereinbarung 不法协议 10 11 ff., 10 26
Unterlassene Hilfeleistung 见危不救罪 4 10, 4 29 ff.
Unverhältnismäßigkeit 不合比例性 7 10

„Verbesserung" von Embryonen "改善"胚胎 7 17
Verhältnismäßigkeit 合比例性 8 21, 10 33
Verlangen 嘱托 4 3, 6 21, 4 64 ff., 4 74 f.
Vertrauensverhältnis 信赖关系 1 11, 9 3, 9 27 f.
Vorteil 利益 10 6 ff.
—immateriell 非物质性 10 8
—materiell 物质性 10 7
Vorteilsannahme 收受利益罪 10 2 ff.
—Amtsträger 公务员 10 3 ff.
—Dienstausübung 职务执行 10 10 f.
—Tathandlung 职务行为 10 17 f.
—Unrechtsvereinbarung 不法协议 10 12 ff.

Wachkoma 昏迷 4 33 ff., 4 60
Warteliste 等待名单 8 1, 8 4, 8 35, 8 40, 8 49 ff.
Widerspruchslösung 反对型解决方案 8 4, 8 8, 8 19 ff.
—erweitert 扩张的(反对型解决方案) 8 22
—streng 严格的(反对型解决方案) 8 19 f.

Xenotransplantation 异种移植 8 94 ff.

Zumutbarkeit 可期待性 4 31 f., 6 26, 6 28
Zustimmungslösung 同意型解决方案 8 4, 8 6, 8 8, 8 23 ff.
——**erweitert** 扩张的(同意型解决方案) 8 24 f.
——**streng** 严格的(同意型解决方案) 8 23
Zwangsbehandlung 强制治疗 4 37